环境资源审计

HUANJING ZIYUAN SHENJI

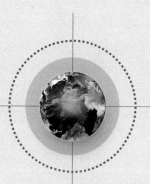

- 主 编 陈艳秋 严 雪
- 副主编 唐小英 漆望月

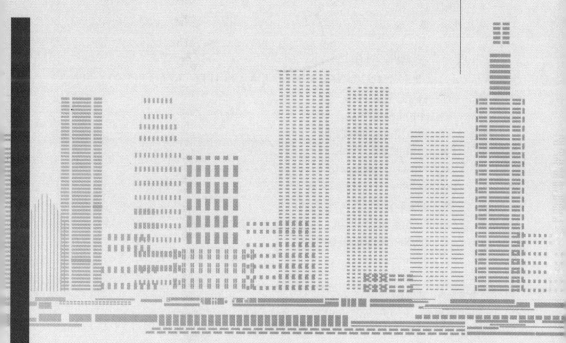

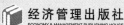

经济管理出版社

ECONOMY & MANAGEMENT PUBLISHING HOUSE

图书在版编目（CIP）数据

环境资源审计 / 陈艳秋，严雪主编 . -- 北京：经济管理出版社，2025.5 -- ISBN 978-7-5243-0059-5

Ⅰ. F239.21

中国国家版本馆 CIP 数据核字第 2025G83H68 号

组稿编辑：杨国强

责任编辑：赵天宇

责任印制：许　艳

责任校对：熊兰华

出版发行：经济管理出版社

　　　　　（北京市海淀区北蜂窝 8 号中雅大厦 A 座 11 层　100038）

网　　址：www.E-mp.com.cn

电　　话：（010）51915602

印　　刷：唐山昊达印刷有限公司

经　　销：新华书店

开　　本：710mm×1000mm/16

印　　张：15.75

字　　数：308 千字

版　　次：2025 年 5 月第 1 版　　2025 年 5 月第 1 次印刷

书　　号：ISBN 978-7-5243-0059-5

定　　价：49.90 元

前　言

2021 年 3 月 13 日，《中华人民共和国国民经济和社会发展第十四个五年规划和 2035 年远景目标纲要》提出了广泛形成绿色生产生活方式，碳排放达峰后稳中有降，生态环境根本好转，美丽中国建设目标基本实现的远景目标。这要求我们要推动绿色发展，坚持生态优先，严密防控环境风险，积极应对气候变化，建立健全环境治理体系；全面提高资源利用效率，推进资源总量管理、科学配置、全面节约、循环利用，协同推进经济高质量发展和生态环境高水平保护。

2023 年 12 月 27 日，中共中央、国务院印发的《关于全面推进美丽中国建设的意见》明确指出，建设美丽中国是全面建设社会主义现代化国家的重要目标，是实现中华民族伟大复兴中国梦的重要内容。通过全领域转型、全方位提升、全地域建设、全社会行动，加快发展方式绿色转型，积极稳妥推进碳达峰碳中和，推动各类资源节约集约利用，持续深入推进污染防治攻坚战，持续深入打好蓝天保卫战、碧水保卫战、净土保卫战，有效应对气候变化不利影响和风险，严密防控环境风险，守牢美丽中国建设安全底线、健全美丽中国建设保障体系。

随着经济全球化和环境资源问题的日益严峻，绿色低碳发展已成为全球共识。在新时代背景下，审计扮演着越来越重要的角色。2021 年 6 月 22 日，中央审计委员会办公室、审计署印发的《"十四五"国家审计工作发展规划》中明确必须围绕国家经济社会发展主要目标，把党的领导落实到审计工作全过程各环节，加快推动绿色低碳发展，改善生态环境质量，提高资源利用效率，以助力美丽中国建设为目标。审计是党和国家监督体系的重要组成部分，是推动国家治理体系和治理能力现代化的重要力量。审计要积极适应国家发展战略的新要求，有责任确保国家资源的合理利用和环境治理的有效实施，必须义不容辞地承担起推动绿色发展和生态文明建设的历史重任。

环境资源审计是一新兴的审计分支，专注于评估和评价环境资源管理、环境保护、资源利用效率以及可持续发展方面的政策、程序和实践。本书立足于国内外环境资源审计已有研究成果与实践，通过对环境资源审计的理论与实践的归纳总结编写而成。在框架布局与内容安排上，本书分为基础篇、实务篇与前沿篇三部分，共八章。基础篇包括环境资源审计概论、环境资源审计的组织与实施、环境资源审计的方法与技术三章；实务篇包括政府环境资源审计、内部环境资源审计、注册会计师环境资源审计三章；前沿篇包括低碳环境资源绩效审计、基于大数据背景的环境资源审计两章。每章均安排了拓展阅读、案例分析与思考练习，以此提高针对性和实用性。本书既可作为高校相关专业研究生和本科生开设环境资源审计课程教学用书使用，也可为有关单位开展环境资源审计实践工作以及有关科研人员开展环境资源审计研究提供参考。

本书编写人员由成都理工大学商学院教师组成，陈艳秋副教授、严雪副教授担任主编，唐小英讲师、漆望月讲师担任副主编。各章分工如下：第一章、第二章、第六章由陈艳秋副教授负责；第三章、第五章由严雪副教授负责；第四章、第七章由唐小英讲师负责；第八章由漆望月讲师负责。在编写过程中，2022级、2023级与2024级会计专业硕士研究生马明雨、文西城、王钦、王旋、谢韬、杨征虎、邹琴、廖佳欣、吕倩、余敬丹、柏亚希、曹思敏、庞鑫茹、夏泃、彭锦秀等同学积极参与了框架设计、资料收集、文字编辑、初稿讨论等工作。

本书的编写得到了成都理工大学会计学专业国家一流专业建设点、2024年教育部产学合作协同育人项目"数智经济财经素养线上线下实践教学基地建设"（项目编号：231103704274803）与2023年成都理工大学研究生质量工程项目"数字化背景下会计专业硕士产学研创融合培养路径研究"（项目编号：2023YJG215）的大力支持；同时感谢成都理工大学研究生院、教务处与商学院为本书的编写提供了良好的研究基础与保障。

由于编者理论知识与专业水平有限，书中难免出现疏漏或错误，不当之处，敬请读者批评指正。

编　者

2024 年 8 月 1 日

目 录

基础篇

第一章　环境资源审计概论 ···································· 3
　第一节　环境资源审计的产生与发展 ················· 4
　第二节　环境资源审计的组成要素 ···················· 9
　第三节　环境资源审计的理论基础 ·················· 16
　第四节　环境资源审计研究与实施现状 ··········· 23
第二章　环境资源审计的组织与实施 ···················· 33
　第一节　环境资源审计的分类 ·························· 34
　第二节　环境资源审计的依据 ·························· 39
　第三节　环境资源审计的流程 ·························· 46
第三章　环境资源审计的方法与技术 ···················· 57
　第一节　环境资源审计的方法 ·························· 58
　第二节　环境资源审计的技术 ·························· 65

实务篇

第四章　政府环境资源审计 ································ 81
　第一节　政府环境资源审计概述 ······················ 82
　第二节　政府环境资源审计现状 ······················ 89
　第三节　政府环境资源审计案例 ···················· 100
第五章　内部环境资源审计 ······························ 115
　第一节　内部环境资源审计概述 ···················· 116
　第二节　内部环境资源审计现状 ···················· 125
　第三节　内部环境资源审计案例 ···················· 130

第六章　注册会计师环境资源审计·······················141
　第一节　注册会计师环境资源审计概述·················142
　第二节　注册会计师环境资源审计现状·················151
　第三节　注册会计师环境资源审计案例·················158

前沿篇

第七章　低碳环境资源绩效审计·······················169
　第一节　自然资源资产离任审计·····················169
　第二节　ESG 审计　·····························195
第八章　基于大数据背景的环境资源审计·················214
　第一节　大数据环境资源审计概述···················215
　第二节　环境资源审计数据分析·····················224
　第三节　区域联动环境资源审计·····················234

参考文献···243

基础篇

第一章　环境资源审计概论

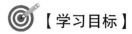【学习目标】

1. 了解环境资源审计的产生及发展。
2. 了解并熟悉环境资源审计的理论基础。
3. 熟悉环境资源审计的概念及组成要素。

【拓展阅读】

新华社北京 2023 年 7 月 18 日电,全国生态环境保护大会 17 日至 18 日在北京召开,中共中央总书记、国家主席、中央军委主席习近平出席会议,并发表重要讲话强调,今后 5 年是美丽中国建设的重要时期,要深入贯彻新时代中国特色社会主义生态文明思想,坚持以人民为中心,牢固树立和践行绿水青山就是金山银山的理念,把建设美丽中国摆在强国建设、民族复兴的突出位置,推动城乡人居环境明显改善,美丽中国建设取得显著成效,以高品质生态环境支撑高质量发展,加快推进人与自然和谐共生的现代化。

中共中央、国务院关于全面推进美丽中国建设的意见

第一节 环境资源审计的产生与发展

一、环境资源审计的缘起

环境资源问题一直伴随着人类社会与经济发展而存在。一方面，环境资源是构成人类生存和发展的物质基础，人类在经济发展过程中要从环境中获取资源并加以利用；另一方面，随着社会生产和科学技术的迅猛发展，环境污染与资源破坏日趋严重，环境治理与资源利用问题越来越凸显，大气污染、水质污染、资源浪费、气候变化等一系列问题的频发产生了部分负面影响，甚至已经威胁到了人类的正常生活。如何合理与有效地开展环境治理及资源开发并利用已成为各个国家与地区日益关注的课题。

自 20 世纪 50 年代以来，注重环境治理、改善生态环境与有效利用资源的呼吁日益高涨。1972 年，联合国环境规划署主办的具有标志性意义的人类环境会议上，正式发表了影响深远的《人类环境宣言》，该宣言提出了人类"只有一个地球"的核心理念，激发全球各界对维护人类生存环境的深切关注并开始实施改善行动。此次会议深刻指出，环境问题已跃升为社会经济领域内的重大议题之一，其解决之道不应仅仅局限于科技层面的单一突破，而应融入经济激励机制、法律规制框架以及行政管理体系等多维度策略，深刻把握环境与社会经济间的内在联系，通过综合施行相关策略，实现环境资源问题处理的全面性、系统性与有效性，进而为地球的可持续发展奠定坚实基础。

1982 年，联合国环境规划署在纪念人类环境会议十周年的特别会议上，倡导各国环境政策的基本指导思想应将环境保护理念深度融合至社会经济发展的总体蓝图中。这意味着必须妥善协调人口、资源、环境与可持续发展间的平衡关系，并构建与生态规律相契合的生产生活范式。此外，全面规划环境与发展战略及其实施对策成为当务之急。环境治理与资源利用已与政治、经济紧密相连，成为重大的社会问题，国家被赋予了更加重大的使命——作为环境保护与管理的核心力量，承担起不可推卸的责任与义务。

1987 年，全球瞩目的《我们共同的未来》报告由世界环境与发展委员会正式发布，该报告明确倡导人类社会应迈向可持续发展的新路径。1992 年，在巴西举行的被誉为"地球峰会"的联合国环境与发展大会上，各国共同缔结了《地球宪章》及多项国际公约，这一系列举措不仅为全球环境治理与发展树立了标杆，还构建了一套规范世界各国及全人类环境行为的准则体系，为未来

铺就了绿色发展的基石。

审计与环境资源之间存在密切的关系。审计监督、评价和鉴证的对象是经济活动。环境资源问题的产生源自经济活动，经济活动的开展离不开环境治理与资源利用。随着环境治理与资源利用问题日益受到社会关注，环境资源审计已经成为审计领域的一个重要分支。环境资源审计不仅关注环境的治理与资源的利用情况，还关注环境保护政策、环境法规的执行情况，以及环境污染防治、生态保护等工作。通过开展与加强环境资源审计工作，有助于提升全社会对环境资源保护与利用的意识，推动环境治理与资源利用工作取得更好的成效，促进环境的有效治理与资源的合理利用，从而实现可持续发展，推进生态文明建设的顺利实现。

1992 年，世界审计组织内部专门设立了环境审计委员会，以应对全球环境挑战。1995 年，该组织举办的第 15 届大会上环境审计被提升至核心议程，伴随《开罗宣言》的发布，明确强调了鉴于环境保护与改善工作的至关重要性。世界审计组织敦促各成员国最高审计机关在执行审计职能时，必须将环境因素纳入考量范畴。这一倡议标志着环境资源审计问题在全球范围内逐渐受到高度重视。随后，不同国家和地区纷纷响应，采取了多样化的环境资源审计措施，从不同层面推进了这一领域的工作，极大地促进了环境资源审计的蓬勃发展，使其逐步确立为现代审计领域中的一个关键且日益重要的议题。

二、国外环境资源审计的发展

自 20 世纪 70 年代以来，随着社会经济的高速发展，环境污染、生态破坏、资源消耗等问题日益引起全世界的关注和重视，如何处理好环境治理、资源利用和社会经济发展的关系，实现可持续发展，是世界各国共同面对的重要课题。

西方国家的环境资源审计发展得相对较早，其中，德国、荷兰与美国等国家在环境资源审计理论与实践方面均有比较成熟的经验与做法。

（一）德国环境资源审计发展概况

欧洲乃至世界范围内，德国作为率先在现代经济社会中较早关注环境资源问题的国家之一，其行动与探索具有里程碑式的意义。德国不仅较早地认识到环境资源保护的重要性，还通过一系列前瞻性的政策与措施，引领了全球范围内对环境资源问题的广泛关注与深入研究。尤其是政府环境资源审计方面的经验与实践，为其他国家提供了宝贵的借鉴与启示，共同推动了全球环境资源审计的进步与发展。

德国政府审计机构包括联邦审计院和各州的审计院。联邦审计院承担起对联邦层面环保预算资金运用状况的全面审计与监督职责，以保障资金使用的合规性与高效性；同时，各州审计机构则关注本级预算内环境专项资金的分配与执行情况，确保资金在地方层面的合理运用与效益最大化。这一分工合作机制共同构成了德国环境资源资金审计监督的严密网络。

从审计依据上说，德国联邦审计院的运作主要受制于环境法与预算法的双重约束。德国的环境法律体系由一系列繁多且详尽的单行法律法规构建而成。20世纪70年代，环境问题促使了一系列法律法规条文出现，如《废弃物处置法》《联邦水管理法》《大气污染控制法》等，这些法律法规的出台标志着德国环境法律体系的初步成型。伴随着诸如1976年《能源节约法》、1980年《化学品法》、1985年《原子能控制法》及1987年《废水纳税法》等法律的制定与颁布，至80年代末期，德国在环境立法方面的覆盖范围已极为广泛。

进入20世纪90年代，随着全球环境议题被纳入立法议程，德国的环境法律框架得到进一步的巩固与完善，形成了较为完备的法律体系。1998年，环境部门整合了原有环境法律的核心内容，编纂出台了《环境法典》，该法典有效消除了既有法律间的不一致，设立了清晰的环境保护目标与规范，以引导公众行为并增强环保意识。此法典不仅奠定了调控公众行为的基础框架与指导原则，还成为德国进行环境资源审计工作的核心法律依据。借助此法典，德国成功确保了环境保护实践的有序推进，为公众行为树立了明确的法律导向，促进了环境保护工作的深入实施。

（二）荷兰环境资源审计发展概况

荷兰的审计法院，作为独立的国家最高机关，与议会、行政政府以及廉政监督机构共同构成了国家权力的核心架构。自20世纪80年代起，荷兰政府积极着手推进一系列国家层面的环保策略与规划。具体而言，1989年5月，荷兰政府正式颁布了《全球环境规划政策》，这一里程碑式的文件不仅彰显了其对全球环境议题的深刻认识，也为其后续行动奠定了坚实的政策基础。1989年8月，为了确保《全球环境规划政策》的有效执行，荷兰政府又制定了详尽的环境管理规章，其中，明确界定了企业在环境保护领域所需承担的自主责任，以此促进企业界在环保行动中的积极参与和自我约束。

1990年，荷兰率先在中央政府层面启动了全面性的环境管理审计流程，扩展了审计范畴，深度覆盖了中央政府体系内的多个部门、政府机构以及各类公共管理部门，包括但不限于林业管理、水资源供给及公共基础设施等领域。审计的核心目标主要包括系统性地调查并评估上述部门在节能减排、内部环境监管以及降低环境足迹，特别是流动性等方面的实践成效与表现，以此推动环境管理水平的持续优化与提升。

荷兰审计法院在规划其绩效审计蓝图时，将环境保护议题提升为六大核心主题板块之一，尤其关注生物多样性丧失、气候变迁挑战、自然资源过度采掘、公众健康风险以及自然环境物理性退化等关键环境议题。在确定具体的审计项目时，该法院遵循一套严谨而多维的筛选逻辑，主要包括三个方面的考量：首先，考量环境协议的实际执行成效；其次，评估协议本身的特性是否契合审计工作的深入需求，便于审计流程的顺畅进行；最后，审视项目是否紧密关联国家层面的重大环境事件或深刻影响民众日常生活的方方面面，以此确保审计工作的时效性与社会影响力。

（三）美国环境资源审计发展概况

1969 年，美国率先启动了针对水污染控制项目的审计工作。之后，为进一步强化环境监管，美国审计总署于 1978 年特别设立了自然资源与环境保护部门，该部门下辖环境资金审计与环境绩效审计两大机构，专门负责环境资源领域的审计工作。每年，美国审计总署均会向国会递交逾 30 份详尽的环境资源审计报告，这些报告对于环保立法的完善、环保资金的优化配置、环境管理效能的提升及环境质量的显著改善均产生了深远的影响。

20 世纪七八十年代美国审计署资源环境审计特点及启示

值得注意的是，美国在环境资源审计领域的法律依据也十分完备，诸如 1980 年的《综合环境反应、补偿与责任法案》、1986 年的《优先补偿基金与重新授权法案》以及 1990 年的《净化大气环境法》等，均构成了环境资源审计工作的坚实法律支撑，为审计工作的顺利开展与深入执行奠定了稳固的基础。

三、我国环境资源审计的发展

作为地球大家庭的一员，我国同样面临着环境变化、环境污染与资源浪费、资源破坏的严重挑战，有效保护环境与合理开发资源的重任同样地落在我国政府和人民的肩上。1973 年召开的第一次全国环境保护会议确定了"全面规划、合理布局、综合利用、化害为利、依靠群众、大家动手、保护环境、造福人民"的 32 字方针；1982 年修订的《宪法》中以四个条款作了关于防止环境污染和开展环境保护方面的规定；1983 年召开的第二次全国环境保护会议上更是提出了"环境保护是我国的基本国策"的口号；从 1979 年起，我国已

经先后制定了以《环境保护法》为核心的环境管理的法律体系；1992 年，我国政府在联合国环境与发展大会上明确指出，走可持续发展道路是当代中国以及未来发展的必然选择。我国政府在发展经济的同时，高度重视环境问题，积极采取多种措施治理和保护环境。

2022 年中国生态环境状况公报

自党的十八大召开以来，党中央以空前的决心与力度将生态文明建设的宏伟蓝图置于前所未有的高度，坚定不移地将其作为"五位一体"总体布局中的关键一环，并深度融合于"四个全面"战略布局。随着环境资源领域财政资金投入的持续增加以及政策扶持力度的显著增强，环境资源审计领域迎来了历史性的转型与飞跃契机，步入了充满挑战与机遇并存的重要发展阶段。

关于构建现代环境治理体系的指导意见

绿色发展的崭新理念正逐步成为驱动环境资源审计深化变革的重要外部力量。近年来，尽管我国在生态文明建设领域取得了斐然成就，但面对经济由高速增长模式向高质量发展阶段的深刻转型，依然面临着多重挑战、巨大压力与显著矛盾。具体而言，产业结构亟待优化调整，环境资源承载能力已逼近或达到极限，经济增长与污染物排放两者完全尚未脱钩；污染治理与碳减排任务并行不悖，双重压力叠加；区域与城乡间生态环境保护呈现不均衡态势，中西部区域生态环境承受的压力日益增大；生态退化问题严峻，大量生态空间遭受侵占，优质生态产品供给短缺问题凸显；部分地区生态环境破坏行为仍时有发生，形势不容乐观。

站在新的发展阶段，我们亟须加速推动发展模式的绿色化转型，致力于提升生态系统的多样性、稳定性与可持续性，并深入实施环境污染防治策略，积极且稳妥地推进碳达峰与碳中和目标的达成。这一系列要求与任务共同构成了环境资源审计工作外部需求的核心关注点，引领其在新时代背景下聚焦关键领

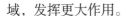

域，发挥更大作用。

环境资源审计工作的进步与发展，其内在驱动力正日益聚焦于高质量发展之上。2021年，中央审计委员会办公室携手审计署共同印发了《"十四五"国家审计工作发展规划》，该规划不仅勾勒了未来五年国家审计工作的新理念框架、新目标蓝图与新举措路径，还清晰界定了"十四五"期间国家审计工作的核心任务，为审计监督职责的全面、依法履行指明了方向。

2018年5月，在中央审计委员会首次会议上通过了一系列关键性文件，如《2018年省部级党政主要领导干部和中央企业领导人员经济责任审计及自然资源资产离任（任中）审计计划》。此举标志着领导干部自然资源资产责任审计工作从先行试点阶段顺利迈入全面铺开的崭新阶段，预示着一种创新且常态化的审计机制正式确立，为相关领域的监管与评估树立了新的里程碑。

在此背景下，环境资源审计的高质量发展呈现出一系列独特的属性与特征，包括但不限于：深化对资源环境复杂系统的认知与掌控能力，构建并持续优化审计制度体系，推动审计工作流程的精细化与高效化调整，促进审计信息技术与方法的创新性融合与应用，以及致力于审计成果质量与效益的显著提升。这一系列内在要素与现实问题紧密交织，共同构成了驱动环境资源审计工作迈向高质量发展的核心驱动力与内在要求。

第二节　环境资源审计的组成要素

一、环境资源审计的概念与特点

（一）环境资源审计的概念

环境资源审计与传统财务审计相比有很大区别。传统财务审计主要是根据国家的法律、法规、会计准则和制度，对被审计单位的会计资料，包括会计凭证、会计账簿和财务报表等，以及财务收支活动进行审查。其主要目标是核实这些资料与活动是否真实、准确、合规、合法且有效，进而得出客观公正的审计结论；发现并纠正可能存在的差错，揭露潜在的舞弊行为，推动被审计单位严格遵守相关法律法规，维护财经纪律的严肃性，保障资产的安全与完整。最终通过审计改善管理，提升经济效益，实现健康、可持续发展。

而环境资源审计不仅只关注会计凭证、会计账簿及财务报表等资料，还进一步关注被审计单位的经济与管理活动，甚至深入社会领域乃至科技领域。环境资源审计除重视监督，还有评价、鉴证、管理、服务等多种职能。例如，环境资源审计中要评价有关人员环境治理与资源利用情况，而在传统财务审计中，这一环节相对欠缺。环境资源审计还包含对环境治理与资源利用履行责任所进行的综合、系统的经济监督和评价。因此，从审计关系角度考虑，环境资源审计是随着社会与经济的发展而形成的一种新兴的审计分支。

环境资源审计是由审计实务与环境科学交叉融合形成的，由政府、企事业单位与社会审计部门或机构组织实施的，对各级政府机关、企事业单位落实生态文明领域决策部署、执行可持续发展计划及环境保护政策法规、履行环境保护责任、使用环境资源资金、改善与修复环境资源情况等方面进行评价，其主要目的是推动生态文明建设进程，实现经济社会绿色化、低碳化的高质量发展。

环境资源审计是一种综合、系统的审计评价活动，其核心任务是对被审计单位或项目的环境保护与治理措施、资源开发与利用情况等重要事项进行严密监督与细致审查。其目的在于通过采用特定标准，对被审计对象在环境保护与治理、资源开发与利用方面的经济性及效率性进行客观评估。同时，深入剖析其生态建设和可持续发展的实际状态与成效，从而确保相关活动能够符合社会经济发展的需求，并实现可持续发展与高质量发展的目标。

（二）环境资源审计的特点

1. 开放性

环境资源系统，作为一个典型的开放系统，其本质特性决定了环境资源审计的广泛性和深远性。从横向维度剖析，这一审计范畴跨越了自然、经济与社会的三重边界，具体体现在社会对物质需求的不懈增长、经济体系支撑社会可持续发展需求的能力，以及自然界为社会需求与经济增长所提供的持久支撑潜力。这些要求进一步细化为多个具体方面，包括但不限于企业运营所处的环境状况、居民日常生活的环境质量、社会经济活动的生态环境背景、国家资源开发利用的可持续性环境，以及维护生态平衡所必需的环境条件。从纵向层面剖析，环境资源审计聚焦于环保资源相关政策法规的实施效果与效率，以及环保资源管理组织架构的完善程度与运作效能。这一视角不仅关注于制度层面的落实情况，还深入剖析了环保资源管理体系的结构合理性与功能有效性，力求全面评估环境资源审计在推动生态文明建设中的关键作用。

鉴于环境资源审计范畴的广泛开放性，其审计方法同样展现出一种灵活开放的特性。有关识别、揭露并评估环境资源领域潜在问题与风险的手段，均可被纳入并应用于环境资源审计的实践中，并作为其方法体系的重要组成部分。这样的理念不仅丰富了审计方法库，还促进了审计手段的创新与多元化发展，以确保环境资源审计能够全面、深入地发挥其监督与评估的职能。方法应用的

多样性和灵活性，有助于更全面地审视环境资源状况，从而为实现可持续发展提供有力保障。

2. 多样性

环境资源审计跨越了经济学、法学、管理学、社会学、统计学及工程学等学科领域，涵盖了跨学科的高度综合且较为复杂的知识体系。在审计方法上，该领域不仅承袭了传统的财务审计技术与方法，还创造性地融入了自然科学与技术的先进手段，从而显著提升了审计过程的科技含量，使之区别于传统的审计模式。对参与环境资源审计的专业人员而言，他们不仅要精通财务与审计的核心理论，还需广泛涉猎资源科学、环境科学、统计学及工程技术等领域的专业知识，以确保能够全面、深入地理解和应对审计过程中遇到的各种复杂问题。因此，环境资源审计在人员专业素养的要求上，相较于传统的财务审计，设定了更为严格且高标准的专业胜任能力门槛及培训体系，以确保审计工作的质量与效率。

3. 目的性

环境资源审计的实施在于同步推进环境保护与资源高效利用的双重战略。通过实施环境资源审计，能够促进经济活动的环境友好性，减少资源浪费，从而确保自然资源的可持续利用与生态环境的健康稳定。它在推动节能减排措施的落实以及环境保护与资源管理中发挥着积极的作用，这明显区分了环境资源审计与传统财务收支审计、经济责任审计等的目的。不仅如此，环境资源审计已经超越了传统审计与财务或会计的紧密关联，展现出更为广泛的视野。而且在方法运用上，环境资源审计运用了一系列特有方法，这些方法的目的性极强，充分反映了当前科学发展和可持续发展的核心理念。

4. 现场性

环境资源审计要求及时发现环境治理与资源利用中可能潜藏的重大问题，为此其审计流程应聚焦于资金运用效率与效益、制度及政策贯彻落实情况，以及项目产生的经济社会成效的实地调研、校验、剖析与比较。唯有通过细致入微的现场考察与证据收集，才能对环境资源的真实状况形成直观且透彻的理解与把握。这样的审计方式不仅确保了数据的准确性，也为环境资源的合理利用与保护提供了有力的保障。

5. 联合性

在进行环境资源审计时，为确保对环境资源工作质量的客观公正评价，需要依托多样化的环境资源技术指标体系。这些指标体系的构建有赖于先进检测设备的运用及高级别专业技术人员的支持。同时，为保障审计结果的客观性与准确性，需要采取一系列措施，包括严格遵循审计程序、增强数据收集与分析的科学性，以及建立有效的监督机制等，以确保审计结论能够真实反映环境资源的实际状况与问题所在。并且，为降低审计风险，单纯地依赖审计人员采用常规审计方法难以达成审计目标，权威环境资源专家的参与和指导显得尤为关键。因此，通常需要联合环境资源等专业部门，共同实施环境资源审计。为了最大化利用他们在专业技术认知与法律知识领域的专长，应致力于增强环境资源审计的效率性、成果质量及专业权威性。这一目标的实现，不仅要求审计人员具备扎实的专业知识基础，还需不断提升其在法律框架内高效运作的能力，以确保审计过程的专业性、准确性和公信力。

二、环境资源审计的主体

从审计主体上分类，环境资源审计可分为政府环境资源审计、内部环境资源审计与注册会计师环境资源审计三类。

我国环境审计主体分析

（1）政府环境资源审计，鉴于环境资源作为全民共有的宝贵财富，其开发利用与保护均不得由个体擅自进行，而需要通过全体公民的集体意志，授权给各级政府实施。1998年，国务院在推动审计署机构改革的决策中，显著加强了环境资源审计的职能定位，标志着审计机关首次被正式赋予环境资源审计的明确职责，这是环境资源审计领域的一项里程碑式变革。随后，审计署积极响应，专门设立了农业与资源环境保护审计司，作为专注于环境资源审计的机构。此举不仅标志着政府审计在环境资源保护领域的正式登场，也清晰地界定了政府审计机关在构建环境资源审计体系中的核心地位与关键作用。

（2）内部环境资源审计，即由企事业单位内部审计部门依据相关环境法律法规、标准、政策、准则，对企事业单位环境资源责任履行情况的合法性、合规性和经济效益性进行监督与评价。从内部环境资源审计产生和发展的角度分析，内部环境资源审计作为企事业单位加强环境保护与资源利用的一种重要手段，它的终极目标是实现经济与环境保护的协调发展，提高企事业单位对资源的利用效率与效果。

（3）注册会计师环境资源审计，指注册会计师在进行审计工作时，对被审计单位的环境保护和资源利用情况进行的审查和评估，包括对被审计单位在环保法规遵守、资源消耗效率、废物处理和排放以及可持续发展实践等方面的审查。《中国注册会计师审计准则第 1631 号——财务报表审计中对环境事项的考虑》规定："为了规范注册会计师在财务报表审计中对被审计单位环境事项的考虑，制定本准则。"这标志着我国注册会计师在财务报表审计中开始关注环境资源审计的相关活动与事项。注册会计师环境资源审计的目的是为政府和企事业单位的管理层提供客观、公正的环境资源信息，以促进生态文明建设和可持续发展。

环境资源审计的实施，目前主要是以政府审计机关为主体进行，政府审计机关从工作指南、审计依据等方面规范和指导着内部审计机构与注册会计师实施的环境资源审计工作，因此，政府审计在环境资源审计中起着主导作用。在环境资源审计过程中，只有充分发挥政府审计机关的主导作用，坚持以政府审计为主，以内部审计与注册会计师审计为辅，从上到下构筑起一个强大的审计网络，以实现绿色低碳高质量发展和建设美丽中国为环境资源审计的最终目标，则经济发展和环境保护的矛盾一定能够顺利解决。

总体而言，无论是在理论构建中还是在实践操作中，政府审计机关在环境资源审计领域中均占据主导地位。在环境资源审计这一复杂而重要的体系中，政府环境资源审计无疑是履行主要监督职能的关键力量，其角色不可或缺且至关重要。

三、环境资源审计的对象

环境资源审计的对象主要是各级政府中承担生态环境保护和自然资源管理的自然资源（含林草）、生态环境、水利、住房城乡建设、海洋、农业农村等行政主管部门及财政、发展改革等部门，以及使用环境资源相关财政资金，从事资源勘查、开发、利用、保护或会对生态环境产生直接影响的企事业单位，所开展的环境管理与资源利用活动。

考虑到我国环境保护和资源管理工作的实际，环境资源审计可分为环境审计和资源审计两个部分。

环境审计主要包括污染防治、监督、保护和改善环境及相关资金征管情况等内容，如水污染防治审计、大气污染防治审计、固体废弃物污染防治审计、重金属污染防治审计、污染物减排审计等。

资源审计主要包括资源开发、利用和保护及相关资金征管情况等内容，如土地资源审计、矿产资源审计、能源节约利用审计、水资源保护审计、森林资源保护审计等。

四、环境资源审计的目标

环境资源审计的目标应与我国全面建设社会主义现代化国家新征程的战略总目标相一致。中央审计委员会办公室、审计署印发的《"十四五"国家审计工作发展规划》提出，环境资源审计应以加快推动绿色低碳发展，改善生态环境质量，提高资源利用效率，助力美丽中国建设为目标。在这一总体目标的指引下，环境资源审计应从社会、经济、环境三个维度出发，谋求三者的协调统一，确保受托环境资源责任的全面履行，促进社会与经济的可持续发展，实现绿色低碳高质量发展和建设美丽中国。

环境资源审计的具体目标围绕如何评估政府部门与企事业单位在环境管理责任履行及资源高效利用方面的成效。具体包括：揭露被审计主体因环境污染行为所带来的经济与环境损失；核查政府与企业所制订的环境规划及其管理措施的落实情况，评估这些措施是否达到预期的环境改善效果；审视环境管理内部控制体系的完善程度与执行效率；验证被审计单位环境报告信息的真实性、客观性与公正性；评估环境管理活动的绩效，激励被审计单位提升环境管理效率与效益；确保环境保护相关政策、法规及标准的严格执行，披露任何违反规定的行为。

通过实施环境资源审计，我们能够揭示经济发展进程中伴随的生态环境退化问题，进而推动政府机关、企业及社会各界积极响应环保政策，切实履行环保责任，促进资源的合理配置与高效利用。这一举措对于加速生态文明建设的步伐，实现人与自然和谐共生、确保可持续发展的长远目标具有不可估量的价值。

环境资源审计的目标具体可以从以下方面理解：

（一）反映被审计单位环境资源管理的责任

政府部门与企事业单位肩负着不可推卸的环境资源管理与保护职责。为精准把握环境资源的使用状况，及时洞察使用过程中出现的种种问题，并揭示责任主体在履职过程中的不足之处，应强化对环境资源保护利用情况的管理与监督，系统性地实施环境资源审计就显得尤为重要。这一举措致力于提升政府部门与企事业单位的警觉性，促使其迅速采取针对性强、成效显著的环保纠正措施，从而有效应对环境资源挑战，实现环境质量的持续改善与资源的高效利用。

（二）反映被审计单位环境资源工作的目标

唯有推动各级政府与企事业单位实现对环境资源的合理且可持续的开发利用，才能充分凸显审计的独特功能与价值。具体而言，这一过程涵盖两个核心方面：首先，对环境资源的管理利用成效及环境保护工作的实施情况进行全面而深入的考核评价；其次，将环境资源的保护与开发纳入当地经济发展与资源利用状况的综合评估体系中，并作为核心考量因素，以此评判领导干部在环境责任履行方面的表现，从而逐步扭转单一以 GDP 增长为衡量标准的传统观念，激励政府部门与企事业单位牢固树立绿色发展观，构建科学的政绩评价体系。通过上述措施，环境资源审计在监督与促进责任主体履职尽责方面的作用将得到更为有效的发挥。

（三）反映被审计单位环境资源决策的依据

环境资源问题作为亟待解决的民生关切，其严峻性需被精准揭露，以促使政府部门与企事业单位迅速响应，制定并执行整改策略。尽管当前法律体系中已初步纳入环境资源审计的条款，但这些规定尚显笼统，缺乏对环境资源审计具体实践的深入指导与详尽规范，导致审计人员在执行过程中面临法律支撑不足的困境。因此，强化环境资源审计的实施，不仅体现国家环境资源政策的执行效果，还能作为沟通桥梁，及时向中央及社会各界传递关键信息，为执法与司法机构提供决策参考，进而推动环境资源的优化管理与高效利用，切实增进民众福祉。

（四）反映被审计单位环境资源活动的合法性

政府出台了大量与环境资源有关的法律法规。环境资源审计机构应对政府及企事业单位的环境资源活动是否符合相关法律法规的要求进行审查，确保被审计单位的环境资源活动符合法律法规。

（五）反映被审计单位环境资源活动的效益性

在开展环境资源活动过程中是否具备效益性，需要环境资源审计从经济性、效率性和效果性三个角度进行评价。首先，审查受托人是否节约使用环境资源，是否履行了经济性的责任；其次，审查受托人使用经济资源的效率性，是否用较小的资源投入获得较大的收益；最后，审查受托人的环境资源是否达到了既定的效果，即审查环境资源的效果性。

（六）反映被审计单位环境资源活动的控制性

为了实现环境资源活动的目标，保证环境资源活动管理系统的有效运行，被审计单位应采取必要的内部控制措施。环境资源审计需对这些内部控制措施进行审计，确保其相关内部控制设计合理并有效运行。

（七）反映被审计单位环境资源报告的合法性与公允性

被审计单位为了说明受托环境资源责任的履行，通常会编制环境资源报告。环境资源报告是否在所有重大方面按照既定的标准编制，及是否公允地反映了该组织的环境资源管理与活动状况？审计师应该按照环境资源审计准则对环境资源报告的合法性与公允性进行审计。

五、环境资源审计的内容

环境资源审计涵盖的内容主要包括以下四个方面：

（1）环境资源资金使用情况，包括财政资金和环境资源专项资金、基金等，主要是对资金征收、管理、分配支出和使用的真实性、合规性、效益性进行审计。

（2）环境资源政策执行情况，包括国家资源环保相关政策措施是否完善、政策执行是否到位、政策目标是否实现等。

（3）政府及相关主管部门和相关企事业单位履行资源管理和环境保护责任情况，包括是否履行法律规定的资源与环境保护管理、监督、服务责任，以及实施的各项管理措施的具体情况及其成效。

（4）重大环境保护项目建设运行情况，包括项目立项、投资、建设、管理和运行效果，非环境保护项目对环境造成的影响等。

第三节　环境资源审计的理论基础

一、环境与资源理论

（一）自然资源

资源，作为一国或特定区域内物力、财力、人力等多元物质要素的集合体，大致可划分为自然资源与社会资源两大范畴。自然资源涵盖了诸如阳光、空气、水源、土地、森林、草原、野生动物、矿产等自然界赋予的宝贵要素；社会资源涉及人力资源、信息资源，以及通过人类劳动所创造累积的各类物质资产与财富。

自然资源系统，指在特定地域空间内，由众多相互关联、彼此依存的自然资源要素，依据一定规律集结而成的，拥有独特结构与功能性的复杂有机体系。这一系统体现了自然界中资源要素间的紧密互动与协同作用。自然资源系统是客观存在的，是整个自然界的一部分，当然也就从属于广义的生态系统。研究它的特征结构、功能和演化，不仅能揭示自然资源系统的本质，而且能对合理开发与综合利用自然资源具有理论指导意义。

自然资源种类繁多：①按其在地球上存在的层位，可划分为地表资源和地下资源。前者指分布于地球表面及空间的土地、地表、水生物和气候等资源，后者指埋藏在地下的矿产、地热和地下水等资源。②按其在人类生产和生活中的用途，可划分为劳动资料性自然资源和生活资料性自然资源。前者指作为劳动对象或用于生产的矿藏、树木、土地、水力、风力等资源，后者指作为人们直接生活资料的鱼类、野生动物、天然植物性食物等资源。③按其利用限度，可分为再生资源和非再生资源。前者指可以在一定程度上循环利用且可以更新的水体、气候、生物等资源，也称"非耗竭性资源"，后者指储量有限且不可更新的矿产等资源，也称"耗竭性资源"。④按其数量及质量的稳定程度，可划分为恒定资源和亚恒定资源。前者指数量和质量在较长时期内基本稳定的气候等资源，后者指数量和质量经常变化的土地、矿产等资源。

（二）生态环境

生态环境与自然环境是两个在含义上十分相近的概念，有时人们将其混用，但严格说来，生态环境并不等同于自然环境。自然环境的外延较广，各种天然因素总体都可以说是自然环境，但只有具有一定生态关系构成的系统整体才能称为生态环境。仅有非生物因素组成的整体，虽然可以称为自然环境，但并不能叫作生态环境。从这个意义上说，生态环境仅属于自然环境的一种，二者具有包含关系。生态资源是能为人类提供生态服务或生态承载能力的各类自然资源。生态资源是生态系统的构成要素，是人类赖以生存的环境条件和社会经济发展的物质基础，一切经济活动起源于人们认识自然和利用自然的过程。

（三）环境与资源

环境从广义上理解，是由自然资源所构成的。自然资源不仅蕴含于环境之中，更是环境不可或缺的组成部分。环境本身由一系列环境因素交织而成，这些因素涵盖了某一区域内所有具备生态关联性的，无论是天然存在还是经人为改造的、可供人类利用的物质与能量资源，即我们通常所说的自然资源。若抽离了这些具体的物质与能量基础，环境的形成便无从谈起。在环境资源会计的概念与内容中，"环境"一词特指人类聚居的空间，及其所直接或间接影响人类生活的自然因素与社会因素的总和，它构成了一个复杂而多维的生态系统。凡能够被人类生存和生活利用的一切自然资源及生态资源集合体均是环境资源会计中的环境，即人类环境。

环境与自然资源既相互联系又相互区别。

二者的联系主要表现在：①两者之间存在紧密相依、相互促进的关系，任何一方遭受损害都将不可避免地波及另一方。以环境污染为例，若向环境中排放超标的水污染物，不仅会削弱水环境的生态平衡能力，还会对水质造成污染，进而对渔业资源的产量与品质构成不利影响。同样地，大规模的林木砍伐活动，在剥夺林木资源的同时，也削弱了森林作为关键环境因素的多种生态服务功能，如防风固沙、保持水土、调节气候以及空气净化能力等，导致这些功能的退化甚至丧失。反之，任何保护环境或自然资源的行动，都将对另一方的保护产生积极的连锁效应。譬如，对每一株林木的精心保护，都将有助于维护并提升整个森林生态系统的健康与稳定，从而实现环境质量的全面改善。②两者皆蕴含明显的经济价值。自然资源尤其是那些稀缺的资源，自古以来便承载着重要意义。同样地，环境本身也展现出不容忽视的经济价值，这在排污权交易的实践中得到体现——该交易机制实际上是通过市场手段，对环境的自然净化能力进行了价值量化与有偿转让。

二者的区别主要表现在：①两者在动静关系的展现上各有千秋。在特定的时空界限内，若缺乏生态间的相互联结，资源则倾向于呈现为各自独立的静态物质与能量形式。相比之下，环境是一个更为复杂而动态的概念，它不仅是静态自然资源的有序集成，更是动态的和谐统一体。这个统一体由一定数量、特定结构、多层次的，且能够相互兼容的物质与能量共同构成，它们之间持续地进行着物质循环与能量流动，形成了一个密不可分的整体。②两者在形态表现上各具特色。自然资源大多具备可视性，或至少能够被人类直接感知与接触；环境则展现为一种无形之态，难以直接触及，它更多的是由一系列隐性的生态功能相互交织、共同构建的复杂系统。这种差异使两者在认知与应用上各具挑战与独特性。③两者在核心关注点上呈现出显著差异。自然资源的焦点集中于林木、风、地热等天然存在的物质实体或能量，其核心价值在于这些资源的天然属性及其所蕴含的经济效用，即其作为财产所具备的经济价值与使用价值。而环境侧重于强调特定区域内生态系统所展现出的整体性生态功能价值，这些功能并不直接依赖于具体的物质形态来服务于人类，而是以一种超越物质实体的独立功能形态存在，体现了环境更深层次的价值维度。④两者在经济价值层面展现出截然不同的性质。自然资源的经济价值本质上归属于有形财产的范畴，其核算依据直观且具体。相比之下，环境的经济价值植根于一系列隐性的生态功能中，这些功能虽不可见、不可触，却蕴含着巨大的使用与可利用潜力（譬如排污能力的赋予）。因此，在价值核算的过程中，两者所采用的方式与方法也大相径庭，环境的经济价值评估更为复杂且抽象。

二、可持续发展理论

可持续发展是环境资源审计赖以产生和成立的理论支柱，并为环境资源审计的理论研究和实践应用指明了方向。自工业化进程加速以来，人类社会的发展轨迹与生态环境的退化相交织，其间，大气污染、水体污染以及资源的过度采掘等严峻挑战接踵而至，构成了一系列难以轻易逆转的环境困境。这些问题不仅频发，而且其修复难度极大，凸显了人类活动对自然系统造成的深远影响及其恢复的复杂性。

1987 年 3 月，世界环境与发展委员会（World Commission on Environment and Development，WCED），正式向联合国提交了其里程碑式的报告《我们的共同未来》（也被广泛称为《布兰特报告》）。该报告的问世，在全球范围内激起了广泛的讨论，标志着可持续发展理念的正式诞生。可持续发展的本质在于，既确保当代社会需求的满足，同时不会削弱后代满足其需求。其核心在于强调了对社会、经济及环境三个维度可持续发展的综合考量，要求在推动经济可持续发展的进程中，既不应忽视环境保护而盲目追求经济增长，也不可牺牲生态环境以换取短期的经济繁荣，从而维系经济发展的长期活力与可持续性。

高质量的经济增长模式应转型为低碳、环保型增长，对此，衡量经济发展质量的指标体系亟须调整，纳入能耗、排放及环境污染等环境成本因素，以全面反映经济发展的真实面貌。至于环境可持续发展层面，则必须严格评估环境资源的承载能力，抵制任何超越这一界限的过度经济社会活动与自然资源的过度开采行为，倡导在推动经济社会进步的同时，积极回馈生态环境，加大对生态环境修复与保护的投资力度，确保自然与社会的和谐共生。

多数自然资源具有不可再生性，且环境损害往往难以逆转，对国计民生造成了深远威胁，环境资源问题无疑成为亟待解决的首要议题。为实现人类社会的长远繁荣，推动环境资源领域的可持续发展、构建人与自然和谐共生的新范式显得尤为重要。实施可持续发展战略需恪守三项核心原则：公平性、持久性与协同性。其中，公平性原则倡导当代与后代间资源的均衡配置与利用；持久性强调自然资源与环境作为人类存续之基，人类活动必须置于自然承载能力之内；协同性呼吁国际社会视彼此为命运共同体，共享同一地球村，相互间的影响不容忽视。

环境资源审计作为一项重要工具，有助于促进资源的高效集约利用与环境保护的双重目标，引导发展路径向经济效率提升、生态和谐维护与社会公平正义并重转变，进而推动人类社会的全面发展。这一过程进一步表明，可持续发展理念虽始于环境保护的迫切需求，但已超脱单一环保范畴，成为引领 21 世纪人类前行的综合性发展战略，它将环境议题与发展议题深度融合，共同指导社会经济全面、协调、可持续发展。

（一）经济可持续发展

可持续发展理念倡导的是经济增长与环境保护的和谐共生，而非以牺牲环境为代价来遏制经济增长，因为经济的稳健增长是国家综合实力与社会财富累积的基石。此理念不仅聚焦于经济增长的量化指标，更深刻强调经济发展的品质与可持续性。它倡导摒弃过往"三高"——高资本投入、高资源消耗、高环境污染的生产及消费模式，转而推行清洁生产与理性消费，以提升经济活动的效率，促进资源的有效利用，并大幅度减少废弃物产生。从广义层面解读，集约化的经济增长模式正是可持续发展在经济领域内的具体实践与展现。

（二）生态可持续发展

可持续发展主张经济建设及社会进步应与自然环境的承载能力维持平衡状态，确保在追求发展的过程中，同步进行地球生态环境的保护与恢复，并确保自然资源与环境成本得到可持续利用，从而将人类活动的边界设定在地球可承受范围内。由此可见，可持续发展理念深刻揭示了发展的内在约束性，即无限制的发展将难以维系其持续性。在生态可持续发展的维度上，虽然同样强调环境保护的重要性，但它摒弃了将环保与经济社会发展相割裂的传统观念，转而倡导通过发展模式的根本性转型，从源头上着手，彻底地、系统性地解决环境面临的问题，从而达成经济发展与环境保护的双赢局面。

（三）社会可持续发展

可持续发展理念将社会公正视为推动环境保护实现的关键机制与终极目标。它强调，尽管世界各国处于不同的发展阶段，并设定了多样化的具体发展目标，但发展的核心理念在于提升人类生活质量，增进公众健康福祉，以及构建一个确保人人享有平等、自由、教育机会、人权保障及远离暴力威胁的社会环境。换言之，在可持续发展的综合体系中，经济可持续性构成了基石，生态可持续性是必要条件，社会可持续性是最终追求的愿景。面向未来，人类社会应携手致力于构建一个以人为本的自然—经济—社会复合系统，该系统将实现持续、稳定且健康的演进，确保人类的全面福祉与长远利益。

显然，可持续发展远非单一的经济增长方式，而是涵盖了"经济—社会—生态"三维度的综合性、协调性发展模式，它标志着一场深远的社会进步与变革。可持续发展的核心理念在于，经济发展需与环境保护和谐共生，生态环境作为社会经济运作的基石，环境与资源变化对经济产生的效应需纳入经济评估与价值核算的框架中。具体而言，当环境的自然净化能力被超越时，经济活动便会产生环境成本，此成本无法回避，必须予以承担与补偿。此外，可持续发展不仅聚焦于发展的现状与目标设定，更重视发展的长期韧性与持久动力，强调潜能的培育与可持续性维护。这些核心理念对于环境资源审计的核算体系构建具有深远的指导意义。因此，经济、环境与社会三个维度的可持续发展及其相互间的协调统一，构成了可持续发展的完整内涵与深远意义，也奠定了环境资源审计坚实的理论基础。

三、生态文明建设理论

鉴于资源稀缺性加剧、环境恶化形势严峻以及生态系统面临深刻退化的现实挑战，我们迫切需要构建一种崇尚自然、顺应自然规律并致力于自然保护的生态文明理念，坚定不移地践行可持续发展的道路，以确保人类社会的长期繁荣与自然环境的和谐共生。生态文明建设的核心在于将可持续发展的理念提升至绿色发展的新高度，寓意着我们不仅要为自身谋求福祉，更要为后代留下丰富的生态遗产。作为中国特色社会主义事业不可或缺的一环，生态文明建设紧密关联着人民的幸福安康、民族的未来前景，以及"两个一百年"奋斗目标和中华民族伟大复兴的中国梦能否顺利实现。党中央与国务院对此给予了高度重视，通过一系列重大战略部署与决策，有力地推动了生态文明建设取得显著成就与积极进展。

特别是，党的十九大报告中明确提出，要加速生态文明体制改革步伐，致力于构建美丽中国的宏伟蓝图。回顾党的十八大报告，其强调生态文明建设应占据突出位置，并全面融入经济建设、政治建设、文化建设、社会建设的各个领域与全过程中。这一指导思想要求我们在加强生态修复、环境保护与资源高效利用的同时，更需将生态文明理念作为核心要素，深度融入并贯穿于上述四大建设的每一个环节，从而构建起经济建设、政治建设、文化建设、社会建设与生态文明建设的五位一体新格局。在这一框架下，环境资源审计的实践活动应以此为理论基石，确保审计工作的方向性、科学性与实效性。

四、经济外部效应理论

经济活动的外部效应指某一企业在其运营过程中，对外部其他企业或整个社会所产生的非直接性影响。当这种影响体现为优化或提升了企业运营所依赖的外部环境时，我们称为正外部性或外部经济性；相反，若导致外部环境质量下降或恶化，则被称为负外部性或外部不经济性。这样的界定有助于我们更清晰地理解经济活动对外部环境的双重影响，从而采取适当的政策措施进行调控。

对于致力于利润最大化的企业而言，其生产过程中往往忽视了外部不经济性，原因在于企业能够免予承担对其他企业及社会产生的负面效应的成本，而受损方也无法通过市场机制获得充分的补偿。为有效预防和消除外部不经济性，政府介入并采取强制性措施显得尤为重要。在当前情境下，环境资源审计工作的主导力量主要依靠政府审计，辅以其他审计形式，以确保审计工作的权威性与执行力，并依托政府的物质支持作为坚实后盾。

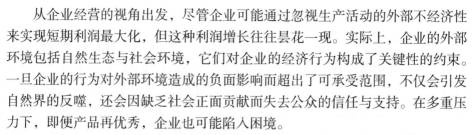

从企业经营的视角出发，尽管企业可能通过忽视生产活动的外部不经济性来实现短期利润最大化，但这种利润增长往往昙花一现。实际上，企业的外部环境包括自然生态与社会环境，它们对企业的经济行为构成了关键性的约束。一旦企业的行为对外部环境造成的负面影响而超出了可承受范围，不仅会引发自然界的反噬，还会因缺乏社会正面贡献而失去公众的信任与支持。在多重压力下，即便产品再优秀，企业也可能陷入困境。

在此背景下，秉持可持续发展理念的消费者群体与社会公众促使具有前瞻性的现代企业家深刻认识到，一个安全、健康且充满活力的社会环境，以及具备强大恢复力的自然环境，是企业持续成长不可或缺的基石。为减轻乃至消除外部不经济性带来的环境风险，重塑企业正面形象，企业家日益认识到环境资源审计作为环境管理策略的重要性。环境资源审计的实施，促进了企业外部影响的内部化，既有利于环境保护，也促进了企业的稳健发展，这正是环境资源审计得以诞生并发展的内在驱动力所在。

五、受托经济责任理论

环境资源审计的兴起与演进根植于受托经济责任关系的深刻变迁中，这一关系构成了审计学科发展的基石。随着受托经济责任范畴的延伸，特别是当其"触角"延伸至环境保护与资源管理的广阔领域时，环境资源审计作为一种新兴审计领域应运而生。受托经济责任，本质上是基于特定规范或期望，对受托管理的经济资源进行有效运营并汇报其绩效的责任机制。此机制紧密关联于社会需求的动态演进，随着社会需求层次与标准的持续提升，受托经济责任的内容也展现出持续扩张的态势。

当这一扩张进程触及环境保护与资源利用领域时，环境资源的拥有者（如国家、广大社会公众）便对资源的使用者（如各类企业）提出了更为严格的责任要求，即必须妥善管理与高效利用环境资源。在这一背景下，环境资源审计作为一种监督机制应运而生，以确保环境资源得到负责任的管理与利用。

受托经济责任理论深刻揭示了环境资源审计产生的内在逻辑：当委托方对受托方的责任范畴扩展至环境资源领域，要求受托方承担起环境资源的管理与保护责任时，为验证这种受托责任的履行是否公正、合法且高效，委托方产生了对独立第三方鉴证服务的需求；同时，受托方渴望通过审计来解除自身在环境资源利用方面的受托责任。因此，环境资源审计便成为满足这一双向需求的关键机制。

第四节 环境资源审计研究与实施现状

一、国外环境资源审计研究现状

在探讨环境资源审计内涵的研究中，国外学者一般将其界定为一种聚焦于政策执行过程中环境效应评估的常规性审计实践。Todea 等（2011）另辟蹊径，将环境资源审计视为一种独特的管理辅助工具，并深入追溯了其起源与发展轨迹，通过多维度视角及不同审计主体的分析，对环境资源审计的概念内涵进行了详尽阐述。此外，Karagiorgos（2011）与 Stanescu（2020）的观点不谋而合，他们共同主张环境资源审计是一种融合了财务报表审计、绩效审计及合规审计等多重元素的综合监督评价体系，力求加强对环境管理活动的全面审视与评估。这一视角不仅拓宽了环境资源审计的功能范畴，也进一步强化了其在促进环境可持续发展中的重要作用。

国外环境审计研究述评

在环境资源审计作用的研究领域中，国外文献认为，在推动环境保护政策有效制定与执行的关键驱动力方面，环境资源审计占据着不可或缺的核心地位。Snezana 等（2017）通过广泛检索与深入分析现有文献资料，得出了环境资源审计在促进环境保护方面具有显著成效的结论，并基于此提出了一系列强化环境保护实践的建设性建议。Xiong（2022）在经济发展和生态环境质量影响的研究中发现环境资源审计在经济发展过程中对提高生态环境质量有显著的正向调节效应。Zhang 等（2023）结合我国实践，从自然资源资产离任审计角度，指出通过审计领导干部任期内自然资源资产管理和生态环境保护的变化，可以促进生态和环境保护。

在环境资源审计评价指标体系的探索中，Maltby（1995）指出，审计过程应融合多维度的分析方法与环境评估标准，以确保审计的全面性与准确性。Hogstt 及其团队（1997）创新性地提出了一种风险可视化策略，该策略借助地理信息系统（GIS）技术，将物种作为幼苗及模型预测下的林木反应置于空间环境模型中，通过暴露—反应函数描绘其动态变化。Banzhaf 和 Boyd（2012）聚焦于生态学与经济学的交叉领域，探讨了如何构建生态系统服务指数（ESI），以量化评估生态系统为人类提供的各种服务价值。Zaragozi 等（2012）进一步提出，在环境资源审计中融入地理信息技术，特别是通过制图技术捕捉并分析环境变化的大数据，能够显著提升审计的时效性与精确度。Wang 等（2017）与 Yu 等（2023）使用 PSR（压力—状态—响应）模型构建评价指标体系，分别从资源型城市生态环境绩效与海洋资源环境责任角度研讨如何构建环境资源审计评价指标体系，以推进环境资源审计评价体系的完善。

二、我国环境资源审计研究现状

在探讨环境资源审计的定义与内涵时，黄道国与邵云帆（2011）提出，环境资源审计过程涵盖了多元化方法，全面监督被审计单位在资源开发、环境政策执行、部门管理效能及项目建设成效等核心领域的表现。王淡浓（2011）强调，环境资源审计作为一种鉴证活动，其核心在于对政府及事业单位在资源开发与环境管理领域所开展的经济活动进行真实性、合法性的严格监督与评估。李运亮（2012）进一步指出，环境资源审计的深化发展需融合环境科学的先进理念，以增强审计工作的科学性与针对性。陈希晖与刑样娟（2014）从政府治理的角度出发，将资源环境审计视为一种评估环境治理绩效、监督资源开发利用管理及生态健康状况的重要工具。而陈波（2015）则从产权保护理论的视角切入，剖析了资源环境审计的理论基础与责任边界，为该领域的研究开辟了全新的思路与方向。

在环境资源审计内容的研究领域内，刘力云（1997）指出其范畴具有广泛的包容性，任何与环境资源因素紧密相连的生产经营活动均可被纳入环境资源审计的考量范畴。高方露和吴俊峰（2000）结合对环境审计本质认识的不断深化提出，环境审计作为事前控制手段，其发展趋势应是环境咨询。李永臣（2007）进一步细化了环境资源审计的内容框架，强调其核心涵盖环境保护政策的执行情况、环境规划的合理性、环境保护资金的运用效率以及环境法律法规的遵守状况等方面。此外，黄溶冰（2016）在此基础上进行了补充，他主张环境资源审计的内容还应拓展至绿色经济责任审计领域，即评估经济活动对环境的绿色影响，并纳入环境保护专项资金使用绩效的审计，以确保资金的有效利用与环境保护目标的实现。

在探讨环境资源审计工作的实施策略时，李雪和杨智慧（2004）共同指出，该工作的有效开展需依托国家审计机关的权威指导、内部审计机构的内部监督以及社会审计组织的外部补充，三者协同作用，共同推动环境资源审计的深入实施。董延安和赵红（2015）建议，我国应采取循序渐进的策略，先期设立试点项目，通过定性与定量相结合、实物与价值指标相辅助的方式，促进多部门间的紧密合作，确保环境资源审计工作能够稳步而有序地向前推进。毛洪涛和张正勇（2009）聚焦于审计准则的制定，他们认为，在制定我国环境资源审计准则时，应优先确立政府环境财务审计及环境合规性审计的准则体系，以此为基础，再逐步构建和完善环境绩效审计的准则框架。周曦（2011）从经济责任审计的视角出发，强调在界定环境保护责任时，应综合考虑目标责任的明确性以及制度执行责任的落实情况，确保环境保护责任得到有效履行。谢志华等（2016）则进一步强调了环境资源审计作为经济监督工具的重要性，他们指出，财务审计应成为环境资源审计的核心环节，通过细致的账目审查，评估环境资源开发与保护活动的真实性与合规性，从而为环境保护提供坚实的财务保障与监督支持。

三、国外环境资源审计实施现状

在国际最高审计机关组织召开的第十五次大会上，正式提出环境审计的概念，并明确指出，环境审计在方法论层面，原则上应遵循由该组织所确立的多元化审计策略，同时确保其应用范围跨越各类审计形态，实现全面覆盖。基于此，环境审计的焦点应聚焦于以下方面：首要任务是清晰揭示环境资产与负债的实际情况，然后严格核查国内及国际环保法律法规的遵循状况，最后深入评估被审计对象在提升经济活动经济性、效率与效果方面所采取措施的适当性与有效性。

2001年，国际最高审计机关组织环境审计工作组在《从环境的视角开展审计活动的指南》中，精练地阐述了环境审计定义的四大支柱性原则，这些原则重构并深化了我们对环境审计的理解：①环境审计的范畴广泛，囊括了财务审计、合规审计及绩效审计三大维度，共同构成了其综合性框架；②在财务审计层面，其核心在于评估政府财务报表是否准确无误地反映了环境成本与负债的真实状况，确保环境财务信息的透明度与准确性；③合规审计则侧重于对政府及机构在遵循环境法律、规章及政策方面的表现进行评判，强化环境法制的执行力；④至于绩效审计，着重于评价政府在达成环境目标、应对环境挑战及实现环境管理高效与经济性方面的成效，以此推动环境政策的优化与环境管理的持续改进。

最高审计机关亚洲组织环境审计工作组于2002年成立，并制定了《最高审计机关亚洲组织环境审计指南》，该指南在《开罗宣言》所提出的环境审计的定义框架和《从环境的视角开展审计活动的指南》定义原则的基础上将环境审计界定为，由最高审计机关对政府和（或）企事业单位等被审计单位的环境管理以及有关的经济活动的真实性、合法性和效益性所进行的监督、评价和鉴证等工作。

从环境审计的定义原则和定义来看，环境审计涉及的范围较广，从广义环境审计来说，包括管理审计、产品认证、政府控制措施以及对加强管理很有帮助的活动等；从政府环境审计的角度来看，环境审计的范围限定在政府和企事业单位等被审计单位的环境管理以及有关的经济活动，而这个范围实质上很广泛，几乎涵盖政府和企事业单位经济活动的全部内容。这显然给政府审计工作提出了更高的要求。

在国外，环境资源审计的范畴广泛且内容错综复杂，其细分维度可概括为九个方面：①涉及环境受托责任履行状况的深入审计；②聚焦于环境法律法规与政策执行效力的严格审查；③针对环境保护项目绩效表现的全面评估；④针对建设项目实施过程中环境影响的专项审计；⑤拓展至环境政策制定流程与政策调整合理性的审慎考察；⑥加强对环境管理体系效能与合规性的系统审计；⑦对环境政策与项目计划进行前瞻性的战略评估；⑧专项审计环境保护财政资金的分配与使用效率；⑨涵盖以特定环境要素为核心议题的专项审计，确保审计工作的全面覆盖与精准深入。

2021 年 4 月，世界审计组织环境审计工作组秘书处向 189 个世界审计组织成员单位发送调查问卷。调查内容涉及环境审计的开展、环境审计主题事项、环境审计结果发布及其影响、环境审计的挑战与未来展望、审计机关环境合作审计和对环境审计工作组的期望等内容。

WGEA 第十次全球性环境审计调查结果与启示

（1）在环境审计的开展方面。接近半数的审计机构获得法律明确授权，而即便在缺乏直接授权的情况下，环境审计依然被审计机关视为核心工作任务之一。就审计业务类型而言，审计活动广泛涵盖了绩效审计、合规审计、财务审计以及预审程序（如支出前的审计）、专项报告编制（包含评论分析、调研考察等）和多元化审计产品（诸如后续跟踪审计、协作审计项目、最佳实践分享等）等业务类型。具体而言，高达 89% 的审计机关已涉足环境绩效审计，57% 的机关实施了环境合规审计，37% 的机关开展了环境财务审计。值得注

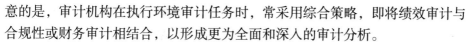

意的是，审计机构在执行环境审计任务时，常采用综合策略，即将绩效审计与合规性或财务审计相结合，以形成更为全面和深入的审计分析。

第一，环境审计能力方面。94%的审计机关强调了环境审计人员需掌握绩效审计技能的重要性。与过往的调研结果相对照，一个显著的变化在于，自然与环境保护领域的科学知识日益受到重视，并被视为审计人员不可或缺的知识储备。尤为值得一提的是，统计技能与数据分析能力首次被正式纳入环境审计能力的综合框架中，这一举措标志着环境审计实践向更加数据驱动和量化分析的方向迈进。

第二，就环境审计项目的数量而言，39%的审计机关呈现出环境审计数量增长，而46%的审计机关的环境审计数量保持稳定。综合分析各项数据，相较于以往的调查结果，环境审计的总体业务量虽仍呈现上升趋势，但其增长的幅度有所减缓。进一步观察地域性差异，太平洋审计组织（占比67%）与非洲审计组织（占比50%）在环境审计数量的增加上表现得尤为突出，显示出这些区域在推动环境审计实践方面的积极进展与显著成效。

第三，环境审计机构设置和人员配置方面，仅有不足半数（具体为43%）的审计机构已设立了专门的环境审计部门，这一比例相较于过往调研结果呈现出下滑趋势。关于审计团队规模，执行单次环境审计项目的小组成员平均数量已增长至8人，显示出团队规模的稳步扩大。在人员稳定性与未来规划方面，68%的审计机构报告其环境审计团队人员数量维持现状，而剩余的32%则明确表示，未来3年内将增加环境审计人员的编制。

第四，就地域性差异而言，太平洋审计组织的成员单位在环境审计人员的总量上占据领先地位，而展望未来3年，非洲审计组织的成员单位则预计将迎来最为显著的环境审计人员增长，预示着该区域在环境审计领域投入力度的加大与未来发展的积极态势。

（2）在环境审计主题、目标和标准方面。土地利用和人类活动成为最多的环境审计主题。被调查的审计机关在2018~2020年普遍将土地利用与人类活动作为首要审计对象；2021~2023年规划的审计主题中，土地利用和其他人类活动仍然位居第一，治理主题排到了水和废物管理主题之前，位居第二。调查还发现，气候变化将成为2021~2023年最重要的审计主题，包括气候变化适应和气候变化减缓两个主题事项。确保法规遵从性及评估政策执行绩效，也是环境审计中频繁出现的审计目标。

超过半数的最高审计机关使用《联合国可持续发展目标》来确定审计主题和审计标准。大多数审计机关根据《联合国可持续发展目标》来确定主题，或者使用《联合国可持续发展目标》作为审计标准；有些审计机关将《联合国可持续发展目标》融入所有审计活动，或者将《2030年可持续发展议程》融入其他非环境审计项目中；有些审计机关审计了国家为执行《联合国可持续发展目标》所做的准备工作，或者开始审计《联合国可持续发展目标》的执行情况。

（3）在审计结果发布及其影响方面。最常用的审计结果披露方式是官方网站、发布新闻稿及审计报告的纸质版。与前期的调查相比，打印审计报告的重要性已经下降，并低于发布新闻稿。同时，公布审计结果的方式呈多样化趋势，除上述三种方式外，还使用了小册子、视频、动画、电视、推特等媒体。区域差异方面，大部分审计机关（大于60%）选择在官方网站公布审计报告。除此之外，北美和欧洲地区审计机关还选择了推特、电视、广播等媒体，非洲和亚洲地区审计机关普遍选择分发纸质审计报告，欧洲和非洲地区审计机关发布新闻稿比较常见，欧洲审计机关还采用了向记者发布简报的方式。

最高审计机关通常通过跟踪检查建议的采纳情况来衡量审计的影响力。衡量环境审计影响的渠道有很多，包括跟踪审计建议采纳情况、开展跟踪审计、关注对审计建议的回复、媒体报道、听证会、被审计单位采取的措施、专家／公众的反馈、预算节约等，其中前三种方式是审计机关最常用的衡量方式。

（4）挑战及未来展望方面。环境审计面临的首要挑战在于数据的匮乏与获取难题。在执行审计任务时，数据层面的障碍尤为凸显。具体而言，既包括因环境监测与报告系统不健全、环境状况数据空白以及环境政策框架缺失所导致的直接数据短缺问题，也涵盖了在尝试收集并验证数据时所遭遇的复杂性与不确定性，如数据获取途径的局限性与核实过程的烦琐性，共同构成了环境审计进程中的重大障碍。

可持续发展目标的达成与环境专业能力的培育，对于环境审计领域的未来发展具有举足轻重的意义。未来环境审计的演进更加关注可持续发展目标、环境审计培训、审计机关知识共享、环境问题培训、外部专家建议、整合环境审计与其他审计、信息质量和可靠性、评估和提升环境审计影响力等。

（5）最高审计机关的合作及其对WGEA的期望。2018~2020年，68%的最高审计机关与其他审计机关开展了合作。至于那些尚未开展合作的审计机构，其原因主要包括审计资源的有限性、合作议题与需求的匮乏，以及审计程序间可能存在的兼容性问题等。在已建立的合作关系中，审计机关间最常见的合作形式是围绕审计信息的共享与环境审计经验的交流展开，同时有环境审计项目的深度合作。从整体趋势来看，相较于先前的调查，审计机关间的合作频率已呈现出明显的增长态势。

78%的审计机关考虑使用WGEA提供的工作成果（如指南、研究报告、线下培训与研讨、线上课程等），这些成果被用于规划和实施审计，作为选择审计主题和方法的指导以及环境审计程序的最佳来源，成为审计主题信息的重要来源。另外，一些审计机关希望 WGEA 能够提供更多的可持续发展目标方面的成果，希望获得审计准则、知识和经验分享（包括研究报告、培训课程、研讨会等）方面的产品，WGEA 应该更多地关注气候变化、可持续发展目标、废物管理、空气污染和循环经济等主题。除此之外，气候金融、生物多样性和物种保护、自然资源、土地利用、环境影响评估、可持续交通等也需要关注。

四、我国环境资源审计实施现状

自我国审计机关创立之初，便踏上了探索环境资源审计的征途，历经近三十载的不懈耕耘，实现了从萌芽至壮大、由局部至全局、从单一模式向多元化格局的深刻转变。当前，我国环境资源审计工作已全面铺开，不仅深入环境保护资金使用的监督，还广泛覆盖生态建设、重点流域水污染防治、建设项目环境影响评估、大气污染防治等关键领域，构建起全方位、多层次的环境资源审计体系。

中华人民共和国审计署（以下简称审计署）于 1985 年及 1993 年分阶段地对包括兰州、重庆、广州在内的 15 座大中型城市实施了环境资源审计行动，彼时，审计工作的核心聚焦于排污费用的征收与管理使用状况。在 1994 年的《中国 21 世纪议程优先项目计划》中，审计署创新性地规划了四大环境资源审计示范项目，旨在树立行业标杆。这些项目分别是：以三峡库区水利工程为代表的水资源环境资源审计示范，以滇池污染治理为典范的环境污染控制审计示范，以烟台经济开发区为案例的经济开发区项目环境资源审计示范，以及以西双版纳与神农架自然保护区为蓝本的生物多样性保护项目审计示范。这一系列示范审计项目的实施，深度剖析并构建了中国环境资源审计的基本框架体系，其涵盖内容广泛，包括确立适合中国国情的环境资源审计模式，研究财务审计、合规审计及绩效审计在环境资源审计中的具体应用方法与内容，初步确立环境资源绩效审计的评价基准与指标体系，明确环境资源审计风险的类型与特征，并设计统一规范的环境资源审计报告模板，以此推动中国环境资源审计事业的全面发展。

自 1995 年开罗会议以来，我国明显增强了对环境资源审计领域的探索力度，并于 1997 年将环境保护审计纳入固定资产投资审计的主要内容之中。具体实践方面，1996 年，审计署率先启动了国有土地使用权出让金的专项审计工作；1997 年，针对三峡工程库区移民资金的合规使用情况进行了深入审计；

1998 年，审计范围进一步拓展，涵盖了水利建设资金与生态林业发展资金的审计监督；1999 年，审计署组织了对支持贫困地区经济发展专项资金的审计评估；2001 年，审计重点聚焦于天然林保护专项资金的运作效率以及 46 座重点城市排污费在征收、管理、使用三个环节的全面审计，这一系列举措彰显了我国对环境资源审计工作的高度重视与持续推进。

为积极响应并服务于西部大开发战略的深入实施，2002 年，我国审计机关启动了退耕还林还草资金的专项审计工作。与此同时，鉴于审计机关承担着对国际组织及外国政府援助、贷款项目财务收支实施监督的法定职责，审计署积极行动，全面加强了对通过世界银行、亚洲开发银行、全球环境基金及政府间双边合作等多渠道引进的环境保护项目资金的审计力度，确保这些外部援助资金在环境保护领域的合规、有效使用。

2003 年与 2004 年，审计署启动了水污染防治专项资金审计，针对三峡库区与"三河一湖"（淮河、海河、辽河与太湖）区域水污染防治专项资金实施了专项审计，以强化对这些重点流域环境治理的资金监管。2005 年 2 月，环境审计领导协调小组发布了《关于 2005 年至 2007 年环境审计工作的意见》，该意见为政府环境资源审计的未来发展绘制了一幅清晰的蓝图，明确了未来三年环境资源审计工作的基本方向与重点任务。

2009 年 9 月，审计署正式发布了《关于加强资源环境审计工作的意见》的规定，该意见明确指出，自 2010 年起，省级及计划单列市的审计机关需确保每年至少执行一项资源审计与一项环境审计任务。同时，针对经济较为发达的市、县级审计机关，也提出了年度内至少实施一项资源或环境审计的具体要求。为进一步拓宽环境资源审计的覆盖范围与深度，审计署倡导各级审计机关循序渐进地拓展审计领域，由传统的土地资源与水环境审计为起点，逐步将审计"触角"延伸至海洋资源、森林资源、矿产资源、大气污染防治、生态环境建设、土壤污染防治、固体废弃物管理及生物多样性保护等多元化领域，以构建更加全面、深入的环境资源审计体系。

《审计署 2008 至 2012 年审计工作发展规划》和《审计署关于加强资源环境审计工作的意见》已将环境资源审计与财政审计并列为主要的审计任务。2009 年下半年以来，各地方审计机关和特派员办事处认真贯彻落实，纷纷成立了环境资源审计协调领导小组，积极构建多元环境资源审计工作格局。目前，审计署环境资源审计关注的重点领域主要是国家环境保护投资的重点地域，如"三河三湖"，即淮河、海河、辽河、太湖、巢湖、滇池；"两控区"，即酸雨控制区和二氧化硫控制区；北京环境综合治理；渤海的污染治理；东北、华北、西北和长江中下游地区等重点防护林建设工程；退耕还林工程；京

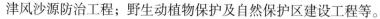

津风沙源防治工程；野生动植物保护及自然保护区建设工程等。

2013 年 11 月，党的十八届三中全会报告提出了"探索编制自然资源资产负债表，对领导干部实行自然资源资产离任审计"。2017 年 11 月，《领导干部自然资源资产离任审计规定（试行）》，明确从 2018 年起，领导干部自然资源资产离任审计由试点阶段进入全面推开阶段，这标志着一项全新的、经常性的审计制度正式建立。

【思考题】

1. 环境资源审计的主体有哪些，请简要阐述。

2. 环境资源审计的对象包括哪几个方面，请简要阐述。

3. 结合实际情况，谈谈对环境资源审计是维持生态环境可持续发展重要工具的理解。

4. 政府环境资源审计、内部环境资源审计、注册会计师环境资源审计之间有什么区别和联系？

【案例分析】

一、案例背景

土地作为重要的资源，在国民经济发展中发挥着重要的作用。随着经济的快速发展，房地产行业利润高企，土地的价格直线上扬。

二、审查的主要内容

2008~2010 年，我国土地市场价格不断走高。期间，一家国有企业将其拥有的工业用地，在未经集体研究的情况下，先是申请为该地块"变性"，然后挂牌出让给其特定关系人。该特定关系人采取股权转让的形式非法倒卖土地，导致巨额国有资产流失，个人从中牟取不当利益。该国企相关责任人涉嫌滥用职权出卖国家利益并非法获利。

三、采取的步骤和方法

（1）查看档案，发现虚假招拍挂。某审计机关在 2014 年土地审计中发现，2008 年，L 国企以 2000 万元取得 400 亩工业用地。2009 年 4 月，该国企董事长 S（正厅级）未经集体研究，与其校友 X 控制 A 公司签订了商业住宅项目联合开发协议。5 月，S 签发文件申请将该宗土地性质变为商住用地。6 月，地方政府按照该申请决定收购后重新挂牌出让该宗土地，但竞得人需补偿 L 国企 3 亿元。8 月，仅成立两个月的 A 公司作为唯一竞买人，以 6000 万元的价格摘牌取得，并约定另支付 L 国企补偿款 3 亿元。

（2）查看合约，查明民企非法获利。在摘牌仅 5 天后，X 等采取转让 A 公司全部股权的方式，以约 4.2 亿元的价格将上述土地变相倒卖给国内某著名房地产公司，双方约定，补偿 L 国企的 3 亿元由 X 承担。至此，扣除已缴纳土地出让金 6000 万元外，X 等人已非法获得 3.6 亿元。

（3）查看协议，认定损失是国企的。2010 年 1 月，未经集体研究，S 代表 L 国企签署协议，减免 X 等应支付的补偿款 2 亿元，造成巨额国有权益损失，X 等从中牟取暴利 2.6 亿元。随后，在实际未组织召开会议的情况下，S 安排相关人员起草了研究该事项的董事会会议纪要，以公司已获取高额利润为由让各董事会成员补充了签字。

四、处理结果

S 的这种行为涉嫌滥用职权，X 等涉嫌非法倒卖土地。相关人员已被移送司法机关查处。

根据该案例资料，分析以下问题：

（1）结合案例资料，你认为环境资源审计应如何在生态文明建设中发挥更重要的作用？

（2）你认为在自然资源审批出让、转让交易等环节应该审什么，如何审？

（3）你认为在自然资源审计中应如何结合大数据审计技术？

2

第二章 环境资源审计的组织与实施

🎯 【学习目标】

1. 了解环境资源审计的分类，掌握按照审计主体与审计内容的分类。
2. 了解环境资源审计的主要依据。
3. 熟悉环境资源审计的基本流程。

💬 【拓展阅读】

中华人民共和国审计署在 2009 年对河北、山西、辽宁等 19 个省、自治区、直辖市的 103 个县、县级市和区 2006~2008 年农村饮水安全工作开展情况进行了审计调查。审计调查发现，2006~2008 年，103 个县计划解决 780.83 万人的饮水安全问题，实际解决 657.53 万人，还有 123.3 万人未得到解决，占计划的 16%；有的已建成的农村饮水安全工程存在供水水质合格率偏低、运营成本偏高、管理维护不到位和工程利用率不高等问题，影响了农村饮水安全工作效果。审计调查的 103 个县中，有 83 个县不同程度地存在地方政府配套资金不到位的问题。2006~2008 年，83 个县计划配套 9.79 亿元，实际到位资金 5.46 亿元，未到位资金 4.33 亿元，到位率为 56%。一些地方将配套资金缺口转嫁到农户身上，导致群众自筹比例增高。审计调查发现，由于资金分配重点支持不够，农村学校饮水工程建设滞后，饮水不安全问题尚未完全解决，个别地方比较突出。截至 2008 年底，审计抽查的 72 个县的农村学校中，饮水达不到国家规定标准的占 35%。审计重点抽查的 131 处以高氟、苦咸水等作为水源的农村饮水安全工程中，有 36 处工程未设计水质净化设施，占 27%；有 19 处工程未按设计要求安装水质净化设施，占 15%。

由此可见，政府审计机关不仅对 19 个省市的饮水安全资金进行了审计调查，而且对农村饮水的安全工程、饮水水质和安全用水的管理机制进行了审计，其审计范围已经远远超出了传统财政财务收支的真实性、合法性和效益性的审计，而转向了针对环境资源的审计。

第一节　环境资源审计的分类

一、按照审计主体分类

从审计主体的角度，环境资源审计可划分为政府环境资源审计、内部环境资源环境审计和注册会计师环境资源审计。

多元审计主体协同作用下资源环境审计服务生态文明的路径研究

（一）政府环境资源审计

政府环境资源审计是政府审计机关对政府的环境管理部门以及企事业单位环境保护与资源使用状况进行的审查。从审计的权威性和审计主体的构成上看，政府审计机关有足够的条件与能力吸纳大量审计人才参与实施环境资源审计。按照我国现行的审计体系，在环境资源审计领域，政府环境资源审计负有监督和指导内部环境资源审计与注册会计师环境资源审计的责任，因此，政府审计机关是环境资源审计的主要执行者，它不仅通过审查环保法律法规的制定和执行情况，提高完善环境政策的科学性和可行性，强化环境政策制定的科学严谨性与实施的有效性；还通过严格核查环保战略规划及专项资金的运用，保障经济、社会与生态三大效益的和谐共生与均衡发展；更进一步地，通过深入分析企业环境绩效报告及其经济活动对环境的潜在影响，有效监督并促使企业切实承担起社会与环境的双重责任，实现对企业行为的全面监管与责任履行的强化。

（二）内部环境资源审计

内部环境资源审计是由企事业单位内部设置的审计机构及人员对本单位的环境管理活动与资源利用情况进行综合的、系统的审查与分析，依据有关环境法律法规、环境标准、企业各类环境管理政策和计划以及财务与会计核算准则，监督企业受托环境资源责任的履行，并对其履行的公允性、合法性、效益性进行评价，进而发现企业在环境资源保护和管理等方面存在的问题，发表意见并提出建议，从而促进其环境管理改善和绩效提高的一种审计活动。

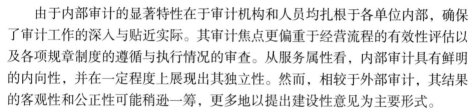

由于内部审计的显著特性在于审计机构和人员均扎根于各单位内部，确保了审计工作的深入与贴近实际。其审计焦点更偏重于经营流程的有效性评估以及各项规章制度的遵循与执行情况的审查。从服务属性看，内部审计具有鲜明的内向性，并在一定程度上展现出其独立性。然而，相较于外部审计，其结果的客观性和公正性可能稍逊一筹，更多地以提出建设性意见为主要形式。

（三）注册会计师环境资源审计

注册会计师环境资源审计是由民间审计组织执行实施的环境审计活动，主要是会计师事务所及其注册会计师接受授权或委托，对特定组织或单位的环境保护与资源利用及其经济后果的审核、检查业务。

结合国内外环境资源审计的产生和发展过程，不难发现以注册会计师审计为代表的民间环境资源审计的产生是企业对环境法律法规日益增多及社会公众的环境意识日趋增加的必然结果。在这样的经济社会环境中，企业为了规避不断增加的环境风险，将注册会计师审计作为维护其绿色发展的有效方式。注册会计师环境资源审计的开展在某种程度上虽然会不利于企业短期内利润最大化目标的实现，但却能为企业创造良好的长期发展环境，因此，注册会计师环境资源审计就成为维护企业自身可持续发展的一种重要途径。

注册会计师环境资源审计的最终目标是协调企业与自然、社会之间的关系，实现企业自身的可持续发展。这既是注册会计师环境资源审计目标的最终目标，也是注册会计师环境资源审计目标的构建基础。

实现社会经济的可持续增长，并遏制环境恶化趋势，是一项既宏大又错综复杂的系统性工程，其中，环境资源审计扮演着举足轻重的角色，并涵盖了多层次的审计主体，它们各自实施的环境资源审计共同构建了环境资源管理体系的多元化框架。鉴于此，全面且多维度的审计监督显得尤为必要，这要求政府审计机关、内部审计部门以及社会审计力量协同作用，对被审计单位在环境资源保护法规与政策执行方面的表现、环境资源维护与管理成效及其达成的绩效进行深入细致的审查与评估，以强化审计组织体系作为一个整体，在应对环境挑战、促进环境问题解决方面的综合效能与影响力。

二、按照审计目的分类

从环境资源审计的目的来看，环境资源审计可以划分为环境资源合规审计、环境资源绩效审计和环境资源责任审计。

（一）环境资源合规审计

环境资源合规审计主要是审查被审计单位的环境资源政策与环境资源法律法规的执行情况。这些法律法规包括《环境保护法》《清洁生产促进法》《排污费征收使用条例》等一系列的环境报告法律法规。在环境保护与资源管理的法治建设层面，一系列法律法规的出台与执行，不仅成功遏制了环境污染的蔓延，促进了我国环境质量的显著改善与恢复，还对环境状况进行了积极的正向调整。另外，这些法律框架对政府相关部门及其他利益相关者的资源调配行为设定了明确的规范，其广泛的社会经济、效应自然成为审计工作中不可忽视的关键要素，进而构成了环境资源合规性审计的核心内容，要求审计业务必须全面审视并评估这些行为的合规性与成效。

（二）环境资源绩效审计

环境资源绩效审计是由政府审计机关、内部审计机构及社会审计组织依据法律、法规执行的综合性监督与评估活动，目的在于针对被审计单位的环境管理体系及其在经济运营过程中承担的环境责任与资源利用情况进行监督评价。其核心在于，通过对受托环境资源责任实施有效监控，确保环境资源责任履行的合规与有效。具体而言，环境资源绩效审计遵循经济性、效率性与效果性三大原则，对被审计单位的经济活动进行细致审查与深度剖析，评估这些活动如何影响环境资源的绩效表现，激励并助力被审计单位更加全面且高效地承担起其受托的环境资源绩效责任，从而推动环境资源管理效率与效果的双重提升。

（三）环境资源责任审计

环境资源责任审计指依据一定的标准，对各级党委、政府主要领导、国有和国有控股企业负责人和环境资源管理有关部门主要负责人（以下简称领导干部）的环境资源行为进行审计，对其应履行环境资源责任情况进行评价和鉴定，提出进一步改进的建议，并在必要时提出对领导干部个人进行责任追究意见的一项审计工作。我国最早开展的责任审计是经济责任审计，针对领导干部个人的经济责任履行情况进行审计，并作为干部考核的一种手段。环境资源责任审计以经济责任审计为指南，对领导干部所应承担的环境资源责任进行评价，进而确定领导干部受托环境资源责任的履行状况。目前，我国正在探讨的对自然资源资产负债表的审计就属于环境资源责任审计。

三、按照审计对象分类

从环境资源审计的对象来看，环境资源审计可以分为环境审计与资源审计两大类。

（1）环境审计主要包括污染防治、监督、保护和改善环境及相关资金征管情况等内容，如水污染防治审计、大气污染防治审计、固体废弃物污染防治审计、重金属污染防治审计、污染物减排审计等。

（2）资源审计主要包括资源开发、利用和保护及相关资金征管情况等内

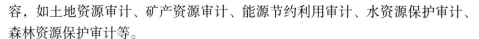

容，如土地资源审计、矿产资源审计、能源节约利用审计、水资源保护审计、森林资源保护审计等。

具体而言，下列活动构成了政府部门与企事业单位在环境治理及资源利用方面的核心职责范畴：①重大生态文明战略部署的贯彻实施，资源开发与环境保护关键审批流程以及规划与计划的执行成效；②涉及土地、水体、林木、草原、矿产、海域等自然资源资产的管理效率与开发利用状况；③针对大气质量、水质、土壤健康等关键环境要素的保护与环境质量的提升进展；④涵盖森林、草原、荒漠、水系、湖泊、湿地、海洋等生态系统的保育与生态修复工作的实施效果；⑤各地区及关联部门对自然资源资产管理与生态环境保护法律法规的遵循情况，既定管理目标与保护指标的达成度，以及监督责任的切实履行状况；⑥涉及自然资源资产与生态环境保护的资金筹措、使用监管及项目执行与运营状况的全面审视；⑦任何与自然资源资产管理及生态环境保护紧密相关的其他重要事项。

四、环境资源审计的其他分类

（一）按审计涉及范围分类

按环境资源审计涉及范围的不同，可分为全部审计与局部审计。

（1）全部审计，又称为全面审计，指对被审计单位在环境管理、生态保护及资源有效利用方面的全部会计资料及其他相关信息资料展开的深入审查。此类审计以其广泛的覆盖范围、丰富的资料基础及详尽无遗的审查特点而著称，伴随较大的工作负荷与成本投入，它通常由政府审计机构主导或联合发起，作为环境资源领域的重要审计项目来执行。

（2）局部审计，指对被审计单位在环境管理、生态保护及资源有效利用方面的部分财务收支活动和相关经营管理活动及其部分会计资料和其他相关资料所进行的审计。此类审计在界定审查范畴与所需资料时，采取目标明确、重点突出的策略，旨在提升审计的针对性和效率，因此相较于全面审计，其工作量与成本均有所降低。然而，这种聚焦式的审计也存在潜在风险，即可能未覆盖到某些关键或重大的问题领域。专项审计是局部审计的一种特殊情形，是对被审计单位某一特定环境资源项目所进行的审计，如大气环境审计、森林资源审计、水资源审计等。

（二）按审计实施时间分类

按实施环境资源审计时间的不同，可分为事前审计、事中审计与事后审计，也可以分为定期审计与不定期审计，还可以分为期中审计与期末审计。

（1）事前审计指在环境资源活动开始前所进行的审计，一般指对环境管理、保护和资源利用规划的预算或计划的编制、未来展望与战略决策所进行的审计。事前审计有利于预先识别并防范潜在错误与不当行为，缩减潜在损失，确保环境资源活动的正当性与效率性。事中审计指在环境资源活动实施过程中进行的审计，它能够迅速捕捉并调整执行偏差，维护活动的法律合规性、合理性及其经济效益。对同一审计对象多次实施的事中审计，也称跟踪审计，以强化监督的连续性和有效性。事后审计指在环境资源活动终结以后所进行的审计。事后审计主要评价环境资源活动的真实性、合法性和合规性，评价相关环境资源活动资料的正确性、合法性和公允性，确保环境资源活动成果得到全面、公正的评价。

（2）定期审计指按照预先设定的时间对相关环境资源活动进行的周期性审计。不定期审计指根据实际需要而灵活安排的审计，包括但不限于如根据举报而实施的矿产权违规转让等所进行的环境资源审计。这样的审计安排不仅体现了审计工作的灵活性与响应速度，也确保了审计资源能够精准地投入最需要关注的领域，从而维护了环境资源管理的有效性和公信力。

（3）期中审计指在环境资源活动进行中所实施的审计；期末审计指在环境资源活动结束后所进行的审计。

（三）按审计实施地点分类

按实施环境资源审计的地点不同，可分为就地审计与报送审计，也可分为现场审计与非现场审计。

（1）就地审计指派出审计小组到被审计单位所在地对环境资源相关活动所进行的审计。这种方式的优势在于能够近距离、深入地开展实地调研，全面且细致地把握被审计单位的实际环境资源活动状况。特别是在环境资源审计领域，就地审计被采纳并作为一种高效且深入的审计手段得到广泛应用。报送审计又称远程审计或送达审计，指被审计单位根据要求将相关环境资源活动的资料提交给审计主体所进行的审计。这种方式通过集中审查报送的资料，便于实现审计工作的灵活开展。

（2）现场审计指在被审计单位所在地以及审计对象事项发生地对环境资源活动所实施的审计。现场审计通常是就地审计，但特别强调要深入环境资源活动发生现场进行实地审计。非现场审计是在非审计对象事项发生地所实施的审计。报送审计是非现场审计。以互联网为手段所实施的审计（联网审计）是非现场审计的主要方式。在非现场审计中发现重大不确定事项时，需要结合现场审计进行确认。

（四）按审计动机分类

按实施环境资源审计动机的不同可分为强制审计和任意审计。

（1）强制审计也称为法定审计，作为一种强制性审计形式，要求被审计单位无论其主观意愿如何，均须无条件接受审计。强制审计的实施基础通常源自法律或法规的明文规定，这样确保了被审计单位在既定的法律框架内必须履行其接受审计的义务。如领导干部自然资源资产离任审计。

（2）任意审计也称自愿审计，指基于被审计单位内部需求而自主发起的审计活动。此类审计不受既定法律或法规的强制约束，而由被审计单位出于自愿原则，主动邀请或委托审计机构进行的专业审查。因此，非法定审计也可理解为一种自愿性审计行为。

（五）按审计实施前是否通知被审计单位分类

按实施环境资源审计前是否通知被审计单位可分为通知审计和突击审计。

（1）通知审计也称为预告审计，指在环境资源审计正式启动实施前，审计主体通过下发审计通知书的方式通知被审计单位，或与被审计单位签订审计业务约定书，然后进行的审计。这种审计能够促使被审计单位提前规划，做好充分的准备工作，进而为审计工作的顺利进行奠定良好基础。

（2）突击审计是一种不预告审计。作为一种比较特殊的审计方式，指被审计单位在事先不知情的情况下突然发起实施的审计活动。它能够有效地遏制被审计单位可能的舞弊行为，防止其通过虚假陈述或隐瞒真相来规避审计，从而可能获得更为真实、客观的审计结果，提升审计工作的整体成效。

第二节　环境资源审计的依据

审计依据，是审计行为存在的法律法规基础和审计主体在实施审计活动与进行审计管理活动中应遵循的原则、准则、程序、方法以及道德方面的规定，是用于衡量、判断被审计单位和被审计事项的评价标准，是保证审计工作独立、客观、公正地获取社会信任的重要手段，是针对审计主体和审计人员执行审计业务过程中审计行为的规定，也是审计机构自评审计工作质量，分析可能承担的审计风险，以及政府部门及社会公众评价审计工作质量的准绳和尺度。

无论何种审计，如政府审计、内部审计和注册会计师审计，其行为的发生都必须具备严格、规范的法律法规的依据。总体来说，我国各项审计的开展，都必须以宪法为核心，以《中华人民共和国审计法》《中华人民共和国注册会计师法》《内部审计工作条例》等法律法规为基础，以相关审计基本准则、具体准则和实务公告、审计规则指南等作为一般依据。

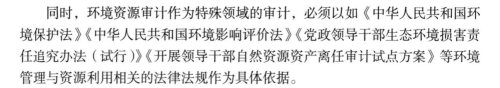

同时，环境资源审计作为特殊领域的审计，必须以如《中华人民共和国环境保护法》《中华人民共和国环境影响评价法》《党政领导干部生态环境损害责任追究办法（试行）》《开展领导干部自然资源资产离任审计试点方案》等环境管理与资源利用相关的法律法规作为具体依据。

一、环境资源审计的具体依据

环境资源审计的具体依据，是对所查明的环境资源活动事实与现行的各种环境资源法律法规进行比较、分析、判断、评价，据此提出审计意见和建议，做出环境资源审计结论的客观标准。它是审计组织开展环境资源审计的前提，是充分发挥环境资源审计作用与实现环境资源审计目标必不可少的内容。

（一）我国与环境资源审计相关的法律法规

1. 《中华人民共和国环境保护法》

2014 年 4 月新修订的《中华人民共和国环境保护法》是我国关于环境保护的基本法律，主要规定了国家环境政策和环境保护的方针、原则和措施，也是环境资源审计的基本指导性法律法规。该法律提出，"国家实行环境保护目标责任制和考核评价制度。县级以上人民政府应当将环境保护目标完成情况纳入对本级人民政府负有环境保护监督管理职责的部门及其负责人和下级人民政府及其负责人的考核内容，作为对其考核评价的重要依据。考核结果应当向社会公开"。这些法律规定界定了政府对环境保护的职责。

2. 与环境资源审计相关的其他法律法规

1987 年 9 月发布的《中华人民共和国大气污染防治法》、1982 年 8 月发布的《中华人民共和国海洋环境保护法》、1986 年 6 月发布的《中华人民共和国土地管理法》、1984 年 9 月发布的《中华人民共和国森林法》等相关法律，均为环境资源审计具体项目实施提供了法律支持。2002 年 10 月发布的《中华人民共和国环境影响评价法》指出，环境影响评价指"对规划和建设项目实施后可能造成的环境影响进行分析、预测和评估，提出预防或者减轻不良环境影响的对策和措施"；该法还提出，"加强环境影响评价的基础数据库和评价指标体系建设，鼓励和支持对环境影响评价的方法、技术规范进行科学研究"。

（二）我国与环境资源审计相关的决定

2005 年的《国务院关于落实科学发展观加强环境保护的决定》指出，"落实环境保护领导责任制"，地方人民政府主要领导和有关部门主要负责人是本行政区域和本系统环境保护的第一责任人，政府和部门都要有一位领导分管环保工作，确保认识到位、责任到位、措施到位、投入到位。地方人民政府要定期听取汇报，研究部署环保工作，制订并组织实施环保规划，检查落实情况，

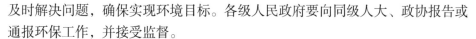

及时解决问题，确保实现环境目标。各级人民政府要向同级人大、政协报告或通报环保工作，并接受监督。

2013 年 11 月，党的十八届三中全会通过《中共中央关于全面深化改革若干重大问题的决定》，首次提出探索编制自然资源资产负债表，对领导干部实行自然资源资产离任审计，建立生态环境损害责任终身追究制。

（三）我国与环境资源审计相关的办法

2007 年 4 月，国家环境保护总局颁布《环境信息公开办法（试行）》，提出"环保部门应当建立健全政府环境信息公开工作考核制度、社会评议制度和责任追究制度，定期对政府环境信息公开工作进行考核、评议"。

2015 年 8 月，中共中央办公厅、国务院办公厅印发的《党政领导干部生态环境损害责任追究办法（试行）》明确提出，党政领导干部生态环境损害的主要责任，并提出坚持依法依规、客观公正、科学认定、权责一致、终身追究的原则。

（四）我国与环境资源审计相关的意见与方案

1.《国务院关于加强审计工作的意见》

2014 年 10 月印发的《国务院关于加强审计工作的意见》指出，要"加强对土地、矿产等自然资源，以及大气、水、固体废弃物等污染治理和环境保护情况的审计，探索实行自然资源资产离任审计"。

2.《关于加快推进生态文明建设的意见》

2015 年 4 月，中共中央、国务院印发《关于加快推进生态文明建设的意见》，标志着中央层面对于生态文明构建的一次全面且深入的规划与部署。截至目前，一个涵盖源头防御、过程监管、损害赔偿及责任追溯的生态文明制度体系已初步构建完成。尤为显著的是，在自然资源资产产权界定与用途管理、生态保护红线划定、生态补偿机制建立以及生态环境管理体系优化等核心领域，均取得了具有里程碑意义的成就。

3.《生态文明体制改革总体方案》

2015 年 9 月，中共中央、国务院发布了《生态文明体制改革总体方案》，将领导干部自然资源资产离任审计作为推进生态文明体制改革的重要举措，要求开展审计试点，提出"积极探索领导干部自然资源资产离任审计的目标、内容、方法和评价指标体系"；要求坚持节约资源和保护环境基本国策，以节约优先、保护优先、自然恢复为主的方针，保护森林、草原、河流、湖泊、湿地、海洋等自然生态。

4.《开展领导干部自然资源资产离任审计试点方案》

2015 年 10 月，中共中央办公厅、国务院办公厅印发《开展领导干部自然

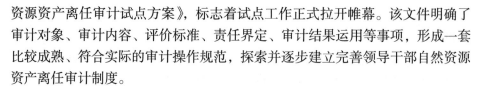

资源资产离任审计试点方案》，标志着试点工作正式拉开帷幕。该文件明确了审计对象、审计内容、评价标准、责任界定、审计结果运用等事项，形成一套比较成熟、符合实际的审计操作规范，探索并逐步建立完善领导干部自然资源资产离任审计制度。

5.《关于实行审计全覆盖的实施意见》

2015年12月，中共中央办公厅、国务院办公厅印发的《关于实行审计全覆盖的实施意见》明确指出，对国有资产实行审计全覆盖，"审计机关要依法对土地、矿藏、水域、森林、草原、海域等国有自然资源，特许经营权、排污权等国有无形资产，以及法律法规规定属于国家所有的其他资源进行审计""将国有资源开发利用和生态环境保护等情况作为领导干部经济责任审计的重要内容，对领导干部实行自然资源资产离任审计"。

（五）我国与环境资源审计相关的规定

2014年7月，国务院办公厅颁布的《党政主要领导干部和国有企业领导人员经济责任审计规定实施细则》指出，地方各级党委和政府主要领导干部经济责任审计时，应当关注与领导干部履行经济责任有关的管理、决策等活动的经济效益、社会效益和环境效益情况。2017年9月，中共中央办公厅、国务院办公厅印发的《领导干部自然资源资产离任审计规定（试行）》，是对2015年《开展领导干部自然资源资产离任审计试点方案》的延伸，标志着这项全新的、经常性的审计制度正式建立。

（六）我国审计署发布的与环境资源审计相关的文件

2003年，审计署发布了《审计署2003至2007年审计工作发展规划》，提出"搞好国家重点区域环境保护投入和重大环境保护项目的审计监督，探索建立中国特色环境审计模式，促进落实环境保护的基本国策"。

2008年，审计署发布了《审计署2008至2012年审计工作发展规划》，要求深入开展自然资源绩效审计，提出"以落实节约资源和保护环境基本国策为目标，维护资源环境安全，发挥审计在促进节能减排措施落实以及在资源管理与环境保护中的积极作用"，并从对土地、矿产、森林、海洋等重要资源保护与开发利用情况的审计，对水、大气、固体废弃物、生态保护等方面的审计，对土地出让金和土地开发整理资金的征收、管理和使用情况的审计等方面提出重点审计要求。2009年9月，审计署发布了《审计署关于加强资源环境审计工作的意见》，明确了环境资源审计的指导思想、主要任务和发展目标，并提出因地制宜突出环境资源审计的重点，不断创新环境资源审计方式与方法等。

（七）有关提高环境质量的环境标准规范体系

环境规范体系是国家为遏制污染、保障环境质量稳定及促进生态平衡而综

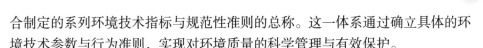

合制定的系列环境技术指标与规范性准则的总称。这一体系通过确立具体的环境技术参数与行为准则，实现对环境质量的科学管理与有效保护。

（1）环境质量标准。即在一定时间和空间内，大气、水体、土壤等环境要素中所含的有害物质所设定的容许浓度限值及相应标准，此标准构成了评估环境是否遭受污染的关键基准线。它不仅界定了环境质量的安全阈值，还作为判定环境健康状态的重要标尺。

（2）污染物排放标准。它是为实现环境质量标准，根据经济和环境条件，对排出的污染物或有害因素所作的控制规定。此标准构成了评判排污活动合规性的核心依据，确保排污行为在法定框架内有序进行。

（3）环境基础标准。指为构建环境标准而确立的一系列基础性规范，包括但不限于术语命名、符号标识、基本原则及编制指南的统一界定，该体系构成了各类环境标准制定的基础，确保了环境标准体系的系统性与一致性。

（4）环境方法标准。它是为环境保护实践中涉及的试验操作、分析流程、样本采集、数据统计以及计算方法等所制定的标准。此标准在环境争议解决过程中，扮演着验证各方提交证据合法性与有效性的关键角色，为环境纠纷的公正裁决提供了技术层面的支持与保障。

（5）环境样品参照标准。环境样品参照标准，意在确立用于校准仪器、验证检测手段精确性与稳定性的特定物质标准，此类标准作为实施其他环境标准不可或缺的实物基准，确保了环境检测与分析工作的科学性与准确性。

可以看到，我国已构建起较为完备的环保法规框架与环境评价体系，但其核心内容多聚焦于环境保护与管理的层面，尚未全面覆盖环境资源审计体系。因此，我国环境资源审计的依据亟待向更为明确、具体与完整的方向发展，特别是要有针对性地构建环境资源审计的评价标准体系，实现环境评价标准与审计实践的深度融合，确保在内容翔实度、功能实用性及适用范围广泛性等方面契合环境资源审计日益增长的需求。为此，审计机关需深化与环境保护部门、科研机构等多方合作，融合环境科学、经济学、法律等多学科智慧，针对多样化的环境资源类型，量身定制科学、全面的环境资源审计评价标准，以此推动环境资源审计向科学化、规范化的轨道迈进。

二、环境资源审计依据的特点

深入剖析环境资源审计依据的特点，对于其科学构建与有效应用具有至关重要的作用，这些特点体现在以下方面：

（1）全面性。环境资源审计依据所涵盖的广度，跨越了环境利用策略、环境保护措施、环境污染防控策略及环境法律责任的界定等维度，紧密关联着人

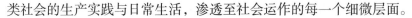

类社会的生产实践与日常生活，渗透至社会运作的每一个细微层面。

（2）技术性。环境资源标准的科学制定、环境影响评估的精确执行以及环境污染控制的有效实施等关键环节，均紧密依托并深植于环境科学与工程技术领域的最新研究成果，体现了环境资源审计在技术融合与科学指导方面的深厚底蕴与高度专业化。

（3）共益性。环境这一融合了自然禀赋与人类活动影响的综合体系，广泛延伸并覆盖了地球环境、自然生态系统以及人类活动所构建的环境网络。由于环境治理的跨域性与无边界特征，全球性的协同行动成为迫切需求。环境资源审计的依据，无论是作为指导行为的规范，还是作为调和利益冲突的工具，其终极目标均指向维护全球人类的共同利益与福祉，彰显出强烈的国际合作精神与共益导向，并强调全球范围内团结协作以应对环境挑战的重要性。

三、环境资源审计依据的完善

从严格意义上说，我国当前在环境资源审计领域尚未形成专门的法律法规体系，众多被援引作为环境资源审计依据的法律法规条文，其初衷并非直接针对环境资源审计设立，也鲜有在现行法律、法规中明确且独立地规范环境资源审计的具体事项。这一现状客观上造成了环境资源审计在法律制度层面的统一性与权威性缺失，进而对环境资源审计工作的深入推进产生了一定制约。因此，我们亟须构建或完善专门的环境资源审计法律法规，或在修订环境资源相关法律时，适时融入环境资源审计相关的条款与要求，以确保环境资源审计工作的顺利开展。

（一）完善环境资源审计依据的重要性

1. 完善环境资源审计依据是开展环境有效治理与资源高效利用的重要前提

环境治理与资源利用始终关注经济与环境间的微妙平衡，即经济利益与环境资源间的紧密交织。对经济利益的过度关注，往往无形中削弱了对环境资源的关注，从而触发环境污染的连锁反应。这种污染现象，迫使利益主体面对抉择，不得不牺牲部分经济利益，转而投入巨额成本于环境治理与生态恢复之中。因此，强化环境执法体系及其配套的经济监督机制显得尤为迫切与重要。

在此背景下，审计监督，尤其是国家层面的审计监督，作为经济监督体系中的最高层级，其作用不可或缺。通过充分发挥审计的监察、评估与报告三大核心职能，不仅能够有效促进环境资源活动的合规性、合法性和效率性，更深刻影响着环境资源管理的整体成效。因此，优化并强化审计监督机制，使之在环境资源管理领域发挥更加积极的作用，是确保环境资源管理工作取得实效、

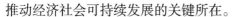

推动经济社会可持续发展的关键所在。

2. 完善环境资源审计依据，是规范环境资源审计行为的重要手段

要开展环境资源审计，首要前提是获得法律效力的明确授权与委托，此二者缺一不可，这是开展审计活动的前提。《中华人民共和国宪法》《中华人民共和国审计法》《中华人民共和国注册会计师法》以及《内部审计工作规定》等法律法规，共同构成了我国三大审计主体——政府审计、内部审计与注册会计师审计执行各自职责的基本依据。值得注意的是，上述法律依据尚未对环境资源审计的具体开展做出明确规定。

然而，环境治理与资源利用关乎国家民族的长远福祉，是政府、企业及每一个个体共同的责任与担当。其中，国家重大建设项目与国有企业生产运营活动，因其对环境产生的深远影响，尤需审计监督的密切关注。当前，环境资源审计的焦点多集中于环保专项资金使用的合法性、合规性、经济性与效果性，但此范围是否足以全面覆盖环境资源审计的广度和深度，值得深思。

鉴于环境污染与生态破坏后果的复杂性及长期性，审计机关作为经济监督体系中的最高层级，应超越既有框架，深入探究并审计这些长远影响与后果。为此，拓宽环境资源审计的边界，并同步强化审计依据的完善与构建，成为当务之急。这不仅有助于环境资源审计活动的制度化、规范化进程，更能规范审计行为，提升审计质量，为环境保护事业提供更加坚实有力的保障。

（二）完善环境资源审计依据的基本思路

鉴于环境资源审计依据的至关重要性，我们必须致力于完善与环境资源紧密相关的法律法规体系及管理规章、制度框架。构建一个健全且系统的环境资源审计规范体系，进而为环境资源审计工作的深入实施与高效推进奠定坚实基础，并通过不断夯实法治基础，有效地引导并促进环境资源审计实践的规范化、科学化发展。

1. 清晰界定环境资源审计依据的框架结构

依据前述分析，环境资源审计的依据可视为审计主体资质界定、法律授权基础及审计实施过程中需遵循的法规、制度等综合要素的集合。据此，其框架在逻辑上可划分为两大核心组成部分：一是直接依据，涵盖直接规范环境资源审计主体行为的审计法律法规、环境资源审计的具体准则以及其他相关审计行为指导制度；二是间接依据，涉及国家层面的政策导向、环境保护战略以及国家颁布的一系列旨在促进环境治理与资源高效利用的法律、法规及政策文件。这样的划分不仅有助于深化对环境资源审计依据的理解，也为审计实践的规范化、系统化提供了坚实的理论支撑。

2. 加紧制定环境资源审计规范

鉴于环境资源审计的复杂性与系统性，无论是政府层面、企业经济组织的环境治理与资源利用实践，还是政府环境管理部门的日常工作，均亟待制定详尽且全面的环境资源审计规范。这一进程要求审计人员不仅精通经济政策、财会技能、审计理论与实践，还需深入掌握环境资源政策、法规、经济与技术标准以及环保实务知识。相较于传统财务收支审计、经济效益审计及财务会计报告鉴证等审计类型，环境资源审计在专业技能上提出了更高的要求，且往往需依赖外部专家的专业支持。因此，加速环境资源审计相关内容的明确立法与规范制定，对于促进环境资源审计工作的顺利进行，提升审计质量以及推动环境资源管理工作的规范化、制度化，具有不可估量的重要价值。

3. 明确环境资源管理部门与审计部门的职责权限，强化管理与监督

需清晰界定国家各级环境资源管理部门与审计机构的职责界限及权限范围，以促进环境资源活动管理与监督的高效协同。环境资源管理部门，作为各级政府环境资源工作的核心执行者，对其管辖区域内的环境资源管理工作需直接向本级政府报告，并专注于环境资源规划、实施与管理监督的全链条工作。而审计机构专注于经济监督职能，深入审视环境资源领域内的经济活动及其成效。

为确保两者间的顺畅合作，避免职能重叠与潜在冲突，亟须构建一套完善的规范体系，明确划分环境资源部门与审计机构的职责分工与权力边界。此举目的在于提升环境资源工作的整体监管效能，确保资源的优化配置与高效利用，进而推动环境资源的持续健康发展。

第三节　环境资源审计的流程

一、环境资源审计的基本流程

环境资源审计的基本流程是环境资源审计人员针对审计项目从开始至结束的完整流程所采取的一系列行动与步骤，这一概念在广义与狭义上有着不同的解读。从广义的角度看，环境资源审计流程涵盖了环境资源审计工作的整体过程，即从审计计划的制订开始，直至审计档案的建立为止。从狭义的角度看，环境资源审计流程聚焦于审计人员在具体执行环境资源审计任务时所采用的方法及审查内容的确定。这主要包括接受委托、制订计划、实施审计以及编制报告等阶段，通过这些阶段的有序推进，确保环境资源审计工作的全面性与准确性。

协同理念下资源环境审计：价值转向、治理维度与建构路径

以注册会计师环境资源审计为例，其环境资源审计的基本流程如图 2-1 所示。

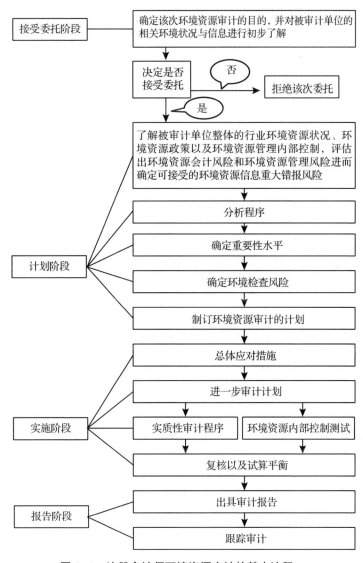

图 2-1　注册会计师环境资源审计的基本流程

环境资源审计流程是影响环境资源审计效果和效率的重要因素。恰当、有效的环境资源审计流程能够显著提升审计人员的目标定位精准度与关键领域识别能力，确保环境资源审计工作的有序高效推进。

首先，它可以提高环境资源审计工作的效率。环境资源活动的复杂多样性与环境资源数据的庞大繁杂，使环境资源审计工作面临诸多挑战。唯有依托科学严谨的步骤与策略，系统收集证据，精准形成结论，并提出建设性意见，才能顺利达成审计目标。在此过程中，采用科学合理的环境资源审计工作流程，不仅能够促进审计任务的顺畅执行，更能实现审计效果的事半功倍，显著提升审计工作的效率与质量。

其次，环境资源审计流程可以保证环境资源审计工作质量。审计过程中可遵循的各种规范越全面、越完善、越具体，环境资源审计的工作质量越高。合理的环境资源审计工作流程正是要使环境资源审计活动的整个过程达到一定标准，这对于确保环境资源审计工作的客观性与公正性具有不可估量的重要意义。此外，构建一个合理的环境资源审计流程，不仅为审计组织内部检查其工作成效、提炼实践经验与教训提供了充分的保障，更为后续审计工作的优化与提升奠定了坚实基础，为促进审计工作的持续改进与完善创造了有利条件。

二、环境资源审计的具体阶段

（一）接受委托阶段

环境资源审计主体承接每一项环境资源审计业务，都应下达审计通知书或与被审计单位签署环境资源审计业务约定书。在此之前，审计人员应该对被审计单位的相关环境资源状况与信息等基本情况进行初步了解，并就审计目的、审计范围有无限制，以及被审计单位应提供的资料、协助的工作等约定事项进行沟通。

当环境资源审计主体接受一项审计任务时，首要步骤是向被审计单位发出审计通知书或签署环境资源审计业务约定书。在此之前，为确保审计工作的有效性与针对性，审计人员需预先对被审计单位的环境资源状况、相关信息等基础性内容进行初步了解，进而就审计目的、审计范围有无限制，以及被审计单位应提供的资料、协助的工作等约定事项进行沟通与约定。

一般情况下，在下达审计通知书或签署审计业务约定书后，环境资源审计人员应根据环境资源审计业务的繁简程度和环境资源审计人员的情况，选派恰当的环境资源审计人员，成立环境资源审计小组，制订审计计划，分派各项具体任务。在进行人员分工的时候，要注意保持审计人员的独立性，严格执行回避制度。在环境资源审计人员的组成上，可以尝试环境资源审计人员与环保、

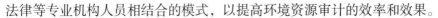

法律等专业机构人员相结合的模式，以提高环境资源审计的效率和效果。

（二）计划阶段

环境资源审计的计划阶段，指从确定环境资源审计项目开始起到具体实施环境资源审计工作之前的过程。这一阶段涵盖从确定审计目标到制订详细审计计划的一系列准备工作。在这个阶段，要完成环境资源审计工作的各项准备工作。它是整个环境资源审计工作的起点。环境资源审计工作是否有成效，与计划阶段的工作密切相关。一般来说，计划阶段主要包括以下工作：

1. 收集信息，充分了解被审计单位情况

在确定接受审计任务后，环境资源审计人员应开展调查研究、收集信息。收集与审计对象相关的环境资源信息与数据是至关重要的一步。这些信息与数据提供了深入了解组织、企业或项目在环境资源方面的运作方式和影响的关键线索。环境资源的信息与数据范围涵盖了多个方面，包括资源消耗、废物排放、能源使用等，每个方面都揭示了对环境资源的影响和可持续性的关键因素。

审计人员应了解被审计单位的基本环境资源情况。一般来说，需要了解的内容包括：①被审计单位的组织结构规模、整体行业环境情况和环境内部控制。环境资源审计人员可以向被审计单位索取其有关环境资源方面的规章制度，询问环境资源管理历史等信息，并了解相关的背景情况。②环境特点和治理情况。环境资源审计人员可以向被审计单位索取会计账册、报表、重要会议记录、经营合同和协议、到单位所在地实地参观等，了解被审计单位环境资源情况。③以前年度接受环境资源审计的结论情况。环境资源审计人员应了解被审计单位以前审计情况，如是否发生过重大错误、管理当局是否正直、是否遵循会计准则及有关环境方面的法规、有无重大环境事故或法律诉讼等。

通过以上对被审计单位基本情况的了解，环境资源审计人员对被审计单位的内部控制已具有一定的认识，审计人员应据此做出初步评价。为了评估被审计单位的内部控制制度是否健全与高效，并识别潜在的环境资源风险，审计人员还需对其内部控制进行深入评价。基于这一评价，审计人员可以有针对性地制订环境资源审计方案。当发现环境资源控制风险较高时，意味着存在重大问题的概率增大，因此在审计计划中应运用较详尽的审查程序与方法。相反，若环境资源控制风险较低，表明存在重大问题的可能性较小，审查程序与方法可相对简化。

2. 初步评估审计风险

在对被审计单位的行业环境资源状况、环境资源相关政策、环境管理与资源利用内部控制等进行了解后，审计人员应初步评估环境资源信息的重大错报风险，然后确定环境资源检查风险的水平。在审计过程中，审计人员需对被审计单位的环境资源状况进行全面测试。若测试结果显示环境资源信息存在较高的重大错报风险，则可以接受的环境资源检查风险水平需相应地调低。此时，审计人员应扩大审计的覆盖范围，实施更为详尽的实质性程序，以确保环境资源检查风险维持在较低水平，进而使整体审计风险控制在可接受的范围内。反之，若环境资源信息重大错报风险较低，审计人员可以适度减少实质性审计程序的实施，以提高审计效率。这样的审计策略调整，有助于确保审计工作的质量和效率，同时满足审计风险管理的要求。

3. 制订环境资源审计计划

在明确重要性水平与环境检查风险后，应开始制订环境资源审计计划。环境资源审计计划，即环境资源审计人员为达成预定的审计目标，在执行审计程序前所制订的详细工作规划。为确保审计工作的有序进行和目标的清晰明确，实施审计前需深入分析被审计单位的情况，识别关键领域，确定工作重点，并据此制订科学合理的环境资源审计计划。该计划不仅用于指导审计工作的实施，还可作为评价审计工作效果的依据。在整个环境资源审计过程中，应持续对审计计划进行必要的修订和补充，以确保其适应实际情况的变化。

（三）实施阶段

环境资源审计的实施阶段指环境资源审计人员进驻被审计单位进行实地审查，通过调查分析，查清事实，取得充分适当且有效的审计证据的过程。这一阶段的主要工作是按照环境资源审计方案的要求，采用各种不同的环境资源审计方法，对被审计单位的内部控制制度建立及其贯彻执行情况进行检查，对环境资源报告项目的数据实施重点细致的检查，取得环境资源审计证据，形成环境资源审计方面的各种工作底稿。

在环境资源审计的实施阶段，审计人员需依据既定的审计方案，明确审查范围、确定审查重点、规划审查步骤并选择适当的审查方法，以系统地收集相关证据。然后，对这些证据进行深入评估，进而形成具有依据性的环境资源审计结论。因此，实施阶段无疑在整个环境资源审计过程中占据着核心地位，是审计全过程的重中之重。审计人员的大部分工作均在这一阶段得以完成，其中包括对审计对象的实地调查、数据的收集与分析、证据的整理与评估，以及审计结论的初步形成等。这一阶段的主要工作如下：

1. 环境资源内部控制测试与评价

在实施环境资源审计的过程中，应对被审计单位的环境资源内部控制进行测试。鉴于被审计单位的环境资源报告内容广泛，涵盖了环境资源财务数据、管理机构设置、管理活动执行等方面，单纯依靠风险评估阶段的初步了解所获

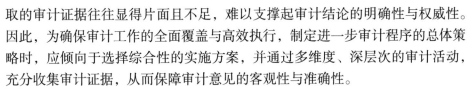

取的审计证据往往显得片面且不足，难以支撑起审计结论的明确性与权威性。因此，为确保审计工作的全面覆盖与高效执行，制定进一步审计程序的总体策略时，应倾向于选择综合性的实施方案，并通过多维度、深层次的审计活动，充分收集审计证据，从而保障审计意见的客观性与准确性。

环境资源内部控制制度的检查评价是实施环境资源审计的基础，审计人员应按照以下步骤进行：

首先，全面了解内部控制。首要任务是全面了解被审计单位的环境资源内部控制。这包括对内部控制的组成要素、流程、政策、程序和措施进行详尽了解。只有这样才能准确评估其有效性。其次，评价内部控制。评价的目标是确定被审计单位的环境资源内部控制是否健全和有效。这意味着要识别潜在的薄弱环节和存在的内控缺陷。评价的结果有助于确定审计的范围和重点，以便在环境资源审计中更加有针对性地开展工作。再次，确定审查重点。根据评价结果，需要将审查重点集中在环境资源内部控制中的缺陷或弱点方面。这意味着要关注那些可能导致环境资源问题或违法行为的控制薄弱环节，以便在审计过程中有针对性地寻找问题并提出改进建议。最后，一般审查与重点审查。在环境资源内部控制执行效果良好的控制点上，可进行一般性审查。然而，对于环境资源内部控制存在问题的领域，需要进行更加深入的重点审查，以确保问题得到准确的评估和解决。

在环境资源审计过程中，根据对环境资源内部控制系统的审查情况，审计人员有权力和责任对原审计方案进行适当修正，以使其更符合实际情况和审计的需要。这有助于确保环境资源审计工作的准确性和有效性。

在环境资源审计的实施阶段，审计人员必须遵循环境资源审计工作方案的要求，按计划执行审计任务。然而，环境资源审计工作并非僵化的过程，因为审计过程中可能会出现未预料到的问题或情况。在这种情况下，审计人员应根据实际情况进行判断和调整。

审计人员不应仅仅是机械地执行环境资源审计工作方案，而应该积极参与和负责环境资源审计的全过程。这包括在执行过程中不断地检查方案的可行性和执行结果。如果发现方案存在问题、疏漏或需要调整的地方，环境资源审计人员应及时采取措施。这有助于保障审计工作的及时性、有效性和准确性。

环境资源审计人员需要关注被审计单位的风险控制水平，需要对环境资源内部控制的有效性做出评价。评价一般分为三种：低控制风险、中控制风险和高控制风险。

（1）低控制风险，即指该单位已建立了完善的内部控制机制，并且这些机制能够高效运作。在此情况下，可以合理推断该单位环境资源报告出现重大错误或欺诈行为的概率较低。基于这一判断，审计人员能够更加信赖单位的内部控制体系，这有助于减轻随后进行的实质性测试工作。具体而言，表现为减少必要的审计程序，缩小审计范围，并有效降低审计过程中的成本开支。

（2）中控制风险。它是指被审计单位环境资源内部控制制度比较健全，但局部还存在一定的缺陷，因此认为被审计单位环境资源情况可能发生重大错报或舞弊。对这种内部控制的信赖程度，要根据具体情况分析后才能确定。如果被审计单位固有风险高，而期望风险低，则要适当扩大实质性测试的范围；如果固有风险低，而期望风险高，则可适当缩小实质性测试的范围。

（3）高控制风险。面对高控制风险的情形，意味着被审计单位的环境资源内部控制体系要么不完善，要么即便存在也未能得到充分执行。这样的情况增加了环境资源报告出现重大误报或欺诈行为的风险。针对这种情况，审计人员需要采取更为严格的措施，包括扩大实质性测试的范围，并在必要时进行深入的审查工作。以更有效地识别和评估潜在的问题。然而，如果进行详细审查的成本过于高昂，或者即便经过详细审查，最终的审计风险仍然超出可接受的范围，则审计人员需要考虑是否继续执行审计工作。在某些极端情况下，审计人员可能不得不选择终止审计。

2. 实质性程序

实质性程序的内容包括以下方面：

（1）分析相关环境资源要素，评估容易出现环境资源问题或存在违法违规行为的部门或环节。

（2）核查各类环境资源相关记录，核实其内容的真实性与准确性。

（3）核实环境资源治理内容，环境资源审计人员在审阅和分析环境治理方面的相关资料后，还需进行实际账务的比对与校验，以确保环境治理措施的实施情况与财务记录的一致性。

（4）抽样检查相关凭证，确认环境资源收支数据的真实情况，并验证数据所反映的环境资源经济情况的合理性和合法性。

（5）重新计算，环境资源审计人员需对被审计单位的环境资源经济收支计算结果进行独立重新计算，以验证是否存在有意篡改计算结果的情况，或者无意导致计算结果不准确的情况。以识别并验证是否存在人为篡改计算结果而试图误导的情形，或是因疏忽大意等非故意因素导致计算结果失真的问题。通过此步骤，审计人员能够增强审计结论的可靠性，确保对被审计单位环境资源经济活动的全面、准确评估。

（6）询证，若在审查核实过程中发现潜在的不明或可疑情况，环境资源审计人员应向涉及的相关单位及个人发送询证函件以征询意见，或直接进行面对

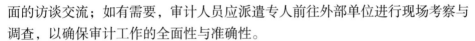

面的访谈交流；如有需要，审计人员应派遣专人前往外部单位进行现场考察与调查，以确保审计工作的全面性与准确性。

（7）实地测量，除审查与分析相关环境资源书面资料外，审计人员还应对环境资源活动实施实地测量，以进一步验证环境资源记录内容的真实性与准确性。

审计人员实施实质性程序应注意：①适当调整。在实际操作中，审计人员可能会发现审计计划存在一些不足之处。在这种情况下，应采取适度的调整措施，及时对审计计划进行修改或补充。如果发现新的问题或疑点，应该进一步深入调查；而对于原本被设定为重点审查对象却未发现重大问题的内容，可以减少相应的检查次数。②及时记录。在收集审计证据时，审计人员应遵循以下要求：首先，必须在审计初期便根据审计目标，认真策划证据收集工作。这包括研究收集证据的需求，明确审计证据的收集范围、类型、步骤和方法。这样做有助于按照预订计划有序地进行证据收集。其次，在审计过程中，应采用适当的审计程序获取证据。常见的审计程序包括检查、监盘、观察、查询、函证、计算和分析性审查等。通常，一个审计程序可以产生多种审计证据，而某一类证据可能需要在多个审计程序中获得。最后，审计人员应将收集到的证据进行整理、分析、评估和综合，以确保这些证据具备充分的说服力。同时，在审计工作底稿中进行详细记录也是必要的。这些记录应包括证据的类型、来源、日期以及所涉及的问题或事项等。这些记录为撰写环境资源审计报告奠定了基础，在审计工作结束时应对整个过程进行总结。

实质性程序的评价方式主要包括三种：一是一事一评，对于审查的每一个具体事项，都进行独立的评价。这种方式将每个事项单独看待，从而能够更详细地了解每个问题的情况和影响，有助于更准确地判断问题的性质和严重程度。二是专题评价，针对审查中的某一类事项或某一个特定的问题进行专门的评价。这种方式能够更加深入地探讨某一特定领域的情况，从而更有针对性地提出建议和改进措施。三是综合评价，对被审计单位的所有业务进行全面的综合评价。这种方式能够从整体角度审视被审计单位的经营情况和管理水平，揭示整体的问题和趋势，有助于对整个情况作出综合性的判断并提出建议。

不同的评价方式适用于不同的审计目的和情境。选择合适的评价方式可以更好地满足审计的需要，为审计报告提供准确和有用的信息。

3. 复核与试算平衡

在环境资源审计的实施阶段，进行复核与试算平衡是确保审计工作准确性和完整性的重要环节。这个阶段通常涉及对已收集的数据、信息和审计程序的执行过程进行检查和核实，以确保审计结果的可靠性和准确性。

具体来说，复核和试算平衡的步骤：①数据复核，环境资源审计人员会对已收集的数据进行复核，确保数据的准确性和完整性。这可能包括对环境资源财务数据、环境资源管理信息等方面的数据进行逐一检查，以避免数据错误和遗漏。②审计程序复核，审计人员会仔细回顾执行的审计程序，检查是否按照审计计划和标准执行。这可以帮助审计人员发现可能存在的疏漏或错误，确保审计工作的合规性和一致性。③试算平衡，在环境资源审计中，可能涉及大量的数据和计算。审计人员会进行试算平衡，确保各项数据计算结果的准确性，并且与其他相关数据相匹配，这有助于避免数据计算错误引起的偏差。④核实与比对，审计人员会将不同来源的数据进行核实和比对，以确保数据的一致性。例如，将环境资源财务数据与环境管理活动数据进行比对，确保数据的逻辑和实际情况相符。⑤异常分析，在复核过程中，如果发现与预期不符合或异常情况，审计人员会对其进行深入分析，找出问题的根本原因，并采取适当的措施予以解决。

（四）报告阶段

环境资源审计报告阶段是审计实施完成后的重要阶段，主要涉及审计报告的编制、审计结论的提出、审计决定的作出以及建立审计档案。在这一阶段，还需决策是否进行后续的跟踪审计。主要任务包括审计证据的整理、分析与综合、草拟审计报告、征求被审计单位的意见、对报告进行必要的修改以及经过审定后报送环境资源审计报告。此外，需对整个审计过程进行总结，整理审计资料并归档保存。若确定需要执行跟踪审计，则必须进一步实施相应的跟踪审计程序。

1. 出具环境资源审计报告

环境资源审计报告是环境资源审计工作的最终结果，是环境资源审计人员根据环境资源审计依据，在实施了必要的审计程序后，报告环境资源审计情况、形成环境资源审计结论的书面文件。由于环境资源审计项目涉及的广泛性与细致性，以及各项目间的差异较大、内容较多，因此，环境资源审计报告格式一般应采用非标准的详式报告格式，以确保报告内容的全面覆盖与深度剖析。

撰写环境资源审计报告应遵循的步骤：①复核既定环境资源审计任务是否圆满达成；②验证审计方案与计划中明确的重点问题与审计风险是否均已获取明确结论；③确保拟纳入报告的核心问题拥有充分的证据支撑；④着手草拟环境资源审计报告初稿；⑤与被审计单位进行意见交流与反馈。环境资源审计报告的基本框架与内容，可借鉴一般财务审计报告的通用模板，根据具体情况进行必要的调整与优化。

环境资源审计组织应根据环境资源审计工作底稿及相关资料，在综合分析归类整理核对的基础上，经过一定程序编制环境资源审计报告征求意见稿，及时征求被审计单位意见。如果被审计单位管理当局或其他环境资源审计报告使用者对环境资源审计结果和环境资源审计意见有异议，则环境资源审计人员应做出进一步的沟通与检查。

环境资源审计组织应对环境资源审计工作底稿进行逐级复核，并提出书面复核意见，然后根据环境资源审计审核意见确定最终环境资源审计报告。

在结束环境资源审计业务后，要对整个审计业务形成的文件资料进行整理并分类归档。首先，将在环境资源审计过程中收集的资料进行清理。其次，将需要保存的环境资源审计资料按其今后的使用价值分成两类：一类是有长期使用价值的资料，如与被审计单位有关的重要法规文件、合同、协议、被审计单位的内部规章制度、环境资源审计报告副本等；另一类是为今后环境资源审计提供参考的资料，如环境资源审计方案与计划，在风险评估、控制测试与实质性程序中形成的各种底稿等。最后，将已分类的环境资源审计文件编号归档形成审计档案。

2. 是否对项目进行后续跟踪审计

一般财务报表审计在完成审计程序后只需要对影响财务报表和审计报告的期后事项进行关注，以保证审计意见的合理性。环境资源审计在完成环境审计程序后也需要对以上事项进行关注。但环境资源审计还常常衍生出后续跟踪审计的需求，特别是当审计结论不仅涵盖了环境资源财务信息的评价，还涉及被审计单位环境资源管理体系与系统的改进建议时，审计人员有必要、有责任实施后续跟踪审计，持续监控并评估被审计单位对审计建议的实际采纳与改进进展，以确保审计建议的有效落地与环境资源绩效的持续优化。

【思考题】

1. 如何理解政府审计机关在环境资源审计中的地位和作用？

2. 环境资源审计的基本流程与一般财务报表审计相比有何区别？

3. 你认为应如何建立与完善我国环境资源审计的法律法规体系？

4. 我国环境资源审计依据的特点是什么？

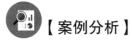

【案例分析】

2015 年 8 月 12 日 10：35，天津 ×× 公司发生特大爆炸事故，现场火光冲天，升起了巨大的蘑菇云。截至 9 月 11 日，遇难人数已升至 165 人，失联 8 人。这起事故造成 17000 多户家庭的房屋受到不同程度的损坏，涉及 1700 多家生产企业，3 万多人受到影响，仅仓储公司被烧毁的 3000 多辆汽车损失就高达几十亿元以上。大爆炸在 ×× 公司的园区内炸出了一个直径约 60 米深 6~7 米的巨大深水坑，直到爆炸发生两三天之后，在航拍照片中，爆炸留下的这个"大窟窿"才露出真容。坑内剧毒化物平均超标 40 多倍，浓度最高处超标甚至达 800 多倍，预计需要 3 个月才能处理完毕。几天后滨海新区塘沽渤海海河河口大面积鱼群死亡。

　　根据该案例资料，分析以下问题：

　　结合天津"8·12"大爆炸及其最后处置结果，分析对政府官员和企业管理层环境资源审计问责的主要依据。

第三章　环境资源审计的方法与技术

【学习目标】

1. 了解环境资源审计的方法和技术。
2. 熟悉环境资源审计的一般方法。
3. 了解环境资源审计特有的审计技术。

【拓展阅读】

为何近 1/3 矿业权交易有不合常理的方面？

——审计署资源环境审计司负责人解读 2448 宗矿业权审计结果

　　2015 年 2 月 6 日，审计署发布的关于 2448 宗矿业权审计结果公告显示，806 宗矿业权出让和交易中存在违法违规事项，比例近 1/3，涉及地方矿产主管部门违规审批办理矿业权登记等。

　　据这位负责人介绍，在 806 宗违法违规事项中，地方矿产主管部门违规审批办理矿业权登记涉及 716 宗矿业权。主要有三种情况：

　　一是超越权限审批或以"化大为小、化整为零"方式规避审批权限制约，批准并颁发勘查许可证或采矿许可证。国家规定，金、铅、锌等矿产勘查投资大于 500 万元的探矿权、矿床储量规

审计署资源环境审计司负责人解读 2448 宗矿业权审计结果

模为大型以上的采矿权，煤炭勘查区块面积大于 30 平方千米的探矿权等，均应由国土资源部颁发许可证，但审计发现有 75 宗矿业权未按规定报国土资源部审核颁证，而由省级及以下矿产主管部门颁发了许可证。

　　二是违规批准不符合法定条件、申报资料等手续不全的矿业权办理新立、延续或变更登记手续。其中，违规批准新立矿业权主要包括未取得环境影响评

价等审批手续、矿业权设置方案未经批准、矿业权申请人不具备规定资金或法人资格等条件、与其他矿业权勘查（矿区）范围重叠等，分别涉及矿业权170宗、27宗、25宗和7宗。

三是以招商引资、解决历史遗留问题、发展旅游、支持企业发展等名义违规协议出让矿业权。审计发现有252宗矿业权存在违规协议出让问题。

此外，审计发现的问题还有：地方矿产主管部门、地质勘查单位和国有矿业企业违规定价出让转让和收购矿业权及相关股权；地方矿产主管部门和税务机关欠征矿产资源收入；地方财政部门和矿产主管部门违反规定用途使用矿产资源相关资金等。

第一节　环境资源审计的方法

环境资源审计的方法，是环境资源审计人员在进行审计工作时所采用的一系列综合手段。这些手段包括对环境资源审计对象的深入检查与细致分析，旨在收集全面而准确的审计证据。审计人员需将所收集的证据与既定的环境资源审计依据进行对比分析，确保审计结果的客观性和公正性。在此基础上，审计人员进一步撰写环境资源审计报告，详细阐述审计过程与发现，并据此作出相应的审计结论。另外，审计人员还会提出具有针对性的环境资源审计意见，以帮助相关部门或单位改善环境资源管理，提升资源利用效率。这一系列步骤和方法共同构成了环境资源审计的完整流程。

在进行环境资源审计的过程中，务必充分考虑可持续发展的三大支柱——经济增长的可持续性、环境保护的迫切性以及社会福祉的增进。但由于环境资源审计领域普遍存在难以直接量化的复杂活动，因此，环境资源审计的方法体系不仅需继承并发展传统的审计技术方法，更需探索并创新采用一系列非传统审计手段与方法，以更精准地捕捉、评估并报告那些难以量化的环境与社会影响，确保环境资源审计工作的全面性、深入性和科学性。

环境资源审计方法的独特性主要体现在其对环境资源等相关专业学科的高度依赖与融合。这种高度依赖与融合不仅涵盖环境资源科学本身，更延伸至社会学、统计学、经济学、工程学等学科领域，所以环境资源审计方法展现出显著的专业技术性与学科综合性的特点。只有既掌握传统审计专业理论、技术与方法，同时熟悉环境资源科学、工程学、法学、统计学、经济学、社会学、化学等多学科领域知识的复合型专业人才，才能有效地挖掘并获取环境资源数据

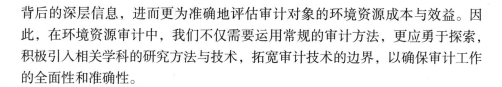

背后的深层信息，进而更为准确地评估审计对象的环境资源成本与效益。因此，在环境资源审计中，我们不仅需要运用常规的审计方法，更应勇于探索，积极引入相关学科的研究方法与技术，拓宽审计技术的边界，以确保审计工作的全面性和准确性。

一、基本的审计方法

环境资源审计人员在进行审计活动时，会采用一系列的审计方法以获取充分适当的审计证据。就一般审计而言，审计人员可以采用的审计方法主要包括检查记录或文件、检查有形资产、观察、询问、函证、重新计算、重新执行和分析程序等，以获取环境资源审计证据。在实施环境资源审计时，审计人员可以根据需要单独或者综合运用以上方法，以获取充分、适当的审计证据。

（一）检查记录或文件

检查记录或文件指环境资源审计人员对被审计单位内部或外部生成的，以纸质、电子或其他介质形式存在的记录或文件进行审查，具体包括审阅与核对。

检查记录或文件的主要目的是验证记录或文件（尤其是书面资料）的准确性。这一方法有助于审计人员获取不同可靠程度的审计证据，而审计证据的可靠性主要取决于记录或文件的来源及其性质。一般在审计中认为，来自被审计单位外部的记录或文件通常比来自被审计单位内部的记录或文件更具有可靠性，因为这种外部记录或文件由被审计单位以外的单位（如被审计单位的客户）出具，且经过被审计单位的正式确认，这体现了交易双方对记录或文件上所记载的信息与条款内容的共同确认及认可。

此外，部分外部记录或文件，如销售发票、房屋所有权证明、保险单、契约和合同等文件，在编制过程中极为审慎，常常受到律师或其他外部单位或专家的复核，因此具备较高的可信度。

检查记录或文件是审计人员对环境资源会计记录、反映环境资源管理活动与环境资源管理系统及环境资源政策执行情况的可靠资料，以及其他书面文件进行审阅和复核。这种方法可以直接帮助审计人员深入了解并掌握被审计单位与环境资源相关的经济活动或事项的真实情况，通常在审计证据收集的初期得到广泛应用。

通过仔细审阅和复核环境资源会计记录，审计人员可以获取有关环境资源会计信息的详细数据，包括与环境资源有关的支出、收入以及成本。同时，反映环境资源管理活动的资料能够揭示被审计单位在环境资源保护和管理方面所采取的措施和实践。此外，审阅环境资源管理系统和环境资源政策执行情况的

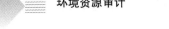

文件，可以揭示环境资源管理体系的完整性和合规性。

这种方法的优势在于，它在审计开始的早期就提供了全面的信息，让审计人员能够对被审计单位的环境资源相关活动有整体认识。这有助于审计人员确定进一步的审计方向，更准确地规划审计工作的步骤和范围。通过检查记录或文件，审计人员可以在审计过程中系统地审查环境资源相关信息，揭示潜在的风险和问题，为后续的审计工作奠定了坚实基础。

（二）检查有形资产与实地检查

检查有形资产也称为监盘，指审计人员现场监督被审计单位各种实物资产、货币资金及有价证券等的实地盘点，确定实物资产、货币资金与有价证券等是否真实存在并与账面数量是否相符，查明有无短缺、毁损及贪污、盗窃等问题。

检查有形资产可以为实物资产、货币资金及有价证券等是否存在提供可靠的审计证据，但却不能保证被审计单位对相关资产拥有所有权，也不能对该资产的价值认定提供合理证明。

检查有形资产是验证资产确实存在的直接手段，能获得被认为是最可靠、最有用的环境资源审计证据，是认定资产数量和规格的一种客观手段。在某些情况下，它还是评价资产状况和质量的一种有用方法。

实地检查指审计人员亲自前往被审计单位的实际现场，对各种实物环境资源资产以及用于环境资源项目的现金、有价证券等进行监督盘点，并进行必要的抽查。这种方法能够使审计人员直接获取被审计单位环境资源资产的实际存在情况，通常在审计证据采集的早期被广泛应用。

通过实地检查，审计人员可以实际查看被审计单位的环境资源资产，如设备、资源、生产设施等，以验证其存在与否。同时，对用于环境资源项目的现金和有价证券的实际清点可以帮助核实环境资源资金使用的实际情况。在实地检查的过程中，也可以进行适当的抽查，以增加审计的随机性和全面性。

这种方法的优势在于，它直接揭示了环境资源资产的实物状况，避免了可能存在的虚假记录和数据不一致的情况。实地检查在早期的审计证据采集中具有重要意义，为审计人员获取准确的环境资源实物数据提供了可靠的方式。

然而，在使用实地检查方法时，审计人员需要特别注意环境资源实物资产的质量问题，确保其与记录相符合。此外，对于环境资源实物资产的所有权问题也需要关注，以免因所有权争议引起误解。综合考虑，实地检查是确保审计数据准确性和可靠性的关键手段。

（三）观察

在审计过程中，审计人员对被审计单位的某些活动或程序进行直接观察是

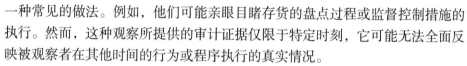

一种常见的做法。例如，他们可能亲眼目睹存货的盘点过程或监督控制措施的执行。然而，这种观察所提供的审计证据仅限于特定时刻，它可能无法全面反映被观察者在其他时间的行为或程序执行的真实情况。

首先，某一特定时刻的观察结果并不能代表一个持续的模式或常态。其次，被观察者可能因为知道正在被观察而改变其行为，这可能会对观察结果的客观性造成影响。鉴于这些局限性，审计人员在使用观察作为证据收集手段时，必须意识到其固有的限制，并考虑补充其他类型的证据以增强审计结论的可靠性。

（四）询问

询问指审计人员以书面或口头形式向被审计单位内部或外部相关人员获取环境资源相关信息，并对答复进行评价的方法。这种方法能够获得书面或口头证据，从而在审计过程中提供支持。在使用这一方法时，审计人员通常需要事先制订详细的询问计划，然后通过书面或口头的方式与相关人员进行交流。这一过程可能为审计人员揭示了他们之前未知的信息，或提供了对已有信息的进一步确认。

知情人士的答复可能包含重要信息，这些信息可能与审计人员已经掌握的信息存在显著差异。在这种情况下，审计人员需要根据询问所得到的信息而重新评估其审计策略，可能需要调整现有的审计方法或增加额外的审计程序，以确保审计结果的准确性和完整性。

在进行书面询问之前，审计人员需要准备相应的书面资料，以确保询问的内容明确、一致。被询问者将根据书面资料提供答复形成工作底稿，以便支持后续审计工作。

在进行口头询问时，审计人员会与被询问者直接交流，记录被询问者的回答。这些回答需要详细记录，并由被询问者签名确认，以增强审计证据的可靠性和可信度。通过与被询问者的交流，审计人员可以深入了解被审计单位的环境资源管理实践、政策执行等情况。

询问取证是一种获取书面或口头证据的重要手段，可以在审计过程中提供丰富的信息和支持。然而，在使用这种方法时，审计人员需要确保询问的内容准确、明确，并进行适当的记录和确认，以确保审计证据的有效性和可靠性。

（五）函证

函证指环境资源审计人员为了核实被审计单位环境资源会计记录、反映环境资源管理活动、环境资源管理系统以及环境资源政策执行情况的资料中所述内容，向第三方发出函件进行询证。类似于财务报表审计，环境资源审计也可以通过函证方式收集审计证据，既可以采用积极式函证，也可以采用消极式函证。通过这种方法取得的证据是书面证据，有助于确保审计的可靠性和透明度。审计人员直接从第三方（被询证者）获取书面答复作为审计证据，书面答复可以采用纸质、电子或其他介质等形式。

函证的优势在于，它能够从第三方独立来源获得信息，增加了审计证据的独立性和可靠性。通过与第三方的交流，审计人员可以获取与被审计单位不同视角的信息，从而更全面地评估环境管理实践和政策执行情况。

函证作为环境资源审计的一种方法，能够通过与第三方的书面交流来核实和证实被审计单位环境相关信息，为审计提供有力的支持和证据。

（六）重新计算

审计过程中的重新计算，涉及审计人员手工或借助计算机审计辅助工具，验证记录与文档中数据的精确性。这一过程广泛涵盖了诸如汇总销售发票与库存价值总额，将日记账与明细账进行加总、复核折旧、预付费用及应纳税额等各项计算的具体内容，以确保其准确无误。

在审计过程中，审计人员通常需要对被审计单位的凭证、账簿和报表中的数字进行计算，以验证其准确性。环境资源审计人员在执行计算任务时，并不必然遵循被审计单位原有的计算方式和顺序。在进行计算时，审计人员除关注计算结果的准确性外，还需警惕可能存在的其他误差，如计算结果在过账和转账过程中的失误等，以确保审计工作的全面性和精确性。

重新计算是一种重要的审计程序，用于验证环境管理与资源利用相关数据的准确性和计算的正确性。通过重新计算，审计人员可以对被审计单位的环境资源经济活动、资金流动和相关数据进行独立的核实，确保其与被审计单位提供的信息一致。重新计算通常应用于环境资源审计的不同方面，如环境资源财务信息、环境资源成本和收益、环境资源影响评估等。

重新计算可以应用以下场景：

（1）环境资源财务信息：在审计环境资源财务报表时，审计人员可能会对环境资源成本、收入、支出等进行重新计算，以核实被审计单位环境资源报告的财务数据的准确性。

（2）环境资源成本核算：对于涉及环境资源投资、治理、保护等活动的成本，审计人员可以重新计算这些成本的累计、分类和分配，以验证其合理性。

（3）环境资源效益分析：在评估环境资源项目的效益时，重新计算可以帮助审计人员核实项目的环境和经济效益是否与预期一致。

通过重新计算，审计人员能够对环境资源的相关数据进行独立验证，确保其准确性和可信度，这有助于提高审计报告的可靠性，为决策者提供更准确的环境资源管理信息。

（七）重新执行

重新执行是审计过程中一项关键步骤，要求审计人员采取人工方式或借助计算机辅助审计技术，重新独立执行被审计单位内部控制组成部分的程序或控制。具体到环境资源审计中，审计人员应对构成被审计单位环境资源内部控制的程序或控制措施进行独立再现与执行。例如，审计人员会利用被审计单位提供的涉及环境资源活动的资金支出银行存款日记账，检查其资金支出相关凭证、账簿等资料，核实其资金支出的授权、审批、执行、记录等的合法性、真实性，以此评估内部控制的有效性及数据准确性。这一过程体现了审计工作的独立性与严谨性，确保了审计结论的可靠性与公正性。

（八）分析程序

分析程序指审计人员通过分析不同财务数据之间及财务数据与非财务数据之间的内在关系，对财务信息作出评价。具体运用在环境资源审计中时，要求审计人员对涉及环境资源活动财务数据与非财务数据实施分析程序并作出评价。

分析程序包括在必要时对识别出的、与其他相关信息不一致或与预期值差异重大的波动或关系进行调查。例如，审计人员可以对被审计单位的财务报表和其他会计资料中涉及环境资源活动的重要比率及其变动趋势实施分析程序，以发现其偏离预期的项目或异常变动项目。对于偏离预期的项目或异常变动项目，审计人员应重新考虑其所采用的审计方法是否合适；必要时，应追加适当的审计程序，以获取更充分适当的审计证据。

在整个环境资源审计过程中，审计人员都应运用分析程序。在具体运用时，既可以采用简单的比较分析，也可以应用复杂的统计分析。在实务中较常用的分析程序一般包括比较分析法、趋势分析法、结构分析法、比率分析法、合理性测试法、回归分析法等。

二、特有的审计方法

环境资源审计作为审计的特殊领域，与财务报表审计、绩效审计等同属于审计范畴，在审计方法方面与传统审计有着许多相同或相似之处，因此，传统的审计方法在环境资源审计中依旧适用。在综合考虑环境资源审计的本质、目标和对象等方面后，审计人员除采用检查记录或文件、实地检查、询问、函证、重新计算等传统方法外，还应包括其特有的审计方法来获取环境资源审计证据。

（一）环境资源成本效益分析法

在进行环境成本效益分析时，首要任务是对环境资源的消耗量进行深入考察分析经济增长过程中所消耗的环境资源数量。考察的重点主要包括水资源消耗量的变化、土地资源的减少情况、林木资源的丧失程度以及污染问题的扩大趋势等。通过全面评估这些关键要素，审计人员能够更准确地把握环境资源成本效益分析的核心内容，为决策制定提供科学依据。

（二）环境资源影响评估法

进行环境资源影响评估的核心目的在于协助企业管理层做出明智决策，判断是否应该实施新举措，如兴建工厂、修建道路或其他生产活动。环境资源影响评估的主要内容涵盖以下方面：①对所提议计划的可行性进行深入探讨；②详细描绘可能受到影响的环境资源状况；③全面评估计划对环境资源产生的潜在影响；④探讨为减轻或消除对环境资源的不良影响而采取的具体措施；⑤分析该计划与现有环境资源及土地使用规划的相互关系及其影响；⑥阐明选择某一方案而不选择其他方案的原因与依据。

（三）环境资源费用效果分析法

环境资源费用效果分析法是一种经济评价方法，它通过比较不同方案的环境保护和治理成本以及其产生的效益来评估方案的优劣。这种方法建立在环境资源费用效益分析的基础上，通过两个主要途径实现目标：首先，选择费用最低的方案以实现既定的环境目标；其次，在费用既定的情况下，寻找能够最大限度提升环境资源水平质量的方案。其实质在于分析费用与效果之间的关联性，通过观察两者的动态变化而得出结论。这种方法特别适用于那些环境影响难以用货币量化的项目，允许通过非货币化的方式进行评估。在实际操作中，费用以货币形式表示，而效益可能以其他度量单位衡量。

环境资源费用效果分析法是对传统环境资源费用效益分析法的补充，它提供了在缺乏量化数据时进行环境绩效审计的方法。当环境资源的成本或效益无法直接量化时，这种方法可以作为一种有效的替代。

（四）环境资源风险评估法

环境资源风险评估法专注于识别和评估那些可能对经济指标和环境资源效益产生影响的不确定因素。该方法通过预测和识别这些因素中的敏感性因素，并计算它们可能造成的影响概率，从而量化风险对经济和环境效益的具体影响。通过这种方式，评估者可以更清晰地理解风险因素对经济效益和环境资源效益的潜在影响。

（五）环境资源合规审查法

合规审查的目的是评估被审计单位在环境管理、法律法规遵守和政策执行方面的合规性。通过合规审查，审计人员可以确定被审单位是否遵循了适用的环境法律法规和政策，及其环境资源管理实践是否与法律要求和内部政策相符。这有助于评估被审计单位的环境资源风险和责任，并提供审计结论的依据。

合规审查可以按照以下步骤进行：①收集信息，审计人员需要收集与被审计单位的环境法律法规、政策文件、许可证和认证文件等相关的信息。②分析法规和政策，审计人员分析适用的法律法规和政策文件，确定被审计单位应该遵守的要求。③核实合规性，审计人员根据分析的法规和政策，核实被审计单位是否按照要求执行环境管理措施，确保合规性。④检查文件和记录，审计人员检查被审计单位的文件、记录，例如环境资源管理计划、监测报告等，以核实其合规性。⑤采访相关人员，审计人员可能需要采访被审计单位的环境资源管理人员，了解他们对法规和政策的理解和执行情况。⑥比对发现，审计人员将发现的信息和文件与法规和政策要求进行比对，确定是否存在合规性问题。⑦调查差异，如果发现合规性问题，审计人员需要深入调查，确定问题的原因和影响。⑧记录和报告，审计人员将合规性审查的过程、发现和调查结果记录下来，并在审计报告中提供相关信息，支持审计结论。

通过合规审查，环境资源审计能够评估被审计单位在环境管理方面是否遵循了法律法规和政策要求。这有助于揭示环境资源风险、优化环境资源管理实践，并提供决策者关于合规性问题的信息。

第二节　环境资源审计的技术

一、环境资源审计技术的种类

环境资源审计技术是一种系统性的方法和过程，用于评估、分析和监测组织、地区或国家在资源利用、环境保护和可持续发展方面的表现。它通过量化和评估资源的使用情况，分析环境影响，发现潜在的问题，并提供改进建议，以实现更有效的资源管理和环境保护，实现更可持续的经营和决策。

常用的环境资源审计技术按审计工具分类可以分为：地理信息系统（GIS）技术、大数据分析和基于区块链的技术等。

"3S"技术在生态环境审计中的应用研究

二、地理信息系统（GIS）技术

（一）地理信息系统的定义

从狭义上看，地理信息系统（GIS）是一种依赖于计算机硬件和软件的技术平台，它的作用是收集、保存、处理、分析以及可视化地球表面（包括大气层）的空间分布信息。从广义上看，GIS不仅涵盖了对空间数据的采集、存储、管理、分析和表达的信息系统，而且是一个工具，用于模拟现实世界的空间形态，进行空间数据的分析和处理。此外，GIS也被视为一种资源，用于解决空间相关问题，以及一种科学技术，专门用于空间信息的分析和处理。人类几乎所有的活动都与地球的地理空间位置有密切的联系。随着计算机技术的发展和广泛应用，GIS以及其衍生概念如"数字地球"和"数字城市"，在人们的日常生活和工作中正变得越来越重要。

（二）地理信息系统技术的内容与功能

地理信息系统由五个核心部分构成，如图3-1所示。

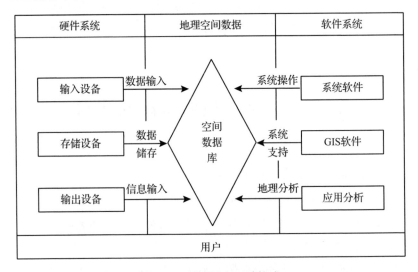

图3-1　地理信息系统构成

（1）人员。人员是地理信息系统中不可或缺的核心要素。开发人员负责明确系统中需执行的任务，并设计相应的处理程序。经验丰富的操作人员往往能够弥补系统软件的不足，然而，软件无论如何先进，都无法完全弥补操作人员对地理信息系统知识匮乏所带来的影响。

（2）数据。精确度和可用性是数据的关键属性，它们直接影响查询和分析结果的可靠性。确保数据的准确性对于获得高质量的分析输出至关重要。

（3）硬件。硬件的性能是决定软件数据处理速度、用户操作的便捷性以及结果呈现方式的关键因素。高性能的硬件可以显著提升软件的运行效率，简化用户操作流程，并优化输出结果的展示。

（4）软件。地理信息系统（GIS）是一个综合性的软件平台，它不仅包含GIS本身的功能，还整合了数据库管理、绘图工具、统计分析软件、图像处理程序以及其他辅助程序。这些组件共同构成了一个强大的系统，以支持广泛的地理空间数据处理和分析任务。

（5）过程。确保地理信息系统（GIS）生成的结果具有准确性和可验证性，需要对系统运行进行明确的定义和采用一致的方法论。这种明确性和一致性是GIS有效性的关键，它们保障了结果的可靠性和后续分析的可信度。

空间分析作为地理信息系统的核心功能，是其与计算机制图软件区别开的显著特征，其本质在于从空间物体的位置、关联等角度深入探究空间事物，并对其进行定量描述。通常，空间分析侧重于解答诸如"是什么""在哪里""怎么样"等空间相关问题，而对于"为什么"这类深层次原因的问题往往难以直接回答。进行空间分析离不开一系列复杂的数学工具，其中尤以空间统计学、图论、拓扑学以及计算几何等最为关键。在自然资源资产审计实践中，空间分析的主要应用功能包括叠加分析、提取分析以及空间数据统计等，这些功能的运用对于精准把握资源资产状况具有重要意义。

1. 叠加分析

叠加分析技术是一种在地理信息系统中应用的数据操作方法，它通过在相同的空间坐标系统中对多个数据集进行合成运算，最后生成综合的数据集。这些数据集可能包括不同的图层信息或与地球表面对象相关的数据。在这一过程中，叠加分析发挥了核心作用，其目的是探索空间上相邻对象的空间特征和属性间的相互影响。

通过多层次数据的叠加，可以发现新的空间联系和属性间的新关系，同时展现不同数据层间的差异、联系和变化趋势。这种方法为深入的空间数据分析提供了坚实的数据基础，增强了对空间现象理解的深度和广度。

叠加分析是一种将不同来源和维度的信息内容综合显示在结果图或屏幕上的技术，其目的在于帮助研究人员识别这些信息间的空间联系，以获得更全面的空间信息理解。这种方法不在于生成全新的数据层，而是通过整合现有信息，使其便于进一步地分析和研究。

具体实施时，叠加分析可以应用于点、线、面等不同类型的图件，包括在不同面状图的区域边界间进行叠加，或将面状图与其他专题区域的边界进行比较。此外，可以将遥感影像与专题地图进行叠加，以及将专题地图与数字高程模型（DEM）结合，以创建立体的专题视图。这样的技术手段增强了我们对空间信息分布及其相互联系的深入理解。

2. 提取分析

提取分析主要涉及从栅格数据中筛选特定像元子集的过程，这一过程依据像元的固有属性或其空间位置进行。此外，该过程还涉及将特定位置像元的值转换为点要素类中的属性或表格数据。关于基于像元属性或空间位置的提取，具体可分为以下几种情况：首先，通过属性值筛选像元，即根据预设的查询条件实现属性提取；其次，根据像元的空间几何位置进行提取，要求所筛选的像元组必须位于指定的几何形状内部或外部，这包括圆形区域提取、面提取以及矩形提取等方式；最后，针对特定位置的像元提取，可以依据像元点的位置信息进行识别（点提取），或者利用掩模或栅格数据作为辅助手段来精确识别像元位置（掩模提取）。这些提取分析方法为地理信息系统提供了丰富的数据处理手段，有助于深入分析和理解空间数据。

提取分析的一个重要环节是将像元值提取到属性表或常规表中，具体情形为：首先，可以利用点要素类识别并提取像元值，这些值可以作为新输出要素类的属性进行记录，这一过程被称为点值提取；其次，通过点要素类识别的像元值也可以被追加到现有的要素类属性表中，这种提取方式被称为多值提取至点。值得一提的是，这一工具同样适用于从多个栅格中识别并提取像元值。此外，还有一种提取方式是通过识别特定位置（如栅格和要素）的像元值，并将这些值记录在表中，这一过程通常被称为采样。

通过以上几种提取方式，我们可以有效地将栅格数据中的像元值转化为属性表或常规表中的信息，为后续的数据分析和处理提供便利。

3. 空间数据统计

空间数据统计的起源可追溯至 20 世纪 70 年代，其核心目标是探索地理位置相关数据的空间依赖性和关联性，即通过空间位置的考量，构建数据间的统计关联。这一学科建立在地理学的第一定律之上，即相邻区域的属性通常显示出更高的相似性，同时考虑了空间异质性，即由空间位置差异引起的行为上的不确定性。

通过地理信息系统（GIS）的应用，空间数据统计学能够揭示和评估空间分布的规律和特征，进而验证这些规律。这种方法为研究者提供了有力的决策支持工具，帮助他们发现空间数据的分布模式和特性。

（三）GIS 在环境资源审计中的应用

随着经济社会的不断发展和相关技术的持续进步，审计人员所面临的数据环境变得越来越错综复杂，这种情况在环境资源审计领域显得尤为突出。这种复杂性主要体现在以下方面：首先，环境资源事项涵盖了人们的生产、生活和生态安全等方面，与其他审计项目相比，其涉及领域更加广泛。环境资源审计事项通常不是孤立的，而与多个部门和人员之间存在复杂的联系。这牵涉到业务主管部门、财政主管部门、环境资源保护执行部门以及农户等各方的关系。其次，环境资源审计所产生的数据本身具有高度复杂性。数据不仅涉及财政性资金的流动，还包括业务数据和由主管部门认定的空间数据等层面。这些不同类型的数据需要采用不同的处理方法，增加了数据处理的难度。再次，环境资源审计的数据处理在技术上具备一定门槛。与传统的基于 SQL Server 等数据库的数据分析方法不同，环境资源审计通常需要处理的是空间数据。这要求采用地理信息系统（GIS）等专业技术来分析和处理空间数据，这种技术要求需要一定的专业知识和技能支持。最后，环境资源审计面临的任务越来越繁重，实现全面覆盖已经成为必然的要求。在这一过程中，创新思维和提高审计效率变得尤为重要。地理信息系统（GIS）技术为此提供了一种特定的方法和工具，它可以帮助审计人员更好地应对资源环境审计的挑战，提升审计的效率和质量。因此，进一步深化和应用 GIS 技术变得非常必要。

例如，矿山开采活动常常引发严重的生态环境问题，涵盖了多个层面，包括但不限于土壤的侵蚀、水源的污染，以及空气中的污染物排放。这些问题的出现常常是由于传统的矿山管理和监测方法的局限性所致。这些方法在很大程度上缺乏及时性和全面性，未能充分把握环境的复杂性和多样性。因此，在过去，矿山开采所带来的环境风险往往难以得到有效的识别和响应，这不仅加剧了生态系统的脆弱性，也对人类和生态环境的健康造成了严重威胁。

环境资源审计中可以应用 GIS 系统进行的内容如下：

（1）实时环境资源监测与预警：智慧生态矿山管理系统通过在矿山周边布置传感器网络，实时监测空气质量、水质、土壤状态等环境参数。当监测数据异常时，系统能够自动触发预警机制，警示管理者潜在的环境资源问题。

（2）三维可视化展示：利用 GIS 技术，系统将矿山地理数据、环境资源监测数据以及其他关键信息以三维地图的形式展示出来。这种可视化方式有助于决策者更好地了解矿山状况和环境资源变化。

（3）数据分析与决策支持：通过 GIS 空间分析和数据整合，系统可以为矿山规划和资源开发提供支持。决策者可以基于模拟分析，预测不同开采方案对环境资源的影响，从而作出更明智的决策。

（4）智能化环境保护：系统不仅可以监测环境资源数据，还能根据数据的变化自动调整矿山开采策略。这包括调整采矿的位置、时间等，以减少对环境资源的不利影响。

（5）数据共享与合作：智慧生态矿山管理系统建立了一个数据平台，将不同来源的数据整合在一起。这使各部门、相关企业和利益相关者能够更好地共享数据，推动合作。

将 GIS 技术与环境资源审计相结合，可实现矿山生态环境的全面监控和精细管理。通过实时监测、预警、数据分析和智能化决策支持，该系统能够最大限度地减少矿山开采对环境的负面影响。这不仅有助于环境保护，还为矿山业的可持续发展提供了实际解决方案。这个案例凸显了 GIS 技术在环境资源审计中的创新应用，为资源管理和环境保护提供了一种新的方法。

三、大数据分析

（一）大数据分析的定义

大数据分析是一种涉及处理、解释和提取大规模数据集中信息的方法。这些数据集通常因其量级、速度和多样性而被称为"大数据"。大数据分析的目标是从这些数据中获得有价值的见解、模式和趋势，以支持业务决策、科学研究、市场预测等领域。

（二）大数据分析的基本步骤

1. 数据采集和获取

数据的采集和获取涉及收集大量信息，这些信息可以来自多样化的渠道，包括但不限于传感器、社交媒体、日志文件以及交易记录等。通过这些渠道，各种形式的数据源汇聚在一起，形成了一个广泛而庞杂的信息网络。传感器可以从物理世界中捕获各种环境参数，如温度、湿度、压力等，从而提供了实时的现场数据。社交媒体平台成为人们分享观点、情感和互动的场所，积累了大量有关个人和集体行为的数据。日志文件记录了系统和应用程序的活动，揭示了在操作和交互过程中的关键信息。而交易记录包含了经济活动和交易行为的细节，为商业和金融领域提供了重要的信息来源。

这种多元化的数据来源为我们提供了一个更全面的视角，帮助我们深入了解不同领域的现象和趋势。然而，这种多样性也带来了挑战，因为不同数据源的数据格式、结构和质量可能会差异巨大，需要采取适当的方法进行清洗、整合和转换数据，以便于进一步地分析和利用。数据采集的过程涉及选择适当的数据源、建立数据采集流程、确保数据的完整性和准确性，以及保护隐私和安全等方面的考虑。

数据采集和获取是大数据分析的重要起点，它为我们提供了丰富的信息资源，为各种领域的研究、决策和创新奠定了坚实的基础。

2. 数据存储和处理

将数据妥善存储在适当的平台或系统中，通常需要运用分布式存储和处理技术。这一过程不仅涉及数据的保存，还包括构建适于分析的数据结构，以确保数据的高效利用。

在数据存储方面，分布式存储技术在大数据环境中发挥着关键作用。数据量巨大时，传统的单一服务器存储已不再适用，分布式存储系统能够将数据分散存储在多个节点上，提高了存储容量和数据的冗余性。这种方式不仅可以提高数据的可靠性，还能够实现更高的数据读写吞吐量，支持并行处理。典型的分布式存储系统包括 Hadoop HDFS、Amazon S3 等。

另外，在构建适合分析的数据结构方面，数据需要被整理成一种有利于查询和分析的格式。这可能涉及数据的拆分、压缩、索引以及聚合等操作，以便于在后续的数据分析中能够更加高效地访问和处理数据。数据结构的设计取决于具体的分析任务，如关系型数据库、列式数据库、文档数据库等都可以根据需要进行选择。

将数据存储在适当的平台中，借助分布式存储和处理技术，能够有效地管理大规模数据，确保数据的可靠性和高效性。此外，构建适合分析的数据结构是为了在数据分析过程中能够充分发挥数据的价值，提高分析效率和结果质量。

3. 数据清洗和预处理

数据清洗和预处理是数据分析过程中的关键步骤，其主要目标是处理数据中的缺失值、异常值和噪声，以确保数据的质量和一致性。这一步骤至关重要，因为不经处理的原始数据常常包含不完整、不准确或不规范的部分，可能导致后续分析的偏差和错误。

数据清洗涉及多个方面，首先，处理缺失值。缺失值是数据中的空白或未知部分，可能是由于记录错误、系统问题或其他原因造成的。在数据清洗阶段，我们需要决定如何填补缺失值，可以选择插值、删除或利用相关信息进行填充。

其次，处理异常值，这些值明显偏离了数据集的正常分布。异常值可能是输入错误、测量误差或数据收集问题的结果。通过识别并采取适当的措施来处理异常值，可以减少其对分析结果的影响，提高分析的准确性。

最后，消除噪声也是数据清洗的一部分。噪声是数据中的随机干扰，可能由传感器误差、通信干扰等引起。通过平滑、滤波等技术降低噪声对数据的影响，可以获得更可靠的分析结果。

数据预处理涉及进一步的数据转换和规范化，以便于后续分析。这可能包括特征缩放、标准化、归一化等操作，以确保不同特征在分析过程中具有一致的尺度和权重。

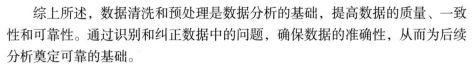

综上所述，数据清洗和预处理是数据分析的基础，提高数据的质量、一致性和可靠性。通过识别和纠正数据中的问题，确保数据的准确性，从而为后续分析奠定可靠的基础。

4. 数据分析和建模

数据分析和建模是利用统计分析、机器学习、深度学习等技术，从数据中提取模式、关联和趋势的关键步骤，揭示数据中的潜在信息，从而使我们能够做出预测、做出决策并获得新的见解。

在数据分析过程中，统计分析方法可用来探索数据的基本特征，如均值、标准差、分布等。这些统计信息可以帮助我们理解数据的整体趋势，并识别数据中的异常值或异常模式。

机器学习是一种能够从数据中学习并改进性能的方法。通过训练模型，机器学习可以自动识别数据中的模式和关联。监督学习可以用于预测和分类任务，无监督学习可以用于聚类和降维等任务。机器学习模型可以帮助我们根据过去的数据做出未来的预测，并从数据中发现我们可能没有意识到的模式。

深度学习是机器学习的一个分支，主要关注使用神经网络进行高级特征提取和模式识别。深度学习在图像识别、自然语言处理等领域取得了显著的成果，可以从大量复杂的数据中挖掘出更深层次的信息。

数据分析和建模不仅能够帮助我们理解数据，还能够用于做出预测和发现新的见解。通过分析数据中的模式和关联，我们可以发现隐藏在数据背后的趋势，从而为业务决策提供支持。此外，数据分析和建模还可以促进创新，发现之前未被察觉的机会和问题解决方案。

5. 数据可视化和解释

数据可视化和解释是将分析结果以可视化形式呈现，以帮助非技术人员更好地理解数据中的信息重要步骤。通过使用各种图表、图形和可视化工具，可以将抽象的数据转化为易于理解和解释的图像，从而更有效地传达分析的结果。

可视化是一种强大的工具，可以将数据变得直观可见，帮助人们从数据中获得洞察。通过图表如折线图、柱状图、散点图等，可以呈现数据的趋势、分布和关联。地图、热力图等空间可视化方式能够展示地理数据和空间模式。此外，仪表盘和动态可视化还可以帮助用户实时监测数据变化和趋势。

通过数据可视化，非技术人员能够更轻松地理解复杂的数据分析结果。这样的可视化呈现不仅能够促进合作和沟通，还能够支持决策过程。解释数据的图表和图形能够帮助非专业人士理解数据背后的洞察，从而更好地为业务决策提供支持。

此外，数据可视化有助于发现隐藏在数据中的模式和关联。通过可视化工具，我们可以在数据中发现之前未被察觉的趋势，从而为业务创新和问题解决提供新的视角。

数据可视化和解释在数据分析过程中起着至关重要的作用。它能够将复杂的分析结果以直观的方式呈现给广大受众，促进沟通和决策，并有助于揭示数据中的新见解和模式。

6. 洞察和决策

洞察和决策是基于数据分析的结果，对业务进行决策、制定战略或采取行动的关键阶段。大数据分析的力量在于它能够揭示市场趋势、客户行为、产品改进等方面的深刻见解，从而帮助组织更加明智地应对变化和挑战。

通过数据分析，我们可以获得关于市场、客户和业务绩效的重要洞察。例如，分析销售数据可以揭示销售趋势和最畅销的产品，帮助企业调整库存和营销策略。分析客户行为数据可以帮助企业了解客户的偏好和需求，从而提供个性化的产品和服务。通过监测产品的性能数据，企业可以实时了解产品的使用情况，从而进行改进和创新。

基于数据分析的见解，决策者可以做出更有根据的决策。这些决策可能涉及业务增长、市场扩展、产品投放、资源分配等方面。分析结果提供了支持决策的信息，让决策者能够更好地预测未来趋势，减少风险，并更快地做出反应。

另外，数据分析可以帮助组织制定战略。洞察市场、竞争对手和客户行为的数据可以为战略规划提供重要线索。这种数据驱动的战略制定能够更准确地预测市场需求，识别市场机会，并在竞争激烈的环境中保持竞争优势。

洞察和决策是数据分析的最终目标，它通过揭示数据中的见解和模式，帮助企业和组织更好地应对变化，做出更明智的决策，制定更有前瞻性的战略，从而在持续的业务方面取得成功。

（三）大数据与审计的结合

在人工智能的研究范畴内，业界专家普遍认为，大数据这一专业术语所蕴含的真实价值并非仅仅体现在对信息的大量获取与积累上，更关键的在于对这些庞大信息集进行深入的分析和处理的能力。这种能力使大数据不仅是存储的集合，而且是转化为洞察力和决策支持的源泉。

在大数据时代，审计工作必须融入大数据思维，才能适应时代的发展。随着大数据理念的不断深化，审计人员开始利用大数据平台，采用相应的工具和技术，对规模庞大、类型繁多的审计数据进行深入的计算和分析。这种方法不仅释放了人力资源，降低了时间成本，而且提高了审计工作的成效。

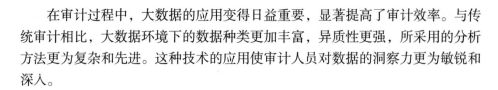

在审计过程中，大数据的应用变得日益重要，显著提高了审计效率。与传统审计相比，大数据环境下的数据种类更加丰富，异质性更强，所采用的分析方法更为复杂和先进。这种技术的应用使审计人员对数据的洞察力更为敏锐和深入。

四、基于区块链的技术

（一）区块链的基本概念

区块链是一种数据结构，由按时间顺序排列的数据块组成，这些数据块通过链式链接在一起。分布式节点借助共识机制进行信息的验证、确认和更新，确保了整个系统的一致性。同时，加密技术被广泛应用于保障信息的完整性，以防止数据被篡改或伪造。一些学者对区块链进行了定义，将其视作一种分布式账本系统。

这一概念的根本起源可以追溯到中本聪所发表的论文，论文详细阐述了一种去中心化的货币系统，这就是比特币的基础。区块链作为比特币的底层技术，被设计用于记录交易数据和维护整个网络的可信性。区块链的结构使每个数据块都与前一个数据块链接在一起，构成了一个不可篡改的信息链条。

区块链的分布式本质使系统中的各个节点能够通过协商一致机制，就交易的有效性达成一致意见。这种共识机制可以是工作量证明（Proof of Work）或权益证明（Proof of Stake）等。由于加密技术的应用，信息在被记录到区块链后很难被篡改，从而确保了信息的可信度和安全性。

总的来说，区块链是一种以链式链接的数据块构成的数据结构，通过分布式节点和共识机制来验证、确认和更新信息，同时利用加密技术保障信息的完整性和安全性。这一技术为分布式应用和加密货币的发展提供了基础，也在各个领域引发了深远的影响。

（二）区块链的基本结构

区块链的数据结构主要由区块头以及区块主体两部分构成。居于首位的区块叫作创世区块，其所包含的不仅是一个单纯的结构，还包含了最原始的哈希值，但却没有任何的交易数据存在其中。

区块链的基本结构要素如下：

区块（Block）：区块是区块链的基本单元，包含了一组交易数据以及相关的元数据，如时间戳和区块头信息。每个区块都包含一个指向前一个区块的引用，形成了链式结构。

交易（Transactions）：交易是在区块链上记录的数据变动。对于加密货币来说，交易可以包括转账、交易金额等信息。每个交易都需要经过验证，确保

其合法性和一致性。

区块头（Block Header）：区块头是区块的元数据，包含了与区块相关的重要信息，如前一个区块的哈希值、时间戳、难度目标、交易的默克尔树根等。

哈希（Hash）：哈希是将数据转化为固定长度的字符串，唯一代表输入数据。区块链使用哈希来确保数据的完整性和不可篡改性。区块头中的信息会通过哈希算法生成一个唯一的哈希值，作为区块的身份标识。

默克尔树（Merkle Tree）：默克尔树是一种数据结构，用于有效地组织大量交易数据，并通过哈希值构建出一棵树状结构。这有助于快速验证交易和检测数据篡改。

共识机制（Consensus Mechanism）：区块链网络中的节点需要达成共识以确认哪些交易应该被包含在下一个区块中。不同的区块链项目使用不同的共识机制，如工作量证明（Proof of Work，PoW）和权益证明（Proof of Stake，PoS）等。

去中心化网络：区块链的一个重要特征是去中心化，意味着没有中央控制机构。区块链网络由众多节点组成，每个节点都维护着完整的区块链副本，并通过协议保持同步。

智能合约（Smart Contracts）：智能合约是自动执行的计算机程序，可以在区块链上执行和验证合约条款。它们扩展了区块链的功能，使更多复杂的业务逻辑可以在分布式环境中实现。

总而言之，区块链的基本结构是由一个个链接在一起的区块构成，每个区块包含交易数据和元数据，通过共识机制保持网络的一致性。这种结构赋予了区块链去中心化、安全性和可信性等特性。不同的区块链项目可能在细节上有所不同，但上述要素是其基本组成部分。

（三）区块链运作原理

区块链技术构建了一个去中心化的网络环境，其中有多种用户端设备构成网络的节点，如我们日常使用的智能手机和个人电脑等。在这个网络中，所有节点都须遵守一套共同的协议，即共识机制，以确保网络的协调运作和数据的一致性。通过这种方式，区块链网络实现了无须信任的交易和数据交换。

具体的运作原理如图 3-2 所示。

启动交易时，交易的相关信息会通过广播方式发送给区块链网络中的其他节点。这些节点接收到信息后，将进行合法性验证，并依据区块链的共识机制争夺记账权。一旦某个节点成功验证交易并赢得记账权，该笔交易就会被记录在一个新的区块里。然后，这个新的区块信息会再次通过广播向整个网络传播，以确保所有节点的数据同步更新。这个过程标志着交易流程的完成。

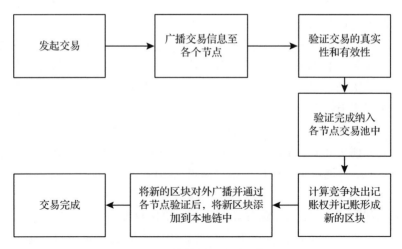

图 3-2　区块链共识过程运作原理

（四）区块链技术融入环境资源审计目标

随着审计监督的领域不断扩大，对审计要求的追踪以及环境资源审计项目的复杂度日益增加，传统审计方法逐渐显示出其局限性，难以适应新的审计目标和需求。在这一背景下，区块链技术以其独有的优势，展现出其应对这些挑战的能力。通过其透明性、不可篡改性和去中心化的特点，区块链为提高审计效率和准确性提供了新的解决方案。

区块链技术以其确保数据实时更新的能力，为审计提供了强有力的支持，使数据信息能够即时接受审查。这种即时性允许审计人员迅速发现并响应潜在的问题或当前发生的事件，并与被审计单位协作，共同解决问题。利用区块链技术，获取审计证据的效率得到显著提高，从而降低了某些问题可能带来的严重后果。

此外，区块链的不可篡改性和时间戳功能为审计数据的真实性和可追溯性提供了保障，这不仅减少了后续审计验证的成本，而且提升了审计工作的整体质量。通过这种方式，区块链技术强化了审计过程的可靠性和效率。

另外，区块链技术的网络架构为创建创新的审计平台提供了新的可能性，使审计能够触及以往可能被忽略的领域，促进了审计工作的全面性。与传统的审计监管相比，后者通常集中在事后审查，区块链技术的融合则允许监管工作提前介入，更有效地掌握项目的全貌，增强了审计的及时性和主动性。

通过区块链的应用，资源环境项目可以在整个流程中得到监控，从而实现对项目从开始到结束的全面监管。这种全流程的监管方式，不仅提高了审计的透明度和效率，还有助于及时发现和纠正问题，确保项目的顺利进行。

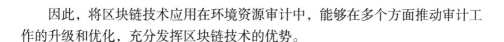

因此，将区块链技术应用在环境资源审计中，能够在多个方面推动审计工作的升级和优化，充分发挥区块链技术的优势。

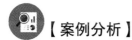【思考题】

1. 在环境资源审计中如何应用传统审计方法？
2. 在环境资源审计中，向被审计单位函证时应该注意什么？
3. 在环境资源审计实务中如何充分运用分析性程序复核方法？
4. 环境资源审计人员如何对环境资源内部控制有效性做出评价？
5. 如何将区块链技术运用于环境资源审计？

【案例分析】

GIS 技术在流域水审计中的应用思路

水体的环境承载力和自净能力是有限的。当工业排放、生活污水等污染源的排放量超出了水体的承受能力时，水质就会恶化，水体的固有价值和功能也会遭到损害，甚至可能完全丧失，这种现象被称为水体污染。水环境审计是对相关机构的水环境管理或其经济活动对水环境影响的监督、评估和验证过程。

GIS 技术在解决流域水环境审计问题中扮演着重要角色，这主要归因于流域水环境的独特性。首先，流域的审计区域通常非常广阔，涉及众多相关部门，这是由流域的自然特征所决定的。流域具有强烈的空间整体性，其内部各要素间存在高度的相互联系和相互影响，不能孤立地看待。因此，在进行水环境审计时，需要全面考虑整个流域，同时综合考虑林业、农业、水利和环境保护等方面的因素。

其次，流域水环境审计具有长期性和复杂性。水污染问题并非一朝一夕形成，而是流域沿岸人口增长、资源开发、经济发展和交通建设等因素共同作用的结果。因此，流域水环境审计不能仅依赖单次审计结果，而应持续收集数据，基于累积效应进行综合评价。

GIS 技术的应用促进了水环境信息数据库的构建，并允许对水环境信息进行即时更新。此外，GIS 能够规范地管理各类属性数据，将流域的水环境状况以数据形式展现出来。这样，水污染过程中收集到的水环境数据能为流域资金的使用效率、生态保护成效等提供全面而真实的评估，从而为科学决策提供依据。

主要步骤如下：

（1）将测绘部门收集的数据转换成 GIS 系统兼容的格式，创建流域的实景图像，并收集水质属性数据以评估流域的各项水质指标。

（2）识别关键的污染物质或特定的污染物，确立监测断面。基于流域的当前水质状况和资金分配情况，界定背景断面和控制断面，并对这些断面数据进行编辑，制作成断面背景图。

（3）使用 ArcMap 软件，加载不同的图层，并在属性表中准确填写各图层的属性信息。通过 GIS 技术绘制出断面的水质现状图，并依据既定标准对流域的水质状况进行评估。

（4）考虑到水体中的污染物会随着河流流动而迁移，为了评估河流两岸点源和面源污染物对下游流域的累积效应，应定期在设定的断面收集数据。这涉及对重点流域进行全面周期性的监测，以流域污染治理计划的时间框架为基础，进行周期性的审计。在周期性审计过程中，利用 GIS 的图形叠加功能，评估周期内流域生态功能的恢复情况，并创建一个以污染物迁移路径为重点的环境资源审计分析图。

在该审计过程中，构建了一个基于 GIS 的技术方法体系，用以实现对流域水环境的实时动态监测。GIS 技术的应用使传统的数据库技术与水环境评价的信息技术相结合，并将这些技术带入到一个可视化的空间分析中。这样的整合不仅使对水环境质量的评估变得更加生动、直观，还提升了可视化的程度。此外，通过这种技术体系，我们能够在生态恢复的过程中，对涉及的经济活动的合规性、合法性以及效益性进行实时的事中审计评估。

请根据材料分析：

1. 如何利用 GIS 技术提高流域水环境审计的效率和准确性？

2. 除 GIS 技术，还有哪些现代技术可以用于提升流域水环境审计的效率和准确性？

实务篇

第四章 政府环境资源审计

【学习目标】

1. 熟悉我国政府环境资源审计的形式与内容。
2. 熟悉我国政府环境资源审计的作用和意义。
3. 了解我国政府环境资源审计的实施现状。

【拓展阅读】

为了贯彻"绿水青山就是金山银山"的可持续发展理念,党的十八大以来,党中央、国务院高度重视环境资源审计在督促落实各级政府和各类主体环保责任中的作用。党的十八届三中全会提出要建立系统完整的生态文明制度体系,对领导干部实行自然资源资产离任审计,建立生态环境损害责任终身追究制。要求加快推动领导干部自然资源资产离任审计制度建设工作,并将审计结果纳入领导干部政绩考核,作为对其提拔任用的重要依据之一,促进领导干部按照生态文明建设要求形成新的政绩观。

环境是自然资源资产的重要组成部分,政府环境资源审计是自然资源资产审计的重要类型。建立健全政府环境资源审计制度,是实施领导干部自然资源资产离任审计制度的客观要求,也是贯彻《中华人民共和国环境保护法》的要求,是督促地方政府环境质量保护责任落实的重要举措。

政府资源环境审计:实践现状与优化建议——基于审计署 2016—2020 年审计结果公告

第一节　政府环境资源审计概述

一、政府环境资源审计的概念

当前，对于政府环境资源审计的概念尚未达成广泛一致的看法，特别是在生态文明建设的大背景下，对政府环境资源审计的定义需要进一步地探讨和研究，以期达成共识。这一领域的研究仍处于发展阶段，尚需深化以形成更加明确和统一的理解。

目前，存在两种主要关于政府环境资源审计的观点。第一种观点由原审计署农业与资源环保审计司司长在 2011 年提出，认为环境资源审计是政府审计机关为了响应科学发展观的要求，推动可持续发展战略的实施，对政府部门和企事业单位在环境保护管理及相关经济活动中的真实性、合法性以及效益进行的审查、监督和评估工作。

第二种观点则由审计署审计科研所副所长在 2017 年提出，认为环境资源审计是促进生态文明建设的关键手段。这种审计由审计机关执行，涵盖了对资源和环境两个维度的监督。具体来说，它包括对单位和领导在履行职责方面的审计，对资源开发、环境保护和生态修复等政策执行情况的审计，以及对资金管理和使用情况的审计等。

我们认为，政府环境资源审计是由政府相关部门或机构实施的环境资源审计，即由政府相关部门或机构依法对各级政府及企事业单位在受托管理环境资源方面的责任履行情况进行合法性、合规性以及效果和效率的检查及监督。简言之，政府环境资源审计是政府部门或机构依法对环境资源管理责任的履行情况进行综合评估和监督的活动。

二、政府环境资源审计的特征

政府环境资源审计可以从两个层面理解：一方面，从环境资源审计实施主体的角度进行定义，即由政府开展的环境资源审计；另一方面，即从环境资源审计实施对象的角度考虑，政府环境资源审计是对环境资源履责的审计。国内学者对于政府环境资源审计的理论研究集中在三大方向：一是可持续发展理论，认为政府环境资源审计是实现环境、经济和社会可持续发展的一种协调管理工具；二是公共受托责任理论，认为由于政府承担公共受托责任，生态环境保护具有外部性，市场失灵在所难免，故需对政府和领导干部任期内的环境保

护履责情况进行审计；三是利益相关者理论，认为政府作为共同治理环境的利益相关者，需履行和承担保护生态环境义务，故需开展环境资源审计。

从发展应用上看，政府环境资源审计具有如下特征：

（1）政府环境资源审计具有较强的目的性。政府审计的主要目的在于对国家的财政收支进行监督，确保其真实性、合法性以及效益性，以保障国家财政经济的有序运行，提升财政资金的利用效率，并推动廉洁政府的建设。通过审计，可以增强财政资金使用的透明度和责任感，从而促进经济的健康发展和社会的公平正义。

而政府环境资源审计的主要目的是对各类受托环境资源责任主体的环境责任履行与资源利用状况进行审计，最终目的是保护和改善环境质量，提高资源利用效率与效果。政府环境资源审计的重点是各级政府环境资源履责的合法性、合规性以及资源利用的效果和效率，直接目的是改善政府行为，优化环境决策，以推动环境有效治理和资源高效利用，保护生态环境，保障可持续发展。

（2）政府环境资源审计具有强烈的行政性特征。政府环境资源审计工作的组织、结果认证、报告发布、结果反馈和督办等均需要国家行政机关主导，以确保审计过程的合法性、科学性和审计结果的客观性、权威性。尽管随着环境资源审计的拓展和政府行政体制改革步伐的加快，未来会有更多的社会性组织甚至国际组织加入环境资源审计队伍，但最终审计结果认证及督办仍由政府主导，具有强烈的行政性特征。

（3）政府环境资源审计工作的效果依赖于审计实施主体的独立性。保障审计机构的相对独立性，是确保审计过程和审计结果客观公正的基本前提。目前，在经济社会发展和资源环境保护等方面所建立的考核评价体系的一个显著特征是，评价实施均由政府主导，评价机构的独立性和权限不足，公众对考核评价结果的认同度较低，造成许多考核往往流于形式。如果没有一整套相对独立的审计机构及配套的制度安排，政府环境资源审计工作开展的独立性得不到法律保障，则政府环境资源审计工作也会同其他考核评价工具一样，导致实际效果受到影响。

三、政府环境资源审计的目标

政府环境资源审计项目的起始点和终结点，对于审计范围、审计对象、审计的方法与技术手段以及最后的审计结论都有着直接的影响。从国家治理理论出发，需要一种机制对运用公共权力进行社会环境资源管理的政府及公共部门进行制约、平衡，而政府环境资源审计就是这种有效的制约。从政府环境资源审计的目标来看，可以将其总结为以下几点：

（1）针对环境资源管理机构的设置及其效率的审计。环境资源管理机构承担着社会环境管理的责任，通过审计政府环境资源机构，评价其机构设置的合理性和工作效率，评价环境资源管理绩效并找出影响环境资源管理绩效的因素和提出科学的意见。

（2）评价环境资源法律和政策的科学性和合理性。环境资源管理部门逐渐重视通过环境资源法律来实施环境资源管理，因此，政府环境资源审计机构对环境资源法律的科学性和合理性进行评价就很有必要。同时，环境资源管理机构会制定一系列的政策来配合环境资源管理工作的有效开展，以履行公共受托环境资源责任。

（3）对资源开发利用的绩效审计。随着社会公众和政府对资源开发利用的日益重视，政府及公共部门对资源开发利用的投资越来越大。而这些开发利用项目是否具备经济性、效率性和效果性自然成为人们关注的重点。政府环境资源审计机构对资源开发利用进行绩效审计既符合社会公众的期望，也便于社会公众的监督。

四、政府环境资源审计的作用与意义

经过 30 多年的发展，我国政府环境资源审计在推动节约资源和保护环境的基本国策方面起到了显著作用。特别是在提出生态文明建设的总体战略之后，政府环境资源审计紧密围绕该战略的各项要求，承担起打好污染防治攻坚战的重要职责。它在促进生态文明建设专项资金的合理筹集、管理和使用，推动土地和矿产资源的节约和集约利用，以及确保政策措施的实施和制度的完善等方面，都展现了积极的作用。

1. 确保生态文明建设资金的规范管理和提高资金使用效率

审计工作始终将资金审计作为其核心和基础。在政府环境资源审计领域，针对生态文明建设专项资金的财政和财务收支进行审计，是审计人员执行任务的关键部分。审计工作始终聚焦于自然资源的管理和生态环境的保护，以及环境污染防治过程中专项资金的筹集、分配和使用。审计人员特别关注这些资金在各个环节的真实性、合法性和效率性，以确保资金的合理使用和效益最大化。

2. 推动自然资源的节约和集约化使用，加强生态环境的保护

政府环境资源审计聚焦于生态文明建设的关键领域，如自然资源规划审批和生态环境保护项目。通过全流程的监督和审查，从项目规划、审批、实施到最终建成效果，推动自然资源的节约和集约使用，加强环境污染防治，确保生

态安全。具体而言，审计工作包括两个主要方面：首先，审计关注土地、矿产等关键自然资源，确保这些资源得到科学、合理的开发和利用，以支持可持续发展。其次，审计涵盖了水污染防治、节能环保专项资金的使用，以及生态修复工程，以促进污染的有效治理和生态环境的保护。这些措施共同构成了政府环境资源审计的核心内容，实现自然资源的可持续管理和生态环境的长期健康。

3. 促进生态文明建设政策措施贯彻落实

近年来，政府资源环境审计把更多精力投入各项生态文明建设政策措施落实情况上，并积极开展党的十八届三中全会提出的领导干部自然资源资产离任审计工作，极大地促进了各项政策措施的贯彻落实和不断完善。

五、政府环境资源审计的主体

环境资源审计的主体，即由谁来实施环境资源审计。政府环境资源审计一般由政府审计机关（审计署以及地方审计厅、审计局）主导进行，主要是从政府监督的角度出发，对环境保护与资源利用情况实施审计，其根本目的是保证政府依法施政，推动可持续发展。除此之外，鉴于环境资源审计的特殊性，政府环境资源审计的实施主体不限于政府审计机构，还包括环境保护和自然资源管理的相关政府部门。具体来说，环境保护部门（如生态环境部及其地方分支机构）和自然资源管理部门（例如，自然资源部及其地方机构）承担着执行环境资源审计的职责。在执行审计工作时，政府审计机构通常从政府责任的角度出发，关注环境资源管理的责任和效果。而环境保护机关和自然资源管理机关侧重于生态环境的监测、环境保护的监督管理等方面，从专业视角开展审计工作。这种多角度、多层次的审计实施机制有助于全面评估和监督环境资源的管理情况，确保资源的合理利用和生态环境的持续改善。

政府环境资源审计依托于政府审计机关，整合并强化了其在环境资源领域的审计职能。这种审计活动不仅利用了政府审计机构的专业能力和资源，还扩展了其监督范围，以覆盖环境资源管理的各个方面。通过这种方式，政府审计机关能够更有效地评估和监督环境资源的使用及管理，确保资源的合理分配和环境保护措施的实施。

在实际操作中，政府审计人员作为主导力量，可以与环境保护机构和自然资源管理机构等相关部门联合，共同组建环境资源审计联席会议。该联席会议负责制定和下达环境资源审计的任务，同时结合经济责任审计等其他审计手段，共同推进环境资源审计工作的开展。

审计过程中，将采用包括审计调查、内部控制评估在内的多种审计方法，对环境资源的合规性、绩效、安全性、责任归属以及战略实施等方面进行全面审计。审计完成后，将形成审计结果，并对外发布环境资源审计公告，以确保审计工作的透明度和公众的知情权。通过这种方式，可以更有效地监督和评估环境资源的使用和管理，促进资源的可持续利用和环境保护政策的实施。

六、政府环境资源审计的对象

关于环境资源审计的对象，其核心是受托环境责任，更具体地讲是受托环境责任的主体。新修订的《中华人民共和国环境保护法》第6条对环境责任主体进行了界定，在规定一切单位和个人都有保护环境的义务基础上，明确了三类环境责任主体，主要包括以下方面：

（1）地方各级人民政府有责任确保其管辖区域内的环境质量得到维护和提升。

（2）企业、事业单位以及其他生产经营实体应采取措施预防和减少对环境的污染和对生态系统的破坏，并依法承担因自身行为造成的损害责任。

（3）公民应提高自身的环保意识，倡导并实践低碳、节约的生活方式，并主动履行保护环境的社会责任。

依据《中华人民共和国环境保护法》的规定，政府环境资源审计的对象主要是地方各级人民政府，更为具体地讲，是地方各级政府的环境质量责任。对政府环境质量责任的审计必然会延及企业事业单位和其他生产经营者，因此，《中华人民共和国环境保护法》规定的第二类主体一般可以认为是政府落实环境责任的溯源性审计对象。

需要强调的是，由于不同的立法、标准、规划、计划等对政府环境责任的界定不同，政府环境资源审计的对象也会有较大差异，比如《节能减排综合性工作方案》明确指出："地方各级人民政府对本行政区域节能减排负总责，政府主要领导是第一责任人。"因此，依据具体审计项目的差异，开展减排审计的主要对象也是各级地方政府，但主要内容围绕减排指标的落实情况进行。

七、政府环境资源审计的原则

政府环境资源审计的原则是环境资源审计工作的基础，它既可以为审计人员提供理论基础，又可以对审计人员进行约束，体现了政府环境资源审计的特点和重要性。环境资源审计不但具有一般性原则，如独立性、公正性、审慎性和专业胜任能力等，而且具有自身特有的原则。

（1）联合审计原则。环境资源审计不仅需要传统审计领域的专业知识和专业判断能力，还涵盖了环境工程、环境影响评估等其他相关领域的专业技能和分析能力。这种审计类型要求审计人员不仅要掌握财务和业务流程的审核技

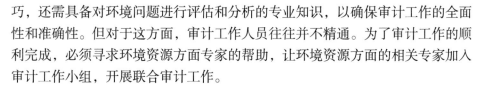

巧，还需具备对环境问题进行评估和分析的专业知识，以确保审计工作的全面性和准确性。但对于这方面，审计工作人员往往并不精通。为了审计工作的顺利完成，必须寻求环境资源方面专家的帮助，让环境资源方面的相关专家加入审计工作小组，开展联合审计工作。

（2）强调审计过程全面性的原则。与传统审计相比，它特别重视在项目实施前和实施后进行的审计活动。这意味着审计工作不仅在资源管理和环境保护项目完成后进行，而且从项目规划阶段就开始介入，以确保项目的合规性、效率和效果。通过这种前瞻性和回顾性的审计方法，可以更有效地预防和识别潜在的环境风险，提高资源利用的可持续性。

因为环境资源方面的决策一旦出现失误就会造成无法挽回的损失，特别是环境资源损失。所以，在对环境资源项目进行决策之前，有必要对项目进行可行性分析，也就是进行事前审计工作。另外，审计工作小组对某个环境资源项目进行审计后往往会做出审计建议，但审计建议是否得到有效落实也是公众关心的问题。因此，对环境资源项目实施后相关的环境资源问题得到及时的改进、环保措施实施到位等事后审计工作也非常有必要。

（3）当前经济利益服从长远利益的原则。在评价环境资源项目时，审计机构要着眼于其未来产生的经济效益及环境效益，这也是可持续发展理论的要求。所以，在环境资源项目从立项开始到后续各个环节的过程中，当发现当前的经济利益与长远利益发生冲突时，要使之相互协调，当前的经济利益应服从长远利益。

（4）局部利益服从整体利益的原则。地球上的生态环境是一个相互联系、不可分割的整体，一个地方环境的变化会影响整个生态环境，所以说全球的生态系统与某个地方的环境有着密不可分的联系。因此，政府在开展环境资源审计的过程中，必须从整体的利益出发，克服地域的限制，做出合理的评价。

（5）规范性与灵活性相结合的原则。由于我国政府环境资源审计处于起步阶段，相关的审计准则也处于探索阶段。所以，政府环境资源审计具体实施中在符合基本审计准则的前提下，对审计方法、审计程序可以灵活地选择与运用，为政府环境资源审计的后续发展奠定基础。

（6）创新性原则。政府环境资源审计的目标具有经济性、效率性、效果性、公平性和环境性等特点，与传统的审计相比更加多样化。政府环境资源审计的内容和方法更加复杂，为了能够更好地完成环境资源审计工作，充分发挥创新性这一原则显得非常有必要。

（7）定量分析与定性分析相结合的原则。环境绩效涵盖了多个维度，它不仅包括经济绩效，还涉及环境绩效和社会绩效等层面。在审计过程中，对于某些方面，如经济绩效，通常可以通过数学模型进行精确的定量分析，从而获得

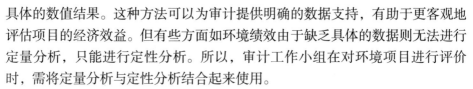

具体的数值结果。这种方法可以为审计提供明确的数据支持,有助于更客观地评估项目的经济效益。但有些方面如环境绩效由于缺乏具体的数据则无法进行定量分析,只能进行定性分析。所以,审计工作小组在对环境项目进行评价时,需将定量分析与定性分析结合起来使用。

政府环境资源审计因其自身的特殊性,产生了以上原则。政府审计机构想要有效地开展环境绩效工作,应该严格地遵守基本原则。

八、政府环境资源审计的分类

从审计的具体内容来看,政府环境资源审计一般可以分为环境资源财务审计、环境资源合规审计、环境资源绩效审计、环境资源责任审计四种类型。

(1)环境资源财务审计。环境资源财务审计的主要目标是揭示和纠正环境资源会计信息的失真行为。作为政府环境资源审计的一个基础且常规的部分,目前通常围绕环境保护和资源的有效利用实施审计。环境保护资金来源多样,包括政府财政预算内用于支持环境保护正常运作的一般性资金,为特定环境保护项目专设的财政预算资金,金融机构提供的、由财政部门提供利息补贴的环保专项贷款,以及通过征收排污费、污水处理费等方式筹集的环保资金,还有来自国外的环境保护贷款和援助资金。审计署早期开展环境资源审计工作时,大多数项目以环境资源财务审计为主要内容,重点在于发现环保资金在管理和使用过程中的违规行为,并通过这些发现推动环境资源管理向规范化方向发展。

(2)环境资源合规审计。环境资源合规审计的首要任务是识别和预防违规行为。它涵盖了对政府环境资源管理部门及其他相关部门,以及对环境资源产生影响的企业经济活动的合规性进行审查和监督。从审计署 2008 年对渤海水污染防治的审计调查项目,可以看到合规审计的实际应用情况。该项目揭示了一系列问题,包括地方企业在水污染防治措施上的不完全执行、当地海洋部门在海域监督管理上的粗放做法,以及地方政府在海域使用金的征收和管理上的不规范行为。

环境资源合规审计的独特之处在于,它从环境资源领域的多个层面和不同主体出发,全面反映环境资源问题的现状,有助于问题的及时发现和有效整改。这种审计方式不仅关注单一问题,而且从系统的角度审视问题,促进环境资源管理的全面改进和提升。

(3)环境资源绩效审计。环境资源绩效审计是环境资源审计本质和动因在实践中的切实需求。在全球范围内,它已成为政府环境资源审计的主导趋势和发展方向。目前,我国的政府环境资源审计正处于一个转型期,逐步从以财务审计为主转变为财务审计与绩效审计并重的模式。在未来相当长的一段时间内，环境资源绩效审计将继续作为政府环境资源审计的重点。环境资源绩效审计涵盖了对环境资源活动的多维度评估，包括其经济性、效率性、效果性、环保性和公平性。审计的对象也包括多个层面和主体，如环境资源政策的绩效审计，目前主要聚焦于政策的执行情况和成效，尚未深入政策本身的绩效评价、环境资源资金的使用绩效审计、环境资源投资项目和建设项目的绩效审计。这些审计活动通过全面评估环境资源管理的各个方面，确保政策和资金的有效利用，推动环境资源的可持续利用和保护。

（4）环境资源责任审计。环境资源责任审计是根据既定标准，对各级党委与政府主要领导、国有企业及其控股企业的负责人以及环境资源管理部门的主要负责人（以下简称领导干部）的环境资源行为进行的审计活动。这项审计工作旨在评价和鉴定领导干部履行环境资源责任的情况，提出改进建议，并在适当时候，对领导干部个人提出责任追究的建议。

最早实施的责任审计类型是经济责任审计，它专注于审计领导干部个人在经济责任履行方面的表现，并作为干部考核的重要工具。环境资源责任审计借鉴了经济责任审计的框架，对领导干部承担的环境资源责任进行评估，以确定其对环境资源责任的履行程度。目前，中国正在探索的自然资源资产负债表审计也是环境资源责任审计的一部分，以实现更全面地评估领导干部在环境资源管理方面的责任和绩效。

除以上根据审计内容进行分类外，还可以将环境资源保护监督的对象作为分类依据，把政府环境资源审计分为水资源审计、自然资源审计（植被、野生动物、湿地、土地）、能源消耗审计和大气环境审计等类型。

面向雾霾治理的政府环境责任审计评价指标体系构建

第二节　政府环境资源审计现状

一、我国政府环境资源审计实施现状

尽管我国的政府环境资源审计相较于发达国家起步较晚，但随着时间的推移，政府对环境保护和资源合理利用的重视程度不断加深。在 20 世纪 80 年代和 90 年代，我国政府审计机关已经开始着手探索这一领域的审计工作，其重点集中在资金的分配和使用情况上。

1998 年，审计署成立了农业与资源环保审计司，标志着环境资源审计职能的正式确立。随后，各级审计机关相继成立了专门负责环境资源审计的机构，进一步明确了环境资源审计的职责和范围。2008 年，审计署在其发布的五年审计工作发展规划中，首次将环境资源审计纳入六大审计类别之一，并针对环境领域开展了多项专项审计工作，标志着环境资源审计进入了一个新的阶段。

在"十二五"规划期间，我国政府显著增强了对环境资源审计工作的关注与重视。2014 年全国环境保护工作会议明确强调，需"深入探讨并实施环境审计体系，特别是强化源头追溯审计机制，以确保污染排放责任的有效落实"，并将构建环境资源审计制度确立为环境保护部当年核心改革议程之一。得益于环境保护部的坚实后盾，环境规划院携手中国环境与发展国际合作委员会、中国人民大学及南京大学等多所知名研究机构，共同研发并发布了《环境审计试验性技术指导手册》与《企业环境会计操作指南》两项关键技术文档，同时完成了《政府环境审计体系架构研究》《环境审计评估指标体系的建构与应用实践》《国际环境审计制度经验总结与案例剖析》等一系列研究报告，为构建及执行政府环境审计制度奠定了全面的技术基础。

2015 年 2 月 15 日，环境保护部正式对外发布了《关于启动政府环境审计试验项目的通知》（环办函〔2015〕240 号），这一行动昭示我国政府环境资源审计工作的正式启动。随着这些试验项目的深入实施和范围的不断扩大，相关的审计制度得到进一步的完善和发展。这不仅为我国的环境保护事业提供强有力的支持，而且对环境保护的长远发展产生积极而深远的影响。

审计署 2019 年第 9 号公告：环渤海地区生态环境保护审计结果

自 2006 年起，审计署开始公布与环境资源审计相关的公告。例如，2006 年发布的第 2 号公告《青藏铁路环境保护资金使用情况的审计调查结果》，2011 年的第 36 号公告《黄河流域水污染防治与水资源保护专项资金审计调查结果》，2013 年的第 25 号公告《5044 个能源节约利用、可再生能源和资源综合利用项目审计结果》，2017年的第8号和第9号公告分别针对《涉农水利专项资金审计结果》和《18个省节能环保重点专项资金审计结果》，2018年的第3号公告《长江经济带生态环境保护审计结果》，以及2019年的第9号公告《环渤海地区生态环境保护审计结果》等。这些公告体现了审计署在环境资源审计领域的持续关注和深入探究，并通过公开审计结果，达到提高资金使用的透明度，促进环境保护和资源节约的目的。

审计署解读环渤海地区生态环境保护审计结果公告

从这些公告中可以发现，近年来我国政府资源审计工作通过对重点流域（海域）水环境保护情况的审计，揭示了水污染防治规划实施进度较慢、部分重点监控企业排放不达标、污水处理能力不足等问题，提出了完善相关政策法规和加强水环境保护工作的建议，促进了国家水环境保护工作的开展。

从这些公告中我们能够发现政府环境资源审计方面的进展。通过对重点流域（包括海域）的水环境保护状况的审计，揭示了一系列问题。针对这些问题，审计机关提出了改进相关政策和法规、加强水环境保护工作的建议。这些建议的提出，不仅提高了公众对水环境问题的认识，而且促进了政策制定者和执行者对环境保护重要性的关注，从而为改善和加强水环境治理提供了有力支持。

通过开展土地资源审计，揭示一些地方违法违规批地供地用地、执行耕地保护制度不够严格、未完全落实保障性安居工程供地等问题，促进清理整顿土地市场秩序，推动土地资源管理制度的健全完善和耕地保护工作的加强。

通过开展节能减排审计，揭露了在节能减排资金的管理和使用以及相关政策措施执行过程中出现的突出问题。推动了国家对相关优惠政策的改革，对违规建设项目进行了整顿，加速了落后产能的淘汰，并促进了节能减排管理和考核体系的建立与完善。更清晰地识别和解决节能减排领域的问题，为国家的环境与能源政策提供了重要的反馈和建议，有助于提高资源利用效率，促进经济的绿色转型。

通过开展退耕还林工程审计，揭示了退耕还林工作中存在的问题和困难，提出加强和改进退耕还林工作的建议，推进了国家退耕还林政策措施的健全完善和贯彻落实以及生态环境建设。通过开展天然林保护工程审计，揭示了滥砍

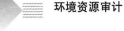

乱伐林木和森林后备资源受到威胁等突出问题，引起有关部门高度重视，促进了生态环境重点工程建设等。

通过开展矿产资源审计，揭示了矿产资源勘查开采和相关资金管理中存在的违规审批、转让矿业权等突出问题，促进了矿产资源管理和相关政策制度的进一步加强和完善。

随着审计署的积极推动，环境资源审计逐渐多元化。审计范围不仅扩展到了排污费征管、水污染防治资金等领域，还涉及了绿色食品、清洁生产等方面。跨区域合作审计也得以展开，如流域水环境审计和土地出让审计。环境资源审计逐渐融入其他专业审计项目，形成了跨领域、跨区域、多元化的审计模式。

我国政府环境资源审计起步晚较晚，但通过不断的发展和创新，政府环境资源审计已经成为政府环境管理的重要工具，为保护和改善环境、实现可持续发展发挥了重要作用。但是，目前我国政府环境资源审计的实施仍存在以下问题：

1. 审计对象上未能全面覆盖

环境资源审计的对象包括各类自然资源，通过对其进行深入研究，有助于清晰认识我国面临的主要环境难题，为未来环保政策的制定以及环境资源审计的重点确定提供了可靠的依据。吴勋（2017）、李曼（2021）、窦鹏飞（2020）等曾基于近些年审计署公布的环境审计结果公告，对目前我国政府环境资源审计的现状进行研究，并将环境资源审计对象大致分为水资源审计、自然资源审计（植被、野生动物、湿地、土地）、能源消耗审计和大气环境审计等。通过对现有审计公告的分析可知，水资源审计、大气资源审计是目前我国政府环境资源审计关注的重点，说明国家审计对水污染和空气污染的治理情况十分重视。李曼（2021）基于审计署 2016~2020 年审计结果公告，得到统计结果：水资源问题占报告总数的 46.41%，大气资源问题占到了 23.18%，两者是所有审计对象中占比最高的。吴勋（2017）对 2004~2015 年审计结果公告的统计发现，水资源审计公告的占比达到 29.17%，远超过其他资源的审计。相比较之下，其他环境资源审计涉及得较少，未能对环境资源的各方面起到监督和保护的作用。

2. 审计内容和形式较为局限

从审计内容上看，政府环境资源审计可以分为四种类型，分别是环境资源财务审计、环境资源合规审计、环境资源绩效审计和环境资源责任审计。对以往审计署发布的审计公告分析可知，环境资源审计是一项综合性的审查活动，它在对一个项目进行审查时，能够同时识别和揭示财务问题、合规性问题、绩效问题以及责任问题。这种审计方式不仅仅局限于单一业务领域的审查，而且涵盖了项目在环境资源管理方面的多个关键方面。通过这种全面的方法，审计能够为项目的改进和优化提供更为深入和全面的见解。

但进一步分析发现，目前的审计内容还是有倾向和侧重。环境资源审计结果公告内容多以环境资源财务审计为主导，吴勋（2017）对 2004~2015 年审计结果公告的统计发现，公告数量中涉及环境资源财务问题的审计结果公告占半数以上，环境资源审计结果公告体现出以环境资源财务审计为主导的综合审计特点，缺乏对环境资源合规问题、环境资源绩效问题、环境资源责任问题的独立审计。窦鹏飞（2020）对近些年的审计公告进行研究后得出结论，当前，环境资源审计项目主要侧重于财务审计和合规审计，而绩效审计和责任审计尚未形成常规化的审计实践。这种状况可能会导致环境资源审计的整体效果受到限制。为了提升审计的全面性和深度，需要将绩效审计和责任审计纳入审计工作的常态，以确保环境资源审计能够更有效地评估和促进资源的可持续管理及环境保护。

3. 审计的组织结构和人才队伍有待完善

从组织架构的视角审视，环境资源审计的核心执行者涵盖国家审计署及其直属分支机构与地方审计职能部门。针对环境资源审计，审计署内部特别设立了自然生态与资源审计司，该部门致力于实施领导干部在自然资源资产方面的离任审计，并涵盖自然资源管理绩效、污染防治成效及生态保护与恢复策略的审计监督。此外，审计署特别构建了资源环境审计专项机构，专注于评估自然资源部、生态环境部、国家林业和草原局等关键环境资源管理部门对国家重大环境政策与措施的执行及落实情况。

在地方层面，各省（自治区、直辖市）的审计厅（局）均成立了专注于环境资源审计的自然生态与资源审计处，这些机构紧密结合各区域生态系统的独特性，实施更具有针对性的环境资源审计策略，以确保审计工作的有效性和适应性。

尽管审计署在环境资源审计领域拥有较大的权威和影响力，但在具体执行层面，地方审计机构往往受到本级政府和上级审计机构的双重指导。此外，地方审计机构的人事任免权主要由地方政府掌握。因此，地方政府的态度和重视程度对环境资源问题的关注度具有直接影响。在那些对环境问题不够重视的地区，环保资金的投入往往难以满足实际需求，这直接限制了环境资源审计工作的顺利进行。要改善这一状况，需要地方政府提高对环境保护的重视，确保环保资金的投入，并支持环境资源审计工作的开展，以促进环境资源的可持续管理和利用。

此外，环境资源领域覆盖面广泛，且具有高度的专业性与复杂性，它跨越了多个专业领域，涉及众多交叉学科。这对从事该领域审计工作的人员提出了极高要求。审计人员不仅要具备多元化的知识结构，还应拥有深厚的理论基础和实践经验。

当前，如果审计人员的专业能力不能满足这些要求，则环境资源审计可能无法对环境保护和资源利用产生实质性的推动效果。因此，为了解决这一问题，必须从体制机制上进行创新，通过顶层设计来优化环境资源审计体系的建设。这需要对现有的审计体系进行深入分析和改革，以确保审计工作能够有效地促进环境保护和资源的合理利用。

4. 政府环境资源审计的依据体系不够完善

环境资源审计的基石在于政府机关能否对被审计对象进行客观评估并出具公正结论，这一过程的核心在于审计依据的充分性。尽管我国在环境资源领域构建了包括法律法规、审计规范及抽样与方案指导在内的多层次框架，但专门针对环境资源审计的法律规章体系尚显空白，直接造成了审计权限与地位的模糊界定，使实际操作中不得不高度依赖审计人员的个人专业见解，进而在审计导向、内容界定、评价标尺及职责划分等方面存在较大的随意性和不确定性。

与此同时，国外部分国家或地区已结合本国国情，出台了具体法律法规，为环境资源审计的有效运行提供了坚实的法律支撑。相比之下，我国虽已出台若干环保相关法律与标准，但在指导审计实践的具体操作指南及绩效评估标准方面仍有待充实，体系完整性亟待加强。此外，环境保护与资源利用领域的惩戒机制相对薄弱，违约成本低廉，不仅未能有效遏制违规行为，反而可能加剧环境资源审计中的漏洞与不足，难以形成对环境资源审计工作的有力支撑与保障。因此，完善相关法律法规体系，强化执法力度与效果评估，是提升我国环境资源审计效能与权威性的关键所在。

5. 政府环境资源审计的技术和方法有待更新

环境资源审计要求审计人员在审计过程中对审计对象进行审查和分析，收集充分的审计证据，并根据既定的审计标准来编制审计报告。在这一过程中，审计人员需要运用多样化的技术手段和方法得出审计结论，提出建设性的审计意见。由于环境资源审计的范围包含了许多难以用定量方式评估的事项，这要求审计人员采用与传统审计不同的方法和技术。这意味着审计人员需要具备灵活性和创新性，能够适应环境资源审计的特殊性和复杂性，从而确保审计工作的准确性和有效性。

在国际上进行的环境资源审计实践中，经济学方法如成本效益分析法被频繁使用。然而，在我国，由于该领域的专业人才相对较少，加之审计工作主要集中于财务收支的审查，因此实际操作中较少采用经济分析方法，仍较多依赖于传统的审计技术和手段。在大数据技术的应用方面，我国的环境资源审计尚处于初级阶段。尽管地理信息系统（GIS）技术已经在审计中得到应用，尤其在进行大规模、长距离的证据收集和确认时，但实际使用过程中仍面临不少挑战。为了实现与大数据技术的深度融合，我国的环境资源审计工作需要进一步的努力和发展。

6. 政府环境资源审计的结果和披露问题

环境资源审计信息的透明化披露，作为展现审计成果的核心渠道，不仅是对被审计单位环境资源管理实践的深刻警醒，更是促进环境责任落实的关键环节。作为传播审计成果的桥梁，其公开性确保了审计进程的透明，即时向被审计方反馈监督意见，激励其积极应对问题，并依据审计建议优化环境管理策略。然而，我国当前在环境资源审计信息披露领域面临制度性短板，披露内容碎片化，信息获取渠道受限，削弱了审计成果的实际转化效能。

根据孔思宁（2021）的研究，截至 2021 年初，审计署已发布的 358 份公告中，仅 22 份聚焦于环境资源审计，占比约为 6.1%，这一比例凸显了环境资源审计的相对稀缺性。2010~2020 年，环境资源审计相关公告在总公告中的占比同样维持在 6% 左右，且报告主要呈递给本级政府，公众所能获取的审计结果多为问题概述及整改要求概览，缺乏对被审计单位财务状况、具体整改行动、责任人惩处情况及专项资金使用明细的详尽披露。对于屡现问题的审计项目，前次审计中发现问题的整改进展也鲜有公开，这进一步限制了审计监督的全面性和深度。因此，加强环境资源审计信息披露的制度化建设，提升信息透明度与详尽度，对于增强审计监督效能、推动环境管理持续改进具有重要意义。

二、政府环境资源审计的改进和创新途径

总体而言，尽管我国政府环境资源审计起步较晚，但受到党和国家的高度重视与积极发展，逐渐成为环境资源管理的重要工具，在短时间内取得了显著成效，建立了较为完善的组织架构，并且审计模式从过去的单一化逐渐演变为多元化模式。然而，不可忽视的是与发达国家相比，我国这一领域的发展还存在不足。虽然政府环境资源审计在保护环境与资源利用方面已经发挥着重要作用，但仍面临许多需要解决的问题。针对这些已经发现的问题，可以从以下方面着手改进：

生态文明建设战略背景下的政府环境审计发展路径研究

1. 扩大审计对象范围，全方位推动生态文明建设

当前，环境资源审计的覆盖范围尚存局限，未能实现全面无遗漏，而全面深化生态文明建设的宏伟目标，迫切要求环境资源监督必须达到无死角覆盖，这是审计领域的一项艰巨任务。鉴于此，审计人员的首要职责在于精准界定环境资源审计的对象范畴，并循序渐进地将其全面纳入审计规划之中。在履行职责的过程中，审计人员需严密监控各项环保制度的建立与执行情况，坚决捍卫生态保护的底线，不仅揭露表面问题，更要深挖其背后的根源与机理。从审计的专业视角出发，审计人员应积极贡献策略性建议，促进制度的持续优化与完善，从而驱动环境资源管理迈向更高水平，实现可持续发展。

2. 扩展审计的范围并强化环境绩效的审计力度

随着社会的持续进步与环境保护意识的日益增强，环境资源审计领域的探讨正逐步深化并拓展其边界。当前，我国环境资源审计主要聚焦于财务审计层面，但此模式在揭示问题本质方面显得颇为局限。因此，需要提升环境绩效审计的力度，其目的在于突破仅对资金和项目合规性的审查，而是依据详尽的环境保护规划和评估报告，深入分析项目执行的实际效果是否符合既定标准，并对其成本效益进行评估。通过这种方式，环境绩效审计能够更全面地评价项目的环保成效，确保资源的有效利用和环境保护目标的实现。此外，环境责任审计的强化也不容忽视，以防止政绩导向下环保责任的缺失，以及企业环境违规行为的放任自流。

进一步而言，我们可借鉴国内在水质与大气污染防治项目审计中积累的宝贵经验，逐步将审计的"触角"延伸至生物多样性维护、海洋生态保护及能源利用审计等新兴且关键的领域。通过紧密衔接环境资源审计与国家生态建设工程，不仅能够促进审计工作的全面性与针对性，更将为环境保护事业的蓬勃发展注入强劲动力。

3. 进一步加强环境资源审计队伍建设

审计署在《关于加强资源环境审计工作的意见》中也提出了审计队伍建设的思路：

（1）完善审计工作机构。审计机构在地方政府机构改革的框架下，需要建立

或改进专门针对环境资源审计的部门结构。市级和县级的审计机关应该明确其在环境资源审计方面的职责和目标，确保职责分明，责任明确。关键的是，地方审计机构，特别是市级和县级，需要合理分配一定数量的专业人员专注于环境资源审计，并致力于不断提高这些人员的专业能力和综合素质。这样，他们才能更好地适应环境资源审计领域的持续进步和深入发展。通过这种方式，可以确保环境资源审计工作的专业性和有效性，促进环境保护和资源管理的持续改进。

（2）培养审计专业人才。各级审计机关应持续强化并培育环境资源审计领域的专业人才队伍。首先，合理吸纳来自资源与环境相关学科（诸如环境科学、环境工程、环境经济学、土地资源管理及矿业工程等）的优秀人才，以丰富审计团队的专业构成。其次，通过选派业务精英至上级部门或基层单位进行挂职锻炼与交流学习，以及从资源环境保护部门遴选专业人才等灵活方式，深化人才培养机制。最后，必须主动规划并开展环境资源审计的专业培训计划，目的是使审计人员能够及时提高他们的知识基础、改善技能组合，并提高专业水平。这将有助于组建一支能够完全适应环境资源审计任务的高技能专业团队。通过这样的培训，审计人员将能够跟上环境资源审计领域的最新发展，提高其执行复杂审计任务的能力。

（3）积极聘请外部专家。审计机关应积极寻求与高等教育机构和科研组织的深入交流及合作。通过建立专家数据库或智囊团，吸引环境保护资源领域的专家，这些专家既具备扎实的理论基础，也拥有丰富的实践经验。他们可以通过参与具体的审计项目、专题讨论会等方式，为环境资源审计提供专业的指导和支持。这种合作可以有效补充审计团队在特定技术领域的不足，促进审计工作质量和效率的同步提高。通过整合外部专家的知识和经验，审计机构能够更深入地分析和解决环境资源审计中遇到的复杂问题，从而提升审计的整体效能。

4. 完善相关法律法规，构建评价指标体系，为审计提供充分的依据

我国审计署经过多年努力，已制定了一系列政府审计准则，形成了审计人员从事环境资源审计的一般准则、现场准则和报告准则。然而，尽管如此，仍然缺乏直接关联环境资源审计的准则，无法对环境资源审计的内容、评价标准、职责分工等进行直接而具体的规定。总体而言，围绕环境资源审计方面的立法和法规体系仍不够充分，导致政府环境资源审计在授权和依据方面存在不足和模糊。因此，我国亟须完善审计法律体系，建立一个全面的、覆盖环境资源审计的法规框架，以推动审计工作向更高层次发展。立法工作的重点在于明确划分环境保护机构与审计机构在环境保护领域的职责界限，确保两者在监管职能上协调一致，为审计机构提供明确的授权范围。通过这样的立法举措，可以加强环境保护与审计工作的整合，提高监管效率，确保环境资源审计的有效

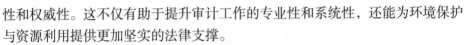

性和权威性。这不仅有助于提升审计工作的专业性和系统性，还能为环境保护与资源利用提供更加坚实的法律支撑。

进一步地，依据环境资源审计的核心原则，制定详尽的准则体系与操作细则，细化环境资源审计的核心要素，涵盖审计师专业能力标准、环境资源审计风险评估、审计证据收集与处理流程等多维度要求。在法律责任层面，应强化违法行为的行政与民事制裁力度，明确罚款数额标准，并优化追责体系，确保环境资源审计活动有法可依、执法必严。

另外，尽管审计人员在执行环境资源审计时能够参照国家法律法规、监管准则及行业技术标准，但当前仍面临缺乏具体量化标准的挑战。因此，应在借鉴国际先进标准的同时，紧密结合国内实际，构建一套统一的国家环境资源审计评价标准体系，确保环境资源审计的科学性与客观性。为适应多样化的环境资源审计项目需求，还需设计多元化、综合性的审计评价规则，融合定量与定性指标，以实现对环境资源审计的全面、精准评估。

5. 运用技术，创新环境资源审计工作方式

鉴于信息技术的飞速发展，环境资源审计领域需紧跟大数据时代步伐，积极创新审计模式，深度融合信息技术与审计实践。审计人员在执行检查任务时，应灵活采用环境质量监控技术及污染物排放精确测量等先进监督手段，以确保审计数据的科学严谨与准确无误。审计机关需密切关注地理信息系统（GIS）等前沿科技的动态，依据审计实际需求，精准施策，运用适宜的技术路径，设计出既高效又精准的审计实施方案。

在审计结果的剖析与呈现阶段，审计机构应着手构建跨区域、跨行业的环境资源审计信息交流平台，并建立健全环境资源审计项目数据库，以此促进审计机构间的深度合作与资源共享，实现审计数据的多维度、深层次对比分析，从而显著提升审计结果的实际应用价值。此外，该数据库还能作为生态环境持续监测的基石，助力把握生态演变脉络，及时洞察并纠正潜在问题，为生态环境的保护与改善贡献力量。

6. 健全环境资源审计信息披露制度

在推进环境资源审计工作的进程中，审计机关应将环境资源审计信息披露制度的构建置于重要位置。作为承载环境治理与资源利用成效信息的核心平台，环境资源审计信息披露不仅详尽记录了环境治理与资源利用活动的实施概况，更成为公众洞悉生态文明建设进展的关键途径，直观展示了我国在生态文明构建领域的投资力度与成效，是展现生态文明建设成果的关键窗口。提升环境资源审计信息披露的透明度，不仅能够激发社会各界的广泛关注，还能有效促进公众环保意识的觉醒与提升。

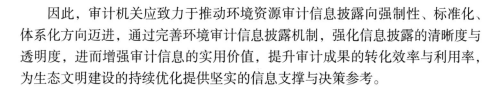

　　因此，审计机关应致力于推动环境资源审计信息披露向强制性、标准化、体系化方向迈进，通过完善环境审计信息披露机制，强化信息披露的清晰度与透明度，进而增强审计信息的实用价值，提升审计成果的转化效率与利用率，为生态文明建设的持续优化提供坚实的信息支撑与决策参考。

三、政府环境资源审计的未来展望

　　根据审计署自然资源和生态环境审计司青年理论学习小组的研究，我国新时代政府环境资源审计应聚焦以下几个方面[①]：

新时代资源环境审计回顾与展望

　　（1）以领导干部自然资源资产离任审计工作整体推进为牵引力。《领导干部自然资源资产离任审计规定（试行）》印发 5 年来，这项审计工作已在全国深入开展，有效地推动了各级领导干部履行自然资源资产管理和生态环境保护责任。但有些地方对这项审计工作认识仍不够深刻、不够重视，审计成果运用机制尚不完善，运用效果不够明显。审计实践中，应以建立健全评价指标体系为重要抓手，进一步推动领导干部自然资源资产离任审计工作，促进中央生态文明建设政策规定和决策部署落地，在推动自然资源资产管理和生态环境保护目标任务完成方面取得进一步进展，促进领导干部履行自然资源资产管理和生态环境保护监督责任。

　　（2）以研究型审计为环境资源审计质量持续提高的内生动力。做实做深研究型审计是新时代新阶段履行好环境资源审计监督职责，推动落实习近平总书记重要指示和党中央重大决策部署的必然选择。做好环境资源审计相关政策研究，全力组织实施好审计项目，围绕重点区域、重点领域、重点项目、重点资金开展审计，真正实现政策研究的引领和指导作用。

　　（3）以提高数据使用效率和综合利用水平为技术导向。打造环境资源审计数据分析平台，利用地理信息技术对自然资源和生态环境的状况进行实时掌控、动态了解。对于审计项目所必需的生态地表覆盖、约束性指标任务完成、重点流域水质变化趋势等，灵活地根据项目安排开展分析。加大针对审计现场

① 审计署自然资源和生态环境审计司青年理论学习小组 . 新时代资源环境审计回顾与展望［J］. 审计研究，2022（6）：26-30.

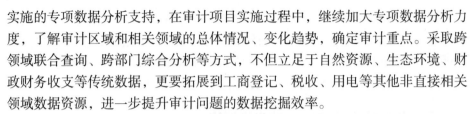

实施的专项数据分析支持，在审计项目实施过程中，继续加大专项数据分析力度，了解审计区域和相关领域的总体情况、变化趋势，确定审计重点。采取跨领域联合查询、跨部门综合分析等方式，不但立足于自然资源、生态环境、财政财务收支等传统数据，更要拓展到工商登记、税收、用电等其他非直接相关领域数据资源，进一步提升审计问题的数据挖掘效率。

（4）以全国"一盘棋"的系统性审计为未来发展方向。环境资源保护具有外部性、复杂性等特点，很多环境资源问题具有时滞性、区域性等特征，环境资源审计应从全国"一盘棋"的角度进行系统性谋划，建立更加高效的联动审计机制，整合审计资源、有效调动审计力量。在项目安排方面，除审计署层面组织各特派办开展的全国性审计外，还应更好地发挥地方审计机关立足地方"触角长、伸得远"的优势，组织开展符合当地特色和特点的审计，全面提升全国环境资源审计的系统性、整体性和综合性水平。

第三节 政府环境资源审计案例

一、兰州的基本情况

（一）经济社会发展

兰州作为甘肃的行政中心，坐落于黄河的上游地带，其地理位置独特，东部与定西市接壤，南部紧邻宁夏，西部与青海紧密相连，北部则依傍着武威市与白银市，地处中国版图的几何中心，距西北其他四省（自治区）的省会（首府）平均距离最近，是唯一黄河穿城而过的省会城市，形成了四通八达的地理格局。兰州在甘肃乃至西北地区的重要战略地位，也为其经济、文化的繁荣与发展奠定了坚实的基础。

兰州东西长153千米，南北宽130千米，面积为130086平方千米。市区依山傍水，山静水动，形成了独特而美丽的城市景观。南北群山对峙，东西黄河穿城而过，蜿蜒百余里，有着"西部黄河之都，丝路山水名城"的美誉。

2011~2014年，兰州市常住人口总量由362.09万人增至366.49万人，增加4.4万人，年均增长率3.34‰，人口密度由2011年的277人/平方千米增加至2014年的280人/平方千米。

2011~2014年，兰州生产总值呈现逐年上涨的趋势，由2011年的1360.03亿元提高到2014年的1913.5亿元；增长速度稳步回落，由2011年的15%逐年回落到2014年的10.4%，年平均增长速度为13.4%。2011~2014年，兰州三次产业结构得到进一步优化，由 2.95：48.27：48.78 优化为 2.80：43.34：53.86，其中第一产业比重下降了 0.15%，增长速度由 5.2% 增至 6.3%，提升了 1.1 个百分点；第二产业比重下降了 4.93%，增长速度由 16.3% 降至 9.1%，降低了 7.2 个百分点；第三产业比重上升了 5.08%，增长速度由 14.3% 降至 11.8%，降低了 2.5 个百分点。兰州的经济发展中，第二产业比重高于我国诸多发达地区城市及西北区域部分城市，稳固了其作为历史悠久的工业重镇地位。这一支柱产业不仅是兰州经济持续增长的核心动力，也深刻影响着其产业结构布局与区域经济的整体发展方向。通过不断优化升级第二产业，兰州正致力于在保持传统工业优势的同时，探索新兴工业领域，以进一步增强其在全国及西北地区的经济竞争力。

（二）能源发展变化情况

相较 2011 年，2013 年，兰州全市规模以上工业企业原煤年消费量增加 119.83 万吨，焦炭增加 97.11 万吨，原油减少 4.21 万吨，汽油增加 0.13 万吨，煤油减少 0.01 万吨，柴油增加 0.73 万吨，燃料油消费量减少 1.35 万吨，天然气消费量减少 1.19 亿平方米，热力消费量减少 224.22 万吉焦耳，电力消费量增加 64.58 亿千瓦时。2011~2013 年，兰州规模以上工业企业能源消费情况如表 4-1 所示。

表 4-1　2011~2013 年兰州规模以上工业企业能源消费情况

能源名称	2011 年消费量	2012 年消费量	2013 年消费量
原煤（万吨）	1149.11	1214.51	1268.94
焦炭（万吨）	145.74	160.5	242.85
原油（万吨）	1055.28	1003.33	1051.07
汽油（万吨）	0.75	0.79	0.88
煤油（万吨）	0.03	0.02	0.02
柴油（万吨）	2.36	2.92	3.09
燃料油（万吨）	2.67	1.99	1.32
天然气（亿平方米）	7.95	9.36	6.76
热力（万吉焦耳）	2673.65	2666.03	2449.43
电力（亿千瓦时）	251.93	283.46	316.51

2011~2013 年，兰州主要工业行业的煤炭消费总量逐年增加，由 1208.57 万吨增至 1329.1 万吨，其中，电力、热力的生产和供应业煤炭消费量年均超过 600 万吨，占工业行业煤炭消费量比重超过 49%；有色金属冶炼及压延加工业煤炭消费量由 232.74 万吨增至 254.2 万吨，占工业行业煤炭消费量的比重

超过 19%；非金属矿物制品业煤炭消费量由 112.35 万吨增至 135.5 万吨，占工业行业煤炭消费量的比重超过 9%；黑色金属冶炼及压延加工业煤炭消费量由 90.59 万吨增至 119.7 万吨，占工业行业煤炭消费量的比重超过 7%；石油加工、炼焦及核燃料加工业煤炭消费量由 40.35 万吨增至 41.4 万吨，占工业行业煤炭消费量的比重超过 3.1%。以上五个行业累计煤炭消费量占比超过 90%。2011~2013 年，兰州主要工业行业的煤炭消费量如表 4-2 所示。

表 4-2 2011~2013 年兰州主要工业行业的煤炭消费量

单位：万吨

行业名称	2011 年	2012 年	2013 年
电力、热力的生产和供应业	627.32	687	656.6
有色金属冶炼及压延加工业	232.74	245.21	254.2
非金属矿物制品业	112.35	125.21	135.5
黑色金属冶炼及压延加工业	90.59	89.37	119.7
石油加工、炼焦及核燃料加工业	40.35	41.67	41.4
其他行业	105.22	88.14	121.7
总计	1208.57	1276.6	1329.1

（三）大气污染状况

1. 污染源分析

兰州市区的大气污染特征显著，呈现出一种复合型污染模式，涵盖了工业排放、煤烟污染、扬尘污染以及机动车尾气污染等多重因素。具体而言，工业污染源在复合污染中占据主导地位，其次是生活与交通领域的污染源。此类污染不仅表现为点源分布广泛，面源影响范围大，还伴随着流动源污染物的快速增长趋势。此外，兰州的大气污染还呈现出鲜明的季节性特征，春季主要受沙尘暴、浮尘等外来性污染影响，冬季则转为以煤烟排放为主的低空面源污染。尤为值得关注的是，中度和重度污染现象在每年 11 月至次年 3 月的供暖期间尤为集中。兰州大气污染的成因复杂，既包含地理、气候等客观因素，也涉及人类活动所带来的多方面人为因素。

客观因素主要有以下三个方面：

（1）特殊的地理位置。兰州坐落于青藏高原东北边缘的黄河河谷盆地之中，其地理环境独特，南部皋兰山巍峨耸立，海拔高达 2129 米，而北部九州台也不遑多让，海拔达到 2067 米。市区核心区域位于两者之间，海拔约为 1517.2 米，整个盆地呈现出优雅的椭圆形轮廓，其地形高差显著，最大可达

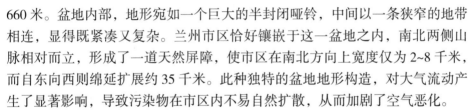

660 米。盆地内部，地形宛如一个巨大的半封闭哑铃，中间以一条狭窄的地带相连，显得既紧凑又复杂。兰州市区恰好镶嵌于这一盆地之内，南北两侧山脉相对而立，形成了一道天然屏障，使市区在南北方向上宽度仅为 2~8 千米，而自东向西则绵延扩展约 35 千米。此种独特的盆地地形构造，对大气流动产生了显著影响，导致污染物在市区内不易自然扩散，从而加剧了空气恶化。

（2）不利的气候条件。兰州面临诸多不利的气象条件，其中最为显著的是其高静风率特征。年平均静风率达到了 62.7%，而冬季这一比例更是攀升至 80% 以上，日均风速普遍低于 0.8 米 / 秒。冬季时，稳定型天气占比超过 70%，大气层结构趋于稳定，易形成逆温层，极大地阻碍了大气污染物的湍流扩散过程。这一现象的背后与兰州周边独特的地理屏障密不可分，如乌鞘岭、华家岭、兴隆山、马衔山及冷龙岭等山脉自西北至东南环绕，有效阻挡并屏蔽了外部大风，促使了静风现象的发生。特别是在冬季，大气边界层内静风频率显著增加，导致工业与生活污染源释放的大量污染物因缺乏足够的大气流动而无法有效扩散，进而在盆地内积聚，形成昼夜持续的烟雾层。该烟雾层顶部高度为 500~800 米，平均高度约为 600 米，对兰州的大气质量造成了严重的影响。

（3）脆弱的生态环境。兰州地处黄土高原、内蒙古高原和青藏高原三大高原的交汇地带，区域生态环境尤为脆弱。该地区气候特征鲜明，表现为典型的半干旱内陆环境，四季干旱，降水稀缺，年均降水量不足 300 毫米，而蒸发量却异常高，为 1800~2200 毫米，加剧了水分的流失。此外，干旱的气候条件限制了植被的生长，导致地表植被覆盖稀疏，森林覆盖率仅为 12.21%，这一比例显著低于全国及甘肃的平均水平，分别低了 8.15 个百分点和 1.2 个百分点。因此，兰州极易受到沙尘暴与浮尘天气的侵扰，这些自然现象频发，对区域生态环境构成了严峻的挑战。

兰州的大气状况深受其独特的河谷盆地地形、不利的自然基底条件以及显著的气象特征共同影响。具体而言，其地形狭长且封闭，自然环境本就不利，加之频繁出现的静风现象与强烈的逆温层效应，以及干旱少雨的气候特点，共同制约了该市的大气环境容量，使污染物难以有效扩散，加剧了大气污染的程度。这些地形与气候因素，是兰州大气污染问题中不可忽视的主要成因。

人为因素主要有以下四个方面：

（1）二次扬尘污染。在建筑施工、拆迁作业、道路铺设及材料堆放、转运等环节，因管理机制的不足，导致建筑废弃物与渣土的清理工作常显滞后。施工现场的路面清扫维护不及时，进出工地的机动车辆未能充分执行冲洗措施，尽管料堆及运输车辆已采取一定的密闭与遮挡措施，但仍难以完全避免物料、渣土的散落与外泄。在此类现象综合作用下，极易引发二次扬尘污染，对周边空气质量构成显著威胁。

（2）机动车尾气污染。截至 2012 年，兰州地区机动车保有量已突破 50 万辆大关，且近年来持续保持年均超过 10% 的增长态势。由于市区交通拥堵问题严峻，导致机动车频繁处于低速或怠速状态，进而加剧了尾气排放，特别是在主要交通干线区域，形成了显著的污染带。汽车尾气中所含的污染物种类繁多，主要包括一氧化碳（CO）、未完全燃烧的碳氢化合物（HC）、细微颗粒物（如 PM10 和 PM2.5）、氮氧化物（NO_x，具体为 NO_2 与 NO）、硫氧化物（SO_x，涵盖 SO_2 与 SO_3）、二氧化碳（CO_2）、氟氯烃类化合物、含铅物质以及致癌物质苯并芘等。尤为值得关注的是，汽车尾气中的氮氧化物排放量占比逐年加速攀升，成为大气污染中不可忽视的重要因素。

（3）生活燃煤污染。兰州市区内密集分布着超过 800 台燃煤供暖锅炉，总蒸吨数达到 5000 余吨，同时，在城区周边区域，还有约 10 万户城乡居民使用的小型火炉以及 200 多台立式供热小锅炉在运作。此外，沿街遍布的烧烤摊点数量也相当可观。这些因素在冬季采暖期间相互作用，共同加剧了燃煤所产生的结构性污染问题，使该季节的空气质量面临严峻挑战。

（4）不尽合理的产业和能源结构。兰州的工业基础是由"一五""二五"和"三线"时期发展形成的，工业结构以能源供应、石油化工、有色金属冶炼等原材料密集型产业为核心，重化工业比重在整体工业结构中占据近八成之巨。然而，从技术装备层面审视，企业总体工艺装备水平尚待提升，其中，"三高一低"（高能耗、高排放、高污染、低效率）特征的企业约占据半数。此外，能源消费结构呈现出高度的单一性，煤炭作为主导能源，其消耗占比高达80%，且这一比例正随着经济发展而快速增长。

2. 大气污染排放的结构分析

2014 年兰州市大气污染物年排放及占比如表 4-3 所示。

表 4-3 2014 年兰州市大气污染物年排放及占比状况

项目	二氧化硫		氮氧化合物		烟（粉）尘	
	排放量（吨）	占比（%）	排放量（吨）	占比（%）	排放量（吨）	占比（%）
工业源	67616.38	91.37	66026.01	72.87	63801.32	90.79
机动车	—	—	21754.97	24.01	904.67	1.29
城镇生活源	6384.57	8.63	2381.34	3.12	5568.84	7.92
合计	74000.95	100	90612.32	100	70274.83	100

（四）试点优势和意义

兰州是传统老工业基地，曾经一度是全国大气污染最严重的城市之一。目前正处于经济发展和环境保护矛盾突出时期，在西北地区具有很强的代表性。2011年，兰州启动实施了大气污染治理攻坚战，近几年大气污染治理取得明显成效，得到了党中央、国务院的充分肯定。在大气污染治理中，兰州建立了一整套行之有效的制度。为进一步贯彻落实党中央和国务院决策部署，积极探索和推动环境审计制度建设，兰州主动申请开展政府环境绩效审计试点工作，成为全国首个开展政府环境资源审计的城市。

本次政府环境绩效审计是兰州市政府主动适应当前生态文明建设和环境保护的一项制度创新，其意义在于：

（1）开展环境绩效审计工作顺应了社会公众的需求。环境问题已成为社会公众最为关注的社会热点问题之一。政府要树立良好的形象，顺应社会公众对环境的需要。而环境绩效审计的开展，可以让民众根据相关的环境绩效审计报告了解政府的环境责任，更大地满足社会公众的需要。

（2）开展环境绩效审计有利于发现兰州目前大气污染防治工作中的薄弱环节，从而优化大气污染防治工作管理工作，防范和化解环境风险。

（3）实施环境绩效审计工作有利于促进相关部门工作效率与环境管理效能的双重提升，并深化环境责任制的执行力度。此举不仅有助于优化部门运营，还能为全国范围内探索构建高效、可行的环境绩效审计制度体系提供宝贵的实践依据与理论支持。

（4）开展环境绩效审计工作可以督促环保专项资金的合规、合法使用。

二、兰州市政府环境资源审计试点实施情况

（一）总体部署

兰州市人民政府高度重视政府环境资源审计试点工作，为完成试点任务，兰州市政府牵头成立了试点工作领导小组和试点办公室，组织编制了《兰州市大气污染防治政府环境审计工作方案》和《兰州市大气污染防治政府环境审计试点实施方案》，有序推动了试点工作开展。

（二）审计依据

（1）《国务院关于进一步加强淘汰落后产能的通知》（国发〔2010〕7号）；

（2）《国务院关于化解产能严重过剩矛盾的指导意见》（国发〔2013〕41号）；

（3）《产业结构调整指导目录（2011年）》；

（4）《工业和信息化部关于下达2014年工业行业淘汰落后和过剩产能目标

任务的通知》（工信部产业〔2014〕148号）；

（5）《关于开展政府环境审计试点工作的通知》（环办函〔2015〕240号）；

（6）工业和信息化部、中华人民共和国财政部和中华人民共和国国家发展和改革委员会等18部门印发的《关于印发淘汰落后产能工作考核实施方案的通知》（工信部联产〔2011〕46号）；

（7）《淘汰落后产能中央财政奖励资金管理办法》（财建〔2011〕180号）；

（8）《甘肃省淘汰落后产能财政奖励资金管理办法》（甘财建〔2012〕69号）；

（9）《兰州市人民政府办公厅关于印发大气污染防治行动计划工作方案（2013—2017年度）的通知》（兰政办发〔2014〕25号）；

（10）兰州市环境审计试点办公室《兰州市政府环境审计试点工作方案》（兰政发〔2015〕73号）以及《兰州市政府环境审计试点实施方案》；

（11）《兰州市实施大气污染防治法办法》（2013年12月9日施行）；

（12）《兰州市扬尘污染防治管理办法》（兰州市人民政府令〔2013〕第10号）；

（13）兰州市城市管理综合行政执法局关于印发《兰州市城市路面清扫保洁实施方案》的通知（兰城执法字〔2015〕018号）；

（14）兰州市城市管理委员会关于印发《兰州市道路洒水作业标准》的通知（兰城执法字〔2015〕065号）；

（15）兰州市城市管理综合行政执法局《关于进一步加强施工工地及渣土车辆管理的通知》（兰城执法字〔2014〕316号）；

（16）兰州市人民政府办公厅《关于印发兰州市城乡接合部市容环境卫生一体化管理工作实施方案的通知》；

（17）兰州市城市管理委员会关于上报《2015年度扬尘污染防治实施方案》报告（兰城执法字〔2015〕080号）；

（18）兰州市二次扬尘污染治理工作办公室《关于加强全市建筑（拆迁）工地场尘污染管理的通知》（兰城尘治字〔2014〕01号）；

（19）《兰州市2014—2015年度冬防扬尘污染源管控方案》；

（20）兰州市人民政府《关于加快推进全市低丘缓坡沟壑等未利用地综合开发利用试点工作的意见》（兰政发〔2012〕85号）；

（21）兰州市二次扬尘污染治理工作办公室《关于加强环保监测点范围内施工工地扬尘管理相关事宜的紧急通知》；

（22）兰州市城市管理综合行政执法局《关于"冬防"期间严格管控工地扬尘污染的几点要求》（兰城执法字〔2014〕337号）；

（23）兰州市城市管理综合行政执法局《关于进一步加强治污日报填写和

"冬防"每日检查工作的通知》。

（三）实施审计

根据《兰州市政府环境审计试点工作方案》（兰政发〔2015〕73号）以及《兰州市政府环境审计试点实施方案》，兰州市政府环境审计试点主要对兰州市政府2013~2014年大气污染防治责任的落实情况实施审计，审计对象包括《行动方案》涉及的行政辖区和责任主体，以及依据该《行动方案》应承担相应义务或责任的延伸主体。其中，对《行动方案》涉及的26个政府部门及区县政府223条治理责任落实情况实施合规性审计，对《行动方案》规定的18个深度治理项目、20个落后产能淘汰项目实施绩效审计，对198个燃煤锅炉清洁能源改造项目和深度治理项目实施财务审计，对35个扬尘管控工地实施合规性和绩效审计，对2个恶臭治理项目实施绩效审计。

根据具体的审计项目，审计组通过资料调研、现场走访、记录审计表格和日记、拍摄现场照片等方式进行了审计调查。审计调查时间为2015年6月5日~11月22日。各专项审计小组审计完成后，编制审计底稿并进行了反馈，在各单位反馈基础上，形成审计报告。

（四）评价意见

1. 环境质量改善，污染治理"兰州模式"得到肯定

自2013年起，兰州将大气污染治理提升至首要工程地位，全面推行精细化城市网格化管理策略，通过逐级签订责任状，向公众作出坚定承诺，全面打响大气污染治理的攻坚战役。为达成目标，兰州实施了包括环境立法强化、工业排放削减、燃煤使用缩减、机动车尾气达标、扬尘污染控制、林业生态建设、空气质量优化以及环境监管能力升级在内的八大核心治污工程，并精心策划与推进了916个具体项目，这些项目广泛覆盖了工业搬迁入园、落后产能淘汰、燃煤管理、扬尘与机动车尾气污染治理等多个关键领域，取得了显著且令人瞩目的治理成效。

空气质量改善成效显著，其环境空气质量在2013~2014年实现了由全国排名垫底向中等水平的跨越式提升，跻身全国空气质量改善速度最快的城市行列。具体而言，2013年，依据新的空气质量标准，兰州达标天数达到193天，在全国率先实施新标的74个城市中排名第36位；2014年，这一数字更是跃升至247天，同比激增54天，其中空气质量达到优级的天数也从7天大幅增长至18天，达标率高达68.5%，相比前一年提升了15.6个百分点。这一成绩不仅超越了全国74个城市平均241天的达标天数，还提前达成了《兰州市大气污染防治行动计划工作方案（2013—2017年度）》中设定的目标，体现了兰州市在改善空气质量方面所做出的不懈努力与显著成就。

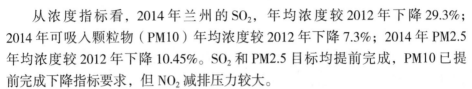

　　从浓度指标看，2014 年兰州的 SO_2，年均浓度较 2012 年下降 29.3%；2014 年可吸入颗粒物（PM10）年均浓度较 2012 年下降 7.3%；2014 年 PM2.5 年均浓度较 2012 年下降 10.45%。SO_2 和 PM2.5 目标均提前完成，PM10 已提前完成下降指标要求，但 NO_2 减排压力较大。

　　污染治理效果显著。兰州在污染治理领域取得了卓越成效，其独特的治理模式——"兰州经验"，已成为全国范围内推广的典范。自 2011 年起，兰州空气质量持续优化，实现了优良天数的连续五年稳步增长，不仅在城市月度与年度空气质量排名中成功摆脱了全国空气污染十大城市的标签，其治理成效还赢得了中央高层、国务院以及国际社会的广泛赞誉。国务院对兰州在大气污染治理方面的创新与成效给予了高度肯定。此外，在 2015 年 11 月 30 日至 12 月 12 日举行的巴黎气候大会上，兰州作为非低碳试点城市的唯一代表受邀出席，并荣获由《联合国气候变化框架公约》组织秘书处、中国低碳联盟、美国环保协会及中国低碳减排专委会联合颁发的"今日变革进步奖"，该荣誉进一步彰显了兰州在全球环境治理领域的积极贡献与显著影响力。

　　2. 污染治理推动经济社会发展转型，环境保护与经济发展实现"双赢"

　　兰州市政府深刻意识到，环境质量的根本性改善依赖于产业结构的深度转型与清洁能源的全面推广，必须从源头削减大气污染物排放。自 2013 年起，政府采取了包括改造、停产、关闭及搬迁在内的多元化策略，累计引导投入资金近 10 亿元，针对火电、化工、钢铁等共计 210 家企业实施了深度环境治理项目，特别聚焦于燃煤电厂的除尘、脱硫、脱硝技术升级。同时，政府积极引导第二产业向产业园区集聚，特别是兰州新区设立后，成功推动了超过百家工业企业迁出中心城区，入驻新区实现集群化发展。以此为契机，兰州不仅强化了污染治理，还大力培育新兴产业，重点扶持新材料、新能源、节能环保等关键领域，并激励企业加大技术创新力度，以科技驱动绿色转型。

　　环境治理的加速推进显著促进了产业结构的优化升级，提升了经济发展质量，为兰州市的可持续发展注入了强劲动力。根据兰州官方统计数据显示，尽管 2011~2013 年，GDP 增速略有放缓（分别为 15%、13.4%、13.4%），但自 2014 年起，即便面对全国经济下行的严峻挑战，兰州的 GDP 仍保持了稳健的 10.4% 增长率。产业结构优化成效显著，兰州市发改委发布的数据显示，2014 年，兰州三次产业结构由 2013 年的 2.77：46.19：51.04 优化至 2.80：43.34：53.86，第三产业占比相较于 2012 年提升了 4.35 个百分点，较 2013 年增长了 2.82 个百分点。步入 2015 年上半年，兰州经济继续呈现稳定增长态势，地区生产总值达到 926.18 亿元，增速维持在 8.6% 的较高水平。

　　良好的空气质量不仅提升了居民生活质量，还积极促进了旅游业的繁荣与

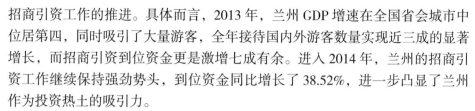

招商引资工作的推进。具体而言，2013 年，兰州 GDP 增速在全国省会城市中位居第四，同时吸引了大量游客，全年接待国内外游客数量实现近三成的显著增长，而招商引资到位资金更是激增七成有余。进入 2014 年，兰州的招商引资工作继续保持强劲势头，到位资金同比增长了 38.52%，进一步凸显了兰州作为投资热土的吸引力。

3. 污染治理效果得到公众认同，政府公信力提升

根据第三方对兰州城关区、七里河区、安宁区、西固区常住人口中 18 岁以上、70 岁以下的全体居民中 1500 个 / 户居民的分层三阶段随机抽样入户访问和街头随机拦截访问调查，兰州市民对兰州空气质量三年来的变化总体持肯定态度，对当前的空气质量表示"比较满意"和"非常满意"的居民人数累计占 52.9%，加上持一般态度的 19.8%，评价态度趋于积极的居民人数占到了72.7%。

公众对各项大气污染治理措施的效果评价持肯定态度，对兰州环保工作近年来取得的成绩持肯定态度。民意调查显示，兰州市民对工业企业废气减排、道路洒水除尘、施工扬尘防治、燃煤污染治理及机动车尾气治理五种具体治污措施效果基本满意。居民对兰州市环保工作近年来所取得的成绩给予了充分肯定，满意度评价得分为 4.30 分（总分 5 分）。调查结果显示，累计 71.3% 的居民对兰州市的环保工作成效持满意态度。

4. 污染治理措施针对性强、大气污染防治责任落实情况总体较好

《兰州市大气颗粒物来源解析研究报告》结果显示，2014 年，兰州首要污染物以颗粒物为主，占全年的 89.32%（PM10 为主占比 56.99%，PM$_{2.5}$ 为主占比 32.33%）。兰州环境空气 PM10 综合来源解析结果显示：扬尘（裸露表面、建筑施工、道路扬尘等排放）贡献 32.5%，工业生产（工业锅炉及窑炉、生产工艺过程等排放）贡献 15%，机动车贡献 16.5%，燃煤（燃煤电厂、居民散烧）贡献 15.8%，其他（包括餐饮油烟、农业生产等）贡献 20.2%。兰州环境空气 PM2.5 综合来源解析结果显示：扬尘（裸露表面、建筑施工、道路扬尘等排放）贡献 29.9%，机动车贡献 23.0%，工业生产（工业锅炉及窑炉、生产工艺过程等排放）贡献 18.8，燃煤（燃煤电厂、居民散烧）贡献 17.8%，其他（包括餐饮油烟、农业生产等）贡献 10.5%。

2011 年以来，兰州采取工业减排、燃煤减量、机动车尾气达标、黄标车淘汰、扬尘管控、林业生态、清新空气和环境监管能力提升八大治污工程，针对颗粒物排放的重点贡献领域实施治理，这是兰州大气污染防治取得实效的重要前提和保障。从现场审计看，重点工程相关措施落实情况总体较好，重点项目落实率达到 95% 以上，较好地支撑了大气污染治理工作。

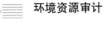

5. 削山造地生态环境影响巨大、扬尘管控任重道远

颗粒物污染来源解析结果显示，兰州扬尘对可吸入颗粒物和细颗粒物的贡献均在三成左右，是颗粒物最大的贡献源。2014 年，扬尘对兰州环境空气中的 PM10 和 PM2.5 分别贡献了 32.5%、29.9%。根据审计组对兰州扬尘管控项目抽样调查结果，扬尘管控措施落实情况有待提升，尤其是削山造地项目，规模较大，生态环境影响严重。兰州坐落于黄土高原之上，该区域土壤类型独具特性，表现为结构松散、孔隙发达、渗透性强，一旦遇水即易发生崩解，且其抵抗冲刷与侵蚀的能力相对薄弱。此外，人类活动如削山造地等工程措施，进一步加剧了地表生态系统的脆弱性，显著提升了山体滑坡等自然灾害的发生风险，对区域安全构成了不容忽视的威胁。

第三方对兰州市大气污染防治扬尘管控措施满意度调查结果显示：居民对兰州道路洒水除尘效果表示满意以上的居民人数占到 57.2%，而对施工扬尘防治效果的满意度评价偏低，综合满意率只占 39.2%。

（五）改进建议

特殊的城市地貌、不利的气象因素、脆弱的区域生态环境等因素对兰州大气环境质量改善形成刚性制约，尽管 2013 年以来兰州大气环境治理取得了突出成效，但在此基础上继续实现大气环境质量改善的难度极大。根据审计中发现的主要问题，对兰州市进一步改善大气环境质量提出如下建议：

一是加强兰州市空间规划管理，以资源环境生态红线引导经济和产业发展的空间格局，鼓励人口适当疏散。以资源承载力和环境容量为先导，划定兰州资源环境生态红线，统筹城建、国土、农业、林业和环保等部门规划，编制并实施兰州市"十三五"国土空间开发利用与保护规划，实现城市发展与生态保护在空间上的统一。在此基础上，依据该空间规划，调整城市结构和产业布局，建设兰州新区生态工业园，引导兰州城区尤其是西固工业区企业向兰州新区搬迁，降低兰州生态环境压力。

二是要实施煤炭总量与质量的双重调控策略，提升煤炭的清洁利用比例。在确保电力行业大气污染物排放量得到有效遏制，并实现总量削减的基础上，应优先考虑将煤炭消费引导至那些具备高效燃烧技术与先进污染治理能力的行业，特别要推动超临界发电技术的广泛应用，以实现高效且清洁的能源转换。针对当前湿法脱硫工艺中普遍存在的烟气含硫细颗粒物及含硫浆液滴排放问题，需实施针对性的治理措施，以削弱燃煤排放对空气中含硫细颗粒物的负面影响。同时，应进一步深化产业结构优化调整，强化对第二产业能源消耗的监管与优化管理，力求显著提升能源使用效率，全方位推动煤炭的清洁、高效利用进程。

　　三是加强机动车污染防治力度，积极推广新能源汽车的应用。鉴于兰州城区独特的"两山夹河"地理特征，其道路布局受限，既存道路网络难以满足交通需求，导致城市道路拥堵状况相较于同类城市更为严峻。因此，解决兰州机动车污染问题的核心策略在于加速新能源汽车产业的发展，以此有效降低机动车尾气排放污染。同时，应加快城市轨道交通系统的建设步伐，提升公共交通的吸引力，增加其在城市交通出行中的分担比例，进而引导私家车等个体交通方式向公共交通有效转移。此外，在新能源汽车广泛普及的过渡阶段，应加大对高污染排放黄标车的淘汰力度，并推广使用更高标准的清洁汽油，以进一步减轻机动车尾气对环境的负面影响。

　　四是继续加强扬尘管控。严格削山造地项目准入，对现有和新增削山造地项目实施严格环境准入和红线管控。明确施工主体扬尘控制主体责任，项目招标单位应将扬尘控制纳入施工预算。建立扬尘污染防治保证金制度，建议由环保局、城管局牵头，在施工工地场界周边安装 PM10 浓度监控仪器，所有摄像监控和场界浓度监控设备实现同步联网，实现场界 PM10 浓度超标自动报警功能。在扬尘污染防控重点区域安装摄像头，将现场状况实时传输至环保局、城管执法局的扬尘污染防治管理平台，结合兰州大气污染防治航拍系统，建立起"全方位、全天候、全覆盖"的实时在线监控体系，提高兰州大气污染防控的科技化水平和监管效率。

　　五是管治并重，增强企业环保责任意识和环境治理主体责任。禁止市区"两高"行业新增产能，停建过剩产能行业建设项目。严格按照国家《产业结构调整指导目录（2011 年本）》规定，对全市环境污染严重的落后产能企业进行关闭淘汰。结合淘汰企业的生产工艺等情况，加快推进企业厂房和设备的拆除工作，开展废弃场地的环境风险评估，做好治理和生态修复工作，防范次生环境风险，推动原有厂地的平整和开发利用。科学评估湿法脱硫技术的环境性，针对具体项目抓好重污染企业深度治理项目落实。制订并发布重污染企业全面达标计划，严格企业环境监管、在线监测和信息公开，倒逼企业落实环境责任。

　　六是加快挥发性有机物（VOCs）污染治理的进程。系统推进对关键行业内 VOCs 排放的全面清查与评估工作。具体而言，应针对兰州石化等重点企业，启动新一轮的泄漏检测与修复计划，确保从源头上减少 VOCs 的泄漏与排放。同时，在多个重点行业内实施 VOCs 的综合治理策略，以提升整体环保水平。此外，应确保兰州环境监测站石化分站的按时建立与运行，该分站将专注于兰州石化厂界周边的环境监测网络构建，实现对该区域 VOCs 排放的全方位、高精度监控，从而有效遏制石化行业 VOCs 的污染扩散，确保环境质量的持续改善。

七是注重治理措施的协调性，突出体现人性化管理。前文已指出，公众对兰州大气污染防治效果总体满意，但满意度还处在比较低的水平。分析原因，可能与政策措施的制定不够精细、配套性不够强以及执行过程缺乏人性化等不无关系。以道路洒水降尘措施为例，道路洒水尽管在一定程度上遏制了扬尘，但并没有能够除尘，而且不分下雨还是晴朗、不管道路是泥泞还是干燥、不论是白天还是黑夜，高密度大水量进行洒水，给公众的生活和出行带来了极大的不便，在一定程度上影响了公众对污染治理满意度的评价结果。

【思考题】

1. 政府环境资源审计和其他主体的环境资源审计的区别，可以从哪些方面进行区分？

2. 查阅文献试比较国内外政府环境资源审计的形式内容有何异同？

3. 试就我国政府环境资源审计发展现状，谈谈进一步发展的路径有哪些？

4. 谈谈兰州市政府环境审计试点项目对于我国政府环境资源审计发展的重要意义。

【案例分析】

审计署 2019 年第 9 号公告：环渤海地区生态环境保护审计结果

为助力打赢污染防治攻坚战，围绕渤海综合治理，审计署近期对环渤海地区 5 省市（北京市、天津市、河北省、辽宁省和山东省）生态环境保护情况进行了审计。现将审计结果公告如下：

一、基本情况

2013 年以来，中央和 5 省市本级财政共投入渤海生态环境保护资金 1650 亿元；渤海近岸海域一、二类水质点位比例从 63.2% 波动上升到 76.5%，三、四类水质点位比例从 30.7% 波动下降到 12.4%，赤潮发生次数减少 61.5%；审计抽查的 34 个城市污水处理能力增加 31.55%，污水处理率上升 4.6%。从审计情况看，渤海水质和污染防控能力总体上有所提升，但局部海域生态环境问题仍较为突出，锦州湾、莱州湾等渤海六大典型海洋生态系统仍处于亚健康状态，辽宁、山东渤海近岸海域劣于四类水质点位比例由 2016 年的 3.6% 升至

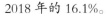

2018 年的 16.1%。

二、审计发现的主要问题

（1）农业面源污染防控还不到位。农药化肥减量工作仅对种植业作出要求，尚未将林业、牧业等纳入；减量任务也未逐级分解落实，抽查发现 2017 年有 126 个县区的农药或化肥使用量不降反升。5 省市有 1439 家畜禽养殖场未按要求办理环评、建设粪便贮存处理设施、关闭搬迁等。全国海水养殖面积控制目标尚未细化分解，不利于防控近岸海域污染。

（2）重要领域工业点源污染防控存在薄弱环节。石化产业同质化竞争现象较为突出，有 12 个沿海城市提出建设石化产业基地，其中 6 个还明确提出建设世界级产业基地。抽查的 107 个化工园区中，有 58 个未按规定开展区域定量风险评估，73 个未建成危险废物处理设施。11 座港口 94 个污水处理设施的在线监测率仅为 21.28%，6 座港口建成投用的岸电设施使用率仅为 1.36%，5 家企业向 175 艘次船舶虚开 2870 立方米污染物接收证明以应付检查。

（3）部分重要生态环境政策未有效落地。入海污染物总量控制推进较慢，5 省市相关试点城市至今未出台相关文件或实际执行。北京等 3 省市有 45 个专项规划或开发区未按规定完成规划环评。辽宁、河北有 188 个入河排污口未取得审批手续。5 省市有 81 户企业未按规定安装在线监测设备或实施水污染物排放监测。

（4）资源开发和生态环境修复治理还不够协调。渔业油补等政策虽有利于降低渔民捕捞成本，但客观上也刺激了捕捞行为，在一定程度上对冲了减船转产政策效果，不利于降低捕捞强度，破坏性强的拖网型海洋捕捞渔船功率不降反升。渔获物定点上岸制度尚未有效推开，影响限额捕捞政策落地。水资源开发方面，5 省市 2017 年的水资源开发利用率达 99%，约为全国平均水平的 5 倍。河北等 4 省市 3248 户企业 6 年来违规取水 5.94 亿立方米。水污染防治方面，5 省市普遍存在污水管网渗漏、雨污混接、污水处理设施不足、已建成的处理设施超负荷运转等问题，涉及问题管网 901.89 千米。生态修复方面，截至 2018 年底，5 省市 51 个蓝色海湾整治等污染防治和生态修复类项目进展缓慢，10.01 亿元相关财政资金结存一年以上。营口等 9 市有 752 处侵占入海河道的违规点位未完成清理。辽宁等 3 省 12 个入海河流考核断面水质未达到阶段性目标，局部河段污染较为严重。

三、审计处理和初步整改情况

对以上审计查出的问题，审计署已依法出具审计报告，提出处理意见。相关部门和地方正在逐步组织实施问题整改。审计署将持续跟踪检查后续整改情况，进一步督促问题整改到位。

根据该案例资料，分析以下问题：

（1）政府审计机关是如何在环境资源管理中发挥作用的？

（2）结合案例分析政府环境资源审计主要关注哪些方面？

第五章　内部环境资源审计

【学习目标】

1. 熟悉内部环境资源审计的形式与内容。
2. 熟悉内部环境资源审计的作用与意义。
3. 了解内部环境资源审计的实施现状以及存在的问题。

【拓展阅读】

国际内部审计师协会在《内部审计师在环境问题中的作用》中提出："环境审计是环境管理系统的一个组成部分，借此，管理部门可确定组织的环境管理系统在确保组织的经营活动符合有关规章和内部政策的要求上是否充分。"

20世纪70年代末，美国和加拿大的企业已产生了内部环境资源审计的实践活动。一方面，企业管理人员为了使经营活动能够符合环境法规的要求，避免环境违法带来的风险，要求内部审计人员必须鉴证企业的活动在法规遵循方面是否是有效的。因此，内部审计人员最初开展的环境资源审计是一种法律风险防御性审计。另一方面，企业管理人员逐渐发现法律风险只是环境风险的一部分，环境契约风险和环境道义风险如银行业、保险业的要求，公众的期望等，也对企业的经营产生重要影响。企业在生产、经营、管理或交易时，都有可能使潜在的风险成为现实，使自己蒙受巨大的损失。它们迫切需要对自己所可能遭受的环境风险进行评估，于是企业对环境风险的管理由防御性转为建设性。因此，一些大企业在企业战略中充分考虑环境风险的因素，并且建立系统的环境管理控制制度以控制环境风险，内部环境资源审计成为环境管理系统的重要组成部分。企业的内部环境资源审计，不仅要求能及时发现环境和环境管理上的问题，还要为企业提供控制或合理规避环境风险的意见和建议。现在内部环境资源审计已处在从最初的合规性审计转向合规性审计和绩效性审计并重的阶段。越来越多的企业认识到，内部环境绩效审计作为监督、检查和评价企业环境绩效问题的内部管理工具，是企业实现自身可持续发展和循环经济的有效手段。

第一节　内部环境资源审计概述

一、内部环境资源审计的内涵

企业内部环境资源审计是一项系统性的工作，其核心是企业内部审计部门根据国家制定的环保法律标准，对企业生产过程中涉及的环境污染指标、环境信息公开程度、环保资金使用情况以及环境管理对企业社会形象和经营效益的影响进行全面而细致的评估。通过这一过程，企业不仅能够确保自身在环保方面的合规性，还能够基于审计结果，调整发展策略，识别潜在的环境风险，积极履行社会责任，最终实现自身的可持续发展目标。企业内部环境资源审计不仅是一个监督工具，更是企业实现绿色、健康、可持续发展的重要保障。

1. 作为企业环境风险管理工具的环境资源审计

最早的环境资源审计产生于 20 世纪 70 年代的西方工业企业内部。当时，西方工业经济经历了 200 多年的快速发展，积累了大量的社会财富，而环境污染问题也日益突出。企业内部环境资源审计作为一种重要的管理手段，以检查并确保其经营活动能够满足国家和地方的相关法律法规。

在这一阶段，企业内部环境资源审计的核心目的在于规避由环境污染事件引发的重大法律责任与经济惩罚。为此，审计内容聚焦于职业健康与安全的各项要求，涉及生产许可中污染物排放的严格标准与规定，同时涵盖企业对于有害废弃物的生产、储存及处置规范，并深入探究潜在的环境风险。从审计的目的与内容来看，这一阶段的审计工作主要聚焦于显著且重大的环境风险，着重关注那些直接威胁人类与环境安全、导致直接经济损失的环境要素。其审计方式以符合性审计为主，作为一种形式相对简洁、内容相对集中的环境风险管理工具，有效地助力企业规避环境风险。

2. 作为企业环境管理体系部分的环境资源审计

自 20 世纪 80 年代起，企业内部环境资源审计逐渐在广泛的工商业运营与环境管理实践中得到深入应用。这一审计活动涵盖了多重维度，诸如针对环境保护政策的制定与执行情况展开审查，确保企业政策的有效落地；涉及环境管理系统的效能审计，深入剖析系统运作效率及其产生的环境成效；涉及有害物质存储与处置流程的严格审计，评估处理过程的安全性、可靠性及潜在的环境风险与长期影响；环境经济责任的核算与披露也成为审计的重要内容，不仅审查环境相关财务处理的准确性，还关注这些信息在财务报告中的恰当披露，以

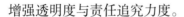

增强透明度与责任追究力度。

相较于早期阶段，当前企业环境资源审计展现出显著的体系化特质，它在遵循合规性审计的基础上，进一步拓展了财务审计与绩效审计的范畴，并引入了受托环境经济责任的全新理念。在此发展进程中，一系列审计准则与标准的制定为环境资源审计的深化构筑了坚实的基石。尤为值得注意的是，欧盟于 1993 年推行的生态管理与审计计划（Eco-Management and Audit Scheme，EMAS），以及国际标准化组织随后在 1996 年颁布的 ISO14000 环境管理体系标准，两者均强调构建全面而严谨的环境管理体系，并倡导实施标准化的环境资源审计流程。

以 ISO14000 系列标准为例，其中 ISO14010 至 ISO14012 标准构成了环境资源审计的具体操作指南，包括《环境审计通用原则》《环境管理体系审核》《环境审核员资格要求》，这些标准共同阐释了环境资源审计作为"对组织环境管理体系实施持续监督与评估的过程"的核心意义，从而促使环境资源审计深度融合并成为环境管理体系不可或缺的一环，推动了环境管理实践的规范化与高效化。

3. 作为企业战略的环境资源审计

1992 年，在里约热内卢举行的联合国环境与发展大会上，"可持续发展"被确立为全球步入 21 世纪的共同战略愿景，同时将环境资源审计视为支撑企业践行"可持续发展"理念的必要手段，首次将可持续发展的理念转化为全球性的实践号召。在这一历史背景下，作为全球经济活动与资源配置核心力量的企业，迅速响应，将可持续发展战略纳入其运营蓝图，促使企业内部环境资源审计的地位跃升至企业战略管理的核心层面，开启了崭新的发展阶段。格兰特·莱杰伍德在《企业战略视角下的环境资源审计》一书中认为，环境资源审计已成为企业战略架构中不可或缺的一环，它不仅触及企业的技术革新与产品创新能力，更贯穿于生产流程优化、库存管理、市场营销等全方位的企业运营活动之中。

在探讨企业可持续发展战略的过程中，环境资源审计的重要性日益凸显，其内在价值得到了更深入的挖掘。首先，环境资源审计通过有效监督企业的环境政策、目标、制度及具体行为，确保了企业环境管理系统的持续优化与升级，从而为企业实现可持续发展战略提供了坚实的保障。其次，环境资源审计能够客观评价并鉴证企业在履行环境经济责任方面的表现，这不仅有助于督促企业深入实施可持续发展战略，也提升了企业的社会责任感和公信力。此外，环境资源审计对于现代企业的生存与发展至关重要，它有助于提升企业的市场竞争力，使其在激烈的市场竞争中脱颖而出。总之，环境资源审计在提高企业经济效益、规避环境风险、履行社会责任等方面发挥了不可替代的作用，同时有助于塑造良好的企业形象、改善公共关系，并显著提升其市场竞争能力，进一步凸显其在企业可持续发展战略中的战略价值。

从环境资源审计的演变历程看，内部环境资源审计作为企业应对日益严苛的法律法规和公众日益增强的环保意识所带来的环境风险的重要措施，其作用不可忽视。它旨在为企业营造一个良好的长期经营环境，进而美化企业形象，确保企业的长久可持续发展。因此，内部环境资源审计的终极目标在于协调企业与自然、社会之间的关系，推动企业实现可持续发展。而内部环境资源审计的一般目标，在于监督企业受托环境责任的执行情况，并对这些责任的合法性、公正性和效益性进行全面评价。通过这样的审计过程，企业能够更好地认识自身的环境资源责任，从而推动环境与资源管理水平的不断提升。

审视环境资源审计的演进轨迹，内部环境资源审计作为企业应对日益严格的法律法规与公众环保意识增强所引发的环境挑战的关键策略，其重要性不言而喻。其核心在于营造企业长期稳健运营的绿色环境，进而优化企业公众形象，奠定可持续发展的坚实基础。因此，内部环境资源审计的终极目标聚焦于调和企业与自然生态及社会环境间的和谐共生，驱动企业实现可持续发展。至于其日常实践目标，则侧重于监督企业受托环境资源责任履行情况，并对这些责任的合法性、公平性及效率效益展开综合评价。通过内部环境资源审计，不仅促使企业深刻认识并承担起自身的环境资源责任，还能激发环境资源管理体系的持续完善与优化，进而促进企业在环境保护与经济效益之间找到更佳的平衡点。

二、内部环境资源审计的主体

总体而言，内部环境资源审计本质上仍隶属于内部审计的领域。首先需要明确的是，内部审计的核心执行者应为内部审计部门或具备专业资质的审计人员。这一核心理念强调，审计本质上是对经济活动，尤其是组织内部资金流动过程及其结果的全面审视、评估与鉴证。当聚焦于内部环境资源审计时，我们往往采用一种更为精细的视角进行分析，但这仅是狭义层面的理解。

资源环境审计中三大审计主体协同研究

然而，当前学术界存在一种声音，指出仅从狭义视角审视审计活动，难以全面捕捉并界定当代审计实践的复杂性与实际边界。因此，提倡采用更为宽泛的视角，将一切与经济活动紧密相连的独立监督、评价及鉴证活动均视为审计的一部分。基于这一新理念，环境资源审计的范畴被进一步拓展，涵盖所有独立的环境相关监督、评价与鉴证活动，无论其是否直接关联于经济活动或资金流动。这一转变促成了广义内部环境资源审计的诞生，它不仅涉及直接经济事项的环境审查，还囊括了那些虽不直接体现经济属性，但蕴含高度环境技术复杂性的监督、评价与鉴证活动。

在此新观念的推动下，企业内部环境资源审计的工作范畴相较于传统内部审计观念实现了显著扩张，这一变化进而触发了对内部环境资源审计主体——内部环境资源审计专业人员构成与职责的深入研究及广泛讨论，以适应并引领审计实践的新发展。

在内部审计的框架内，企业对于任何特定领域的审计项目，均有权且适宜地聘请或指定该领域内的企业内部专家参与审计流程，或系统性地培训这些专家，使之成为该领域的专业内部审计人员，乃至鼓励他们获取内部审计师的专业认证。鉴于企业资源的有限性，内部审计部门无须全面配备所有技术领域的专家。相反，企业内部审计机制应灵活运用内部人力资源，根据实际需求，在获得企业决策层或管理层的授权后，从企业内部招募并聘请相关技术专家担任审计技术支持顾问。这些顾问在审计项目需要其专业见解和技术支持时，能够确保投入足够的时间与精力，为专业审计事项提供必要的技术指导，从而有效满足审计工作的实际需求。

同样地，在内部环境资源审计领域，内部审计机构虽无须直接配备全面的环境工程专家团队（如环境工程师、设备专家、污染防控专家及环境监测专家等），但构建一个能够确保审计人员在进行特定环境资源审计任务时，能即时获得企业内部相关专业技术人员支持与协助的内部协作机制至关重要。为提升审计效率与专业性，一个可行的策略是建立企业内部环境资源审计技术支持专家库，并对库内成员进行审计业务专项培训，涵盖内部审计的核心理念、特性、核心目标、操作流程、关键审查点及技术标准等，以促使他们迅速融入审计角色，满足具体审计项目的即时需求。

值得强调的是，尽管拥有跨学科环境专家的支持对审计过程大有裨益，但这并不意味着内部审计人员可以完全依赖外部专家来填补自身在环境管理与工程技术知识上的空白。相反，内部审计人员也需具备一定的环境管理基础与工程知识，以便更有效地与环境专家协作，共同推进环境资源审计任务的圆满完成。在此过程中，内部审计人员应明确自身作为审计主体的核心地位，认识到最终审计意见、结论的形成及报告提交，是内部审计部门及其成员的职责所在，而非单纯依赖于环境专家的贡献。因此，保持审计过程中的主动性与责任感，是确保内部环境资源审计质量与效率的关键。

三、内部环境资源审计的对象

内部环境资源审计的对象，集中于企业作为受托方在环境资源管理领域内所承担的特定环境资源责任。这里的受托环境资源责任，指企业在参与环境治理行动、污染预防措施及自然生态保护等与环境资源紧密相关的经济活动中，需向广泛的利益相关者群体（尤其是那些拥有普遍环境资源权益的广大社会公众，而非仅限于企业股东）所展现的承诺与执行力。值得注意的是，企业所承担的环境资源管理责任呈现出多样性与复杂性的特征。普遍而言，通常认为企业的环境资源责任主要来自以下三个方面：

（一）道义层面的环境资源责任

道义层面上，企业应主动且自觉地承担起的环境资源责任，是基于因果逻辑原则，要求企业自发且积极地承担起来的责任范畴。这一责任范畴不仅体现了企业对环境资源影响的深刻认识，也彰显了其在社会发展中不可或缺的道德担当。

随着伦理学日益渗透并融入企业的运营与管理，其影响力不断深化，促使企业在实践中更加注重道德准则与伦理价值的体现，促使企业环境管理理念经历深刻重塑。众多企业开始深刻意识到，作为社会及自然生态系统中的一员，其生存与发展不可避免地与周围环境相互依存。鉴于企业的生产经营活动可能对自然环境造成负面影响，乃至引发环境污染，因此，企业在道义上被赋予了治理由自身活动引发的环境问题的责任。

（二）法律导致的环境资源责任

从法律视角审视，环境资源责任的根源深植于国家法制体系对企业环境管理与资源利用活动的强制性规范中。这些法律条款构成了企业必须遵循的框架，据此，企业需承担起环境治理与资源合理使用的法律义务，以满足法律所设定的标准与要求。

鉴于全球生态环境质量的持续下滑与可持续发展理念的深入人心，众多国家纷纷强化环境法律体系的构建与执行力度，进而促使企业面临的法律层面环境责任日益加重。法律的权威性与规范性迫使企业必须对其过往行为负责，并在日常生产经营活动中严格关注其对环境的影响。立法中广泛采纳的"污染者负责治理，开发者承担保护"原则，不仅显著提升了企业的环保意识与责任感，还促使企业更加重视环境污染的治理与预防工作。

（三）回避风险的环境资源责任

在企业的日常运营中，若其排放的污染物超出了国家或地方规定的标准，或对周边的生态环境和居民生活造成了负面影响，企业可能会遭遇严重的经济处罚，包括高额罚款、赔偿诉讼，甚至可能被强制要求治理污染或恢复环境至原始状态。一旦这些潜在的风险成为现实，不仅会给企业带来巨大的经济损失，还可能导致企业被迫关闭或暂停生产。为了保障企业自身的持续发展和安全，企业必须对环境问题给予足够的重视，并主动参与到污染治理、环境保护和生态修复的活动中。这不仅是企业履行其社会责任的体现，也是基于对长期经济利益的考虑，积极承担起环境保护的责任。通过这样的方式，企业不仅能够减少潜在的法律和经济风险，还能够在社会中建立起良好的形象，促进其可持续发展。

因此，为了确保外部资源提供者的利益最大化，并促进企业的长期发展以及与社会的和谐共存，企业应将环境保护和污染控制提升至战略层面。这意味着企业需要积极参与环境保护活动，通过这样的做法，企业不仅能够维护其社会责任感，还能够保障其持续发展的能力。通过将环境保护纳入核心战略，企业可以在追求经济效益的同时，关注生态平衡和社会福祉，实现经济、环境和社会的协调发展。

企业所肩负的受托环境资源责任，其根源可归结为三大方面，这一责任体系既蕴含了经济责任的要义，又深刻体现了社会责任的担当。具体而言，在开展与环境资源相关的各类活动时，企业应采取双重策略：首先，企业应努力实现环境资源的优化配置和高效使用，目标是在环境的保护与改善工作中，以较低的经济成本达到较高的环境效益，这体现了对经济效率的追求。其次，企业承担的环境责任不仅限于经济层面，还包括社会责任。这意味着内部环境资源审计不应仅仅着眼于经济效益，还需要对企业活动可能产生的社会影响（如废气排放、废水产生和噪声污染等，这些影响难以用市场价值直接衡量）进行细致的评估和审查。通过这种方式，企业可以确保其环境行为对社会负责，促进公共利益的维护和生态环境的平衡发展。

四、内部环境资源审计的原则

原则作为关键关系的映射，其本质属性在利特尔顿探讨会计原则时得以凸显："任何有目的的会计活动，通常就是存在于合乎需要的会计目的和与此目的相适应的手段之间的那种关系。"换言之，原则构成了理论架构与实践操作之间的联通纽带。在企业内部环境资源审计的语境下，这一纽带一端系于审计理论的基础构建，包括其起源、发展动因、核心本质、基本假设等理论支柱，这些均深刻反映了审计活动的理论精髓；另一端紧密联结着企业内部环境的实际状况，既保持了理论的纯粹性，又紧密嵌入实务操作之中，总体上为企业内部环境资源审计的实践指明了方向。

企业内部环境资源审计所遵循的原则，根植于其独特的性质与特征中，是审计活动内在逻辑的必然体现。因此，在提炼与总结这些原则时，必须以前瞻性地指导审计实践为核心考量，同时深入剖析并准确把握内部环境资源审计的独特性与复杂性，以确保原则体系的科学性与适用性。

1. 独立性原则

根据独立性原则，企业内部的环境资源审计部门及其工作人员应在组织结构、思想意识和业务执行上保持必要的独立性，以确保他们能够自主地执行审计任务，不受外界因素的不当影响。进一步来说，环境资源审计部门应在组织架构上与其他负责环境事务的部门分离，这样可以保障审计工作的独立性，避免受到其他部门可能产生的影响或压力。在执行审计任务时，审计人员应保持精神上的独立和客观公正，以客观事实为依据，不受任何偏见或主观臆断的影响。若审计人员与被审计部门或事项存在利害关系，必须回避，以确保审计结果的公正性和准确性。此外，审计过程应排除其他部门和个人的不当干涉，确保审计工作的独立性和权威性。若审计人员在执行过程中遭遇阻碍，可向上级管理当局或董事会审计委员会报告，请求协助排除干扰，以保障审计工作的顺利进行。

2. 客观性原则

在开展企业内部环境资源审计时，审计人员必须坚守客观性原则，即所有审计工作都应基于对环境资源相关活动真实情况的准确反映。在审计实践中，审计人员应采取实事求是的态度，防止个人主观臆断的干扰，以保证审计结论的客观真实。尤其值得注意的是，审计证据的收集与评价极为关键，因为所有审计结论和建议都需建立在确凿且有理有据的证据基础之上。

错误或虚假的审计证据不仅导致审计结果的失真，并可能带来严重的后果。因此，审计人员在收集和评价证据时必须保持严格和谨慎的态度，确保审计工作的准确性和可靠性。只有这样，才可以有效地监控企业环境资源管理的活动，并提供真实可靠的评价，为管理层提供决策支持，以优化环境资源管理体系，进而促进企业的持续发展。

3. 经济性原则

遵循经济性原则，要求企业在制订内部环境资源审计计划时，应平衡审计成本与企业环境资源管理成本之间的关系。审计人员在设计审计策略、确定审计范围和制订时间预算的过程中，需要谨慎评估所需审计成本，防止因过度追求审计质量而导致成本失控。此外，审计活动应尽量减少对企业正常业务的干

扰，避免造成额外的企业负担。

例如，在确定审计的重要性水平时，审计人员应进行合理的职业判断，防止设置过低的重要性水平，否则可能会不必要地扩大审计范围或增加审计程序，导致时间和人力资源的浪费，从而增加审计成本。

在内部环境资源审计结束后，审计人员应在向管理层提交的管理建议书中，评估企业现行的环境管理系统和环境会计核算系统的经济性，并针对可能降低成本的领域提出改进建议，以优化企业的环境资源管理成本结构，提高资源利用效率。

4. 内部化原则

内部化原则要求，在进行内部环境资源审计的过程中，审计人员需将企业活动所产生的外部环境资源成本，作为评估企业内部环境资源绩效的一个重要因素。所谓外部环境资源成本，指企业在生产和经营过程中对环境资源造成的影响，而这些影响并未直接以货币形式由企业支付。这包括因过度开发自然资源而引发的生态资源价值降低，以及企业排放的废气、废水和固体废弃物（"三废"）对周围居民的健康和财产造成的损害。虽然这些成本不要求企业直接以金钱支付，但它们对社会产生了负面效应，往往以损害社会成员的利益为代价。因此，审计人员在审计工作中应充分考虑这些间接成本，以确保企业的环境资源绩效评估更为全面和准确。

为了促进企业与环境之间的和谐关系，并推动经济与环境的共同可持续发展，内部环境资源审计在评估环境指标时扮演着关键角色。审计人员在进行评估工作时，需要深入分析企业活动对外部环境所产生的影响，并将这些外部成本合理地计入企业的整体成本结构中。这种做法能够确保环境绩效考核不仅反映企业内部的资源使用效率，也体现了企业对外部环境影响的管理效果，从而作为衡量企业环境责任和绩效的一个重要标准。通过这种方式，内部环境资源审计能够为企业的环境保护工作提供更加全面和深入的视角。

环境资源审计本质上是一个系统的过程，其中，审计人员基于既定的审计目标和假设，遵循一系列审计原则，采用专门的审计技术和手段，对审计对象进行细致的检查。在内部环境资源审计中，基本的理论要素与审计程序和方法相结合，为企业实施有效的环境资源审计提供了理论和实践的支撑。这种结合不仅确保了审计活动的科学性和规范性，而且为审计领域的深入研究和应用奠定了坚实基础。

五、内部环境资源审计的分类

内部环境资源审计可以分为内部环境资源合规审计、内部环境资源财务审计和内部环境资源绩效审计三类：

（一）内部环境资源合规审计

内部环境资源合规审计主要是验证企业是否严格遵循国家、地方以及企业自身制定的环境法律、法规、政策和制度，确保企业在环境资源管理方面的合规性，包括对相关法律法规的执行情况进行细致的检查和评估。通过这种审查，可以促进企业在环境保护方面的法律遵从，加强其环境责任的履行。

目前，我国企业内部环境资源审计多以这类合规审计为主，审计内容包括：企业是否违反环境相关的法律法规；生产的产品是否符合国家产业政策的环境技术标准规范；环境会计的相关会计资料是否真实、合法；企业环境信息是否公开、透明；企业环境保护档案是否完整、真实可靠；是否有明确的登记污染排放情况，是否按规定缴纳排污费用、环境污染治理情况等。

（二）内部环境资源财务审计

内部环境资源财务审计包括对环境资源会计信息的核查，目的是验证企业的财务报告是否真实和准确地反映了环境管理和资源使用对企业财务状况的具体影响。这一过程确保了财务信息的透明度和可靠性，反映了企业在环境责任履行方面的经济后果。

例如，环境保护资金的使用，内部审计人员通过对企业生产经营的实际情况和审计要求的参照对企业环境保护资金使用程度进行审核，包括企业的环境资源会计信息是否及时、公开披露，是否达到公允性、真实性和完整性等标准。

内部环境资源财务审计的重点是对环境资源成本的审计，环境资源成本代表了企业为履行其环境资源责任所产生的支出量化。因此，通过内部环境资源审计督促企业建立健全环境资源会计核算体系，全面准确地核算环境资源成本，确保企业的环境资源活动得到恰当的记录和监督，从而促进其环境保护措施的有效实施。唯有如此，内部环境资源审计在推动企业环保方面的功能才能得到充分实现。

（三）内部环境资源绩效审计

内部环境资源绩效审计主要是由内部环境资源审计人员对环境管理与资源利用的充分性、有效性、效益性与经济性展开监督。主要包括：分析环境资源活动产生的经济效益、环境效益、社会效益；评估环境资源管理政策和规定的合理性、充分性；这些政策规定实施后的实际效果。

随着环境资源审计技术的不断进步和方法的创新，内部环境资源审计的重点已经发生了转变。传统上侧重于合规审计和财务审计的审计工作，现在越来越多地关注于绩效审计。绩效审计主要关注环境管理和资源利用对经济、社会

乃至政治层面的效益影响。

值得注意的是，内部环境资源绩效审计并非短期内可以完成并得出结论的过程。它是一项长期的、持续的活动。这是因为环境管理和资源利用所带来的效益可能不会迅速显现，而需要经过一段时间的积累和发展才能完全展现。因此，审计人员需要进行持续的监督和评估，以确保对企业环境资源绩效的全面和深入理解。

第二节 内部环境资源审计现状

一、我国内部环境资源审计实施现状

（一）环境资源相关法律法规的实施效果较弱

我国已构建了一套较全面的环境资源法律法规体系，其中不仅囊括了最新修订的《中华人民共和国环境保护法》，还涵盖了相关环境治理与资源利用等法律及 20 余项配套法规，同时，我国已正式缔结了多项国际环境协议。此外，地方层面出台的环境资源规章制度更是多达 600 余项，形成了一个庞大的地方性环境法制网络。尽管如此，这些法律、法规与规章在为企业环境保护与资源利用构筑外部约束力方面尚显不足。针对企业违规行为，当前的主要应对措施仍侧重于经济赔偿，且赔偿额度往往未能达到足够的惩戒效果。这种较低的违法成本直接削弱了法规的执行效力，导致其实施效果不尽如人意。

其主要原因在于：部分法规内容可能未能紧跟环境问题的新变化和新挑战，导致在实际操作中缺乏针对性和有效性；执法过程中可能存在的监管盲区、执法不严或选择性执法等现象削弱了法律的权威性和执行力；企业对于环境保护的意识和责任感参差不齐，一些企业出于经济利益的考虑，可能选择忽视或规避环保法规的约束。

若法律框架的强化能够显著提升企业的违法成本，甚至将其经营风险加大至足以影响其正常运营的境地，如面临停业整顿等严重后果，那么企业势必将更为主动地采取内部环境资源审计措施，以积极应对并解决自身面临的环境问题，从而实现环境保护与企业发展的和谐共生。

（二）未取得企业内部充分支持

内部环境资源审计通常由企业的治理层或管理层授权或委托进行，这主要是一种自主推动的内部审计形式。管理层和治理层应积极采纳内部环境资源审计的建议。仍有部分管理层或治理层认为内部环境资源审计的成效有限，不会直接助力企业发展。根据统计数据，我国约 70% 的污染源源自工业企业，而我国拥有超过 700 万家的工业企业，数量庞大，愿意主动进行内部环境资源审计的企业数量目前相对较少。

（三）审计内容较为传统且单一

我国企业实施内部环境资源审计时，重点通常放在检查企业是否遵守环境法规，以及环保资金的使用和执行效率上。这种审计方式有助于确保企业在环境资源管理方面的合规性，并评估其环保投资的效益。但其本质上是一种事后审计，它能够在一定程度上协助企业降低因环境资源问题而引发的诉讼风险。然而，对于众多企业而言，仅仅减少环境诉讼的可能性，并不足以全面降低经营风险。因此，降低环境资源诉讼风险不应成为企业进行内部环境资源审计的主要或唯一目的。审计的局限性制约了其在企业中更广泛的应用和进一步发展。

（四）内部环境资源审计人员专业能力不足

内部环境资源审计人员的专业素养，一定程度上反映出我国众多企业当前的实际情况。目前，许多从事内部环境资源审计的人员仍然属于从事传统审计的专业人员，主要背景为财务或会计专业，知识体系相对单一，主要局限于企业管理、财务会计以及审计基础。对于环境法律、环境管理与资源利用等相关知识，通常是在实际工作中才开始逐步接触和学习的，使他们在环境资源审计领域的专业能力不足。

从企业内部控制和风险管理的角度看，内部审计人员往往由原财务会计人员转型而来，有时甚至需要同时承担多项职责。长期处于同一工作环境可能导致他们对企业的环境资源管理活动了解不足，对环境资源风险的判断和识别能力有限，这直接影响了审计工作的效果。

二、我国内部环境资源审计的改进和创新途径

（一）探索与应用新的审计技术和手段，扩大审计覆盖面

（1）深入参与企业环境资源活动。在一些国家，环境资源审计被视为绩效审计的一部分。以英国和巴西为例，这些国家通过审计那些承担环境责任的政府部门和机构，来评估和提升政府工作的绩效。这种环境资源审计不仅能揭示问题，还能推动相关机构优化其工作流程。面对技术密集型领域时，聘请专业技术人员或行业专家进行支持和协助，是一种有效手段。此举不仅能够拓展审计的深度与广度，同时能保证审计结果的准确性与可信度。

（2）开展联合环境资源审计。随着新《中华人民共和国环境保护法》的颁布，公众对于环境治理的改善充满期待，特别是对执法机构的行动寄予厚望。

法律的效力源自其执行力度，无论法律条文多么详尽，若不付诸实践，便如同空谈。执法机构应抓住新法实施的机遇，加强执法的严格性，这既是必要的，也是迫切的。环境资源审计机构应会同环保部门开展联合审计，环保部门作为法律授权的环境保护监管机构，依法拥有执行处罚、查封、扣押、限制生产和公开约谈等多种执法手段。为了加强环境法规的执行力度，应进一步扩大处罚的范围并加大处罚强度，以确保对违规排污企业的惩处既能起到警示作用，也能实现惩戒目的。

政府、民间和内部环境绩效审计资源整合研究

（二）提高企业对内部环境资源审计的认可与支持

（1）加强环境治理与环境资源审计的教育与宣传。在信息化飞速发展的当代社会，新闻媒体的作用不容忽视，特别是在加强环境资源审计的教育与宣传方面。公众和环保组织在推动企业主动或被动地披露环境报告方面扮演着至关重要的角色。政府不仅要通过法律手段强化环保法规的执行力度，还应积极动员社会各界参与到环保宣传和教育中。通过提升公众的环保意识和责任感，借助舆论的力量，可以促使企业在生产和经营过程中采取更加符合可持续发展原则的措施。此外，政府应利用媒体平台，普及环保知识，提高公众对环境问题的认识，从而激发社会各界对环境保护的关注和参与。同时，鼓励和支持环保组织的发展，为它们提供必要的资源和支持，让这些组织在推广环保理念、监督企业环境行为、提高公众环保意识等方面发挥更大的作用。通过这些措施，可以构建一个全社会共同参与的环境保护体系，推动企业在可持续发展的道路上不断前行。

（2）改变传统成本的观念，加强环境资源审计意识。企业在推行内部环境资源审计时面临的主要障碍是审计成本与追求最大利润之间的张力。要解决这一矛盾，企业需转变其对成本的传统看法。在经济效益的驱动下，企业对于环保投资往往持谨慎态度，在一定程度上制约了环境资源审计的推广和深化。

企业需要认识到环境资源审计并非仅仅是成本的增加，而是一种长期投资，它有助于企业识别和预防潜在的环境风险，减少因环境问题导致的经济损失和声誉损害。环境资源审计可以帮助企业优化资源配置，提高资源利用效率，从而降低成本。

企业应将环境资源审计纳入战略规划中，与企业的可持续发展目标相结合。通过环境资源审计，企业可以更好地了解自身的环境影响，制定有效的环境管理措施，提升企业的绿色竞争力和市场形象。

　　企业还可以通过技术创新和流程优化来降低环境资源审计的成本。例如，采用清洁生产技术、循环经济模式等，不仅可以减少污染物排放，降低环境治理成本，还可以提高资源的循环利用率，创造新的经济价值；加强与环保组织、科研机构、供应商和消费者的沟通与合作，共同推动环境资源审计的实施。通过建立多方参与的合作机制，企业可以获得更多的环境管理经验和技术支持，降低环境资源审计的难度和成本。

　　政府和行业协会可以通过政策引导和技术支持，帮助企业降低环境资源审计的成本。例如，提供环保技术研发的财政补贴、税收优惠等激励措施，支持企业开展环境资源审计和环境管理体系建设。

　　改变传统成本观念，加强环境资源审计意识，是企业实现可持续发展的关键。通过创新思维和多方合作，企业可以克服环境资源审计的成本障碍，实现经济效益与环境效益的双赢。

　　（三）深化内部环境资源审计内容，强化风险管理

　　1. 审计活动对于提高环境资源会计信息的质量至关重要，高质量的信息是环境资源审计有效性的基础

　　财务审计，作为审计体系的基石，其主要目标是确认经济活动的合法性、合规性和精确性。因此，企业在开展内部环境资源审计的过程中，首要任务是确保财务数据的真实性和合法性，以增强审计的监督作用。

　　同时，企业应持续收集和分析审计过程中遇到的问题，并深入研究这些问题，以促进内部环境资源审计的持续改进和深化。在这一过程中，企业应重视财务审计的基础性作用，认识其在确保经济活动合法、有效和真实性方面的重要性。通过不断积累和分析审计中的问题，企业可以更深入地理解环境资源会计信息的重要性，并采取有效措施，推动内部环境资源审计的深入实施。这种做法不仅有助于提高审计的质量和效果，还能促进企业在环境保护和资源管理方面的持续进步。

　　企业在实施环境资源会计信息审计时，应采取全面和系统的方法，包括但不限于对企业的资源消耗、废弃物排放、环境治理成本等进行全面的审查和评估。通过这种全面审计，企业可以更准确地掌握自身的环境影响，制定更为科学和有效的环境管理策略。

　　在审计过程中，企业应关注环境资源会计信息的透明度和可比性。这不仅有助于企业内部管理和决策，也有助于外部利益相关者（如投资者、消费者和

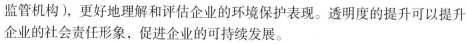

监管机构），更好地理解和评估企业的环境保护表现。透明度的提升可以提升企业的社会责任形象，促进企业的可持续发展。

除此之外，企业应加强与外部审计机构的合作，利用外部审计的专业性和独立性，提高环境资源会计信息审计的质量和效果。外部审计机构可以为企业提供专业的审计服务和建议，帮助企业发现和解决环境资源管理中的问题，提升企业的环保水平。

企业应积极参与行业和地区的环境资源审计标准及规范的制定，推动行业和地区的环境资源管理水平的提升。通过参与标准的制定，企业不仅可以提升自身的环境管理能力，还可以为行业和地区的环境保护做出贡献。

将环境资源会计信息审计的结果纳入企业的决策和战略规划中，作为企业可持续发展的重要参考。通过将审计结果与企业的长期发展目标相结合，企业可以更好地平衡经济效益和环境效益，实现企业的可持续发展。

2. 开展清洁生产审计

清洁生产审计在环境资源审计和管理审计中占据着举足轻重的地位，其主要目的是减少污染物的排放和资源的消耗。这种审计方法被视为实现可持续发展的关键途径之一。企业应以自身为出发点，从生产流程、技术工艺、设备更新等方面进行全面的清洁生产审计。这不仅是企业推动自身可持续发展的关键策略，也是履行其社会责任的重要表现。

在实施清洁生产审计的过程中，企业需要综合考虑生产过程中的各个环节，通过优化生产工艺、改进设备和提升管理水平，达到减少污染和节约资源的目的。我国企业在规模、技术水平和环保意识上存在差异，从拥有先进环保技术和设备的企业到缺乏环保措施的民营企业，清洁审计都是一项普遍适用且有益的工作。重要的是，清洁生产审计不仅适用于那些已经具备一定环保基础的企业，对于那些尚未实施环保措施的企业来说，更是一个提升自身环保水平、实现可持续发展的契机。通过清洁生产审计，企业可以识别和解决生产过程中的环境问题，提高资源利用效率，减少对环境的负面影响。因此，无论企业的规模大小或环保基础如何，都应重视并实施清洁生产审计，以促进企业的绿色发展和社会责任的履行。这不仅是对企业自身负责，也是对社会和环境负责的表现。

（四）加强对内部环境资源审计人员的管理

1. 建立科学的选聘和考评制度

建立和完善选聘与考核体系至关重要。在招聘过程中，企业应指派经验丰富的高级管理人员负责选拔工作，以公正和透明的方式挑选合适的内部环境资源审计人员。考虑到内部环境资源审计职位的专业性强，选拔流程不仅要考察候选人在审计和环境科学领域的知识，还应评估其在实际审计操作中的能力。

选拔过程中应重视候选人的分析能力和解决问题的能力，这些技能对于内部环境资源审计岗位至关重要。企业应确保内部环境资源审计人员不仅具备必要的理论知识，而且能够将这些知识应用于实际工作中，以应对复杂的审计挑战。

同时，企业应建立一个全面的绩效评估体系，以定期评估员工的工作表现和专业发展。这个体系应包括定量和定性的评价标准，如审计项目完成的质量和效率、客户满意度、团队合作能力以及持续学习和改进的意愿。为了激励员工的积极性和创新精神，企业可以设立奖励和认可机制，对表现出色的员工给予表彰和奖励。这不仅能够提高员工的工作满意度，还能够吸引和留住顶尖人才。

2. 加强后续的培训教育

强化对内部环境资源审计人员的持续教育和培训是企业管理者的重要职责。企业管理层需对这些专业人员进行定期培训，确保环境科学和公共管理成为员工培训的核心内容。通过持续的教育，可以确保审计人员的知识结构与时俱进，满足行业发展的需求。此外，企业应倡导并支持员工的自主学习和专业发展，鼓励他们通过不断学习来提升自身的专业技能和知识水平。这种自我驱动的学习态度有助于员工在快速变化的工作环境中保持竞争力，并确保他们在专业领域内的持续成长。定期的培训计划不仅涵盖理论知识，还应包括实践技能的培养，以提高审计人员解决实际问题的能力。

第三节　内部环境资源审计案例 [①]

一、相关项目概述

TY 纸业公司创立于 1982 年，资产总额超过 290 亿元，每年仅浆纸产能就逾 600 万吨，拥有员工 1 万余人。TY 纸业公司已在深交所上市，在中国造纸行业中排名前三，公司的综合实力位列中国企业前 500 强、世界造纸前 50 强。TY 纸业公司是全国最大的高档涂布包装纸板生产基地及民营上市造纸企业、食品级包装用纸领军企业。曾多次荣获"A 省环境友好企业""A 省节能先进企业""A 省循环经济和绿色环保十佳品牌企业"等荣誉称号。TY 纸业公司下设 16 个职能部门，如图 5-1 所示。

[①] 本节案例主要根据阎承儒 . TY 纸业公司内部环境审计案例研究［D］. 中国财政科学研究院学位论文，2018. 改编。

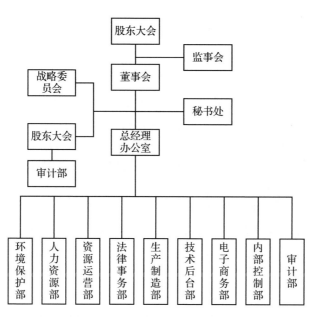

图 5-1 TY 纸业职能部门设置

2016 年全年，TY 纸业公司完成浆纸产量 498 万吨，同比增长 27.89%，实现营业总收入 442 亿元，同比增长 3.15%，完成利税 24.89 亿元，同比增长 83.71%，上缴国地税 11.36 亿元，同比增长 19.72%，上缴海关税 9.38 亿元。2017 年 1~7 月，集团完成浆纸产量 333.39 万吨，同比增长 24.96%，实现营业总收入 258.89 亿元，同比增长 1.66%，完成利税 26.7 亿元，同比增长 118.84%，上缴国地税 10.15 亿元，同比增长 63.35%，完成进出口总额 8.54 亿美元，同比增长 19.51%。

截至 2016 年底，TY 纸业公司累计投入 40 亿余元用于污染治理。2008 年底，公司投资 2.6 亿元新建一套 80000 立方米 / 天废水处理系统。对厂区内三条运行良好的治污生产线实现整合升级。2011 年，公司投资建设了 20000 立方米 / 天中水膜处理再回用工程，工程采用预处理加膜过滤工艺，其中预处理单元主要作用为去除废水中悬浮物、胶体、浊度及色度后，经泵提升进入膜过滤装置进行脱盐处理，脱盐率达到 98%，产水电导率小于 20 微西门 / 厘米，综合产水率为 60% 左右，产水再经混床进一步处理后回用至热电厂，反洗水及浓水再回到废水处理站进一步处理。TY 纸业公司开展清洁生产，实施循环经济，全面构筑"治、用、保、防、控"水污染防治体系，对系统内废水、废渣及废气进行回收，大大节约了水、电、汽等能源与资源。

二、TY 纸业内部环境资源审计现状

（一）TY 纸业公司内部审计部门组织结构与职责

1. TY 纸业公司内部审计机构

TY 纸业公司制定了内部审计的管理规定，设立了审计委员会。审计部是审计委员会的专门工作机构，牵头组织开展各类审计工作；审计部成员有总审计师 1 人，审计师 2 人；成员专业背景均为财务、会计及审计专业。在进行内部环境资源审计时，由董事长负责抽调环境保护部门、技术部门与生产部门专业人员，协助审计部完成环境资源审计工作。

2. TY 纸业公司审计部门职责

审计部的具体职责主要包括：制定内部审计的规章制度、工作目标与计划；对公司进行经济责任审计、内部控制审计、经济效益审计、财务基础审计、环境资源审计；公司领导及审计委员会安排的其他审计检查工作等。

（二）TY 纸业公司内部环境资源审计目标与内容

从 2013 年开始，TY 纸业公司在内部审计的基础上逐步开展环境资源审计，包括内部环境资源合规审计、内部环境资源财务审计和内部环境资源绩效审计三个方面。

1. 内部环境资源合规审计

TY 纸业公司实施内部环境资源合规审计的目标：一是本公司是否已建立较为完整且有效的环境保护制度；二是用于环境保护工程建设的资金是否按照合同规定做到专项专用；三是本公司纸产品、快消品与新材料的生产、经营活动是否遵守《造纸工业水污染物排放标准（GB3544—92）》《造纸工业污染防治技术政策》《南水北调沿线水污染排放标准》以及 TY 纸业公司的环保标准。内部环境资源合规审计的主要内容如图 5-2 所示。

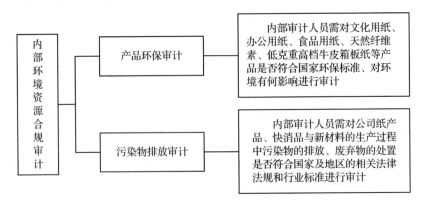

图 5-2　TY 纸业内部环境资源合规审计的主要内容

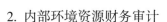

2. 内部环境资源财务审计

TY 纸业公司内部环境资源财务审计的目标：一是本公司财务人员是否及时、完整地记录了与环保相关的生产经营活动与工程设施建设事项；二是本公司财务人员所记录的与环保相关的生产经营活动与工程设施建设是否真实、有效，金额是否正确、适当；三是本公司财务人员是否对环境相关事项做出恰当披露。

3. 内部环境资源绩效审计

TY 纸业公司内部环境资源绩效审计的目标为：一是 80000 立方米 / 天废水处理系统、20000 立方米 / 天中水膜处理再回用工程等环保设施是否达到预计污染物排放目标；二是本公司建设的环保设施能否实现在污染物的排放量降低的前提下提高产量、增加利税。

三、TY 纸业公司内部环境资源审计实施结果

TY 纸业公司内部环境资源审计结果显示，2016 年，该公司基本完成预定的环保目标，与未实施内部环境资源审计时相比，发生的环境污染事件大幅度下降，具体情况如下：

（1）在实施内部环境资源合规审计时发现：其一，TY 纸业公司未建立针对本公司的环境保护制度，其纸产品、快消品与新材料的生产、经营活动所遵守的环保制度为《A 省造纸工业水污染物排放标准》《A 省海河流域水污染物综合排放标准》，其污染物排放量标准不到国家标准的 1/3，大大减少了污染物的排放；其二，用于环境保护工程建设的资金分为自筹资金与地方政府财政拨款，已按照合同规定做到专项专用。

（2）在实施内部环境资源财务审计时发现：其一，TY 纸业公司未设立专门的环境资源会计科目，其"排污与污水治理费"支出分别在"管理费用"与"支付的其他与经营活动有关的现金"中反映，财务信息中未体现"碳排放权"的所属科目；其二，财务人员基本及时、完整地记录了与环保相关的财务信息且金额真实、有效；其三，TY 纸业公司财务人员未对环境资源相关事项做出恰当披露。

（3）在实施内部环境资源绩效审计时发现：其一，80000 立方米 / 天废水处理系统、20000 立方米 / 天中水膜处理再回用工程等环保设施已达到预计污染物排放目标，指标优于南水北调核心区域要求，同时利用膜过滤技术实现循环利用，减少了地下水开采；其二，截至 2016 年，TY 纸业公司累计投入40 多亿元用于环保治理，在产量提高近 10 倍、利税增加近 7 倍的情况下，主要污染物的排放量减少了 90% 多。

四、TY 纸业公司内部环境资源审计实施效果评价

TY 纸业公司从 2013 年开始实施内部环境资源审计，从污染物排放、能源消耗、环保资金使用以及法律法规遵守方面看，均有较大的改善。具体情况如下：

（1）在废弃物排放方面，TY 纸业公司及时调整排放标准，与《A 省造纸工业水污染物排放标准》《A 省海河流域水污染物综合排放标准》保持一致。污染物 COD、BOD 排放量锐减 80%，出境水质稳定在 COD 达到 30 毫克 / 升以下、BOD 达到 10 毫克 / 升以下，吨纸排污量是原来的 1/36，如图 5-3 所示。

进水水质

项目	浓度	项目	浓度
COD	≤3000毫克/升	SO_2	≤2500毫克/升
BOD	≤600毫克/升	pH	6~9

出水水质

项目	浓度	项目	浓度
COD	≤30毫克/升	SO_2	≤30毫克/升
BOD	≤10毫克/升	pH	6~9

图 5-3　TY 纸业水污染物排放指标

通过增加炉外脱硫设施，脱硫效率由原来 85% 提高到 95% 以上，SO_2 的排放量减少 2/3。经环境保护部门专家认定，80000 立方米 / 天废水处理系统、20000 立方米 / 天中水膜处理再回用工程已逐步显示出其作用。

（2）在能源使用方面，TY 纸业公司的环境成果不仅在污染治理方面有所改善，同时还体现在节约能源方面。本书选择 TY 纸业公司 2012 年之后的 5 年能源消耗数据来分析。TY 纸业公司新建成背压汽轮发电机组实现每年节约标准煤 10 万吨左右，依托完善的污水治理系统，在生产前端使用多圆盘回用、预处理等进行技术，实现了纸机白水的封闭循环使用，吨纸平均耗水由过去的 7.8 立方米降低至目前的 5.5 立方米，年节约地下水 5000 多立方米，大大节约了地下水资源。

（3）在环境治理专项资金使用方面，通过内部环境资源审计 TY 纸业公司环境治理资金做到专项专用，杜绝以往环保资金挪用、项目经理贪污等情况的发生。TY 纸业公司 80000 立方米 / 天废水处理系统和 20000 立方米 / 天中水膜处理再回用工程的价款，其中，60% 由 Z 市市政府出资，其余建设资金由 TY

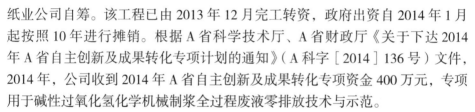

纸业公司自筹。该工程已由 2013 年 12 月完工转资，政府出资自 2014 年 1 月起按照 10 年进行摊销。根据 A 省科学技术厅、A 省财政厅《关于下达 2014 年 A 省自主创新及成果转化专项计划的通知》（A 科字［2014］136 号）文件，2014 年，公司收到 2014 年 A 省自主创新及成果转化专项资金 400 万元，专项用于碱性过氧化氢化学机械制浆全过程废液零排放技术与示范。

（4）在环境法律法规遵守情况方面，TY 纸业公司 2011 年曾经因使用落后的草浆生产法并大量使用"洋垃圾"，在地下铺设大量渗透式排污管道，污染当地地下水，主厂区周围气味刺鼻。此外，在 X 镇有一片千亩垃圾场，处理简单，严重污染当地环境而被举报，A 省环保厅责令 TY 纸业公司停工改造，并罚款 30 万元。在实施内部环境审计之后，未发生严重的污染事件，并有效减少行政处罚。TY 纸业公司从 2011 年开始投建 20000 立方米／天中水膜处理再回用工程，但该项工程在建设过程中出现资金链断裂，导致建设周期延长。该项工程未能及时发挥环境保护作用，并于 2014 年发生"污水异味污染"举报事件，由 A 省环保厅责令限期整改。

五、TY 纸业公司内部环境资源审计的问题分析

TY 纸业公司从 2013 年开展了内部环境资源审计，与其他高污染、高耗能企业相比在环保工作中已遥遥领先。但由于我国内部环境资源审计发展缓慢、未形成完整的理论体系，且可借鉴的内部环境资源审计实际工作较少，TY 纸业公司在内部环境资源审计工作中还存在诸多问题。

（一）内部环境资源审计意识落后

我国环境资源审计的研究始于 1994 年，经历了 20 多年的发展，环境资源审计也只是初建成理论体系，针对企业内部环境资源审计的理论体系还不完善。从"先污染、后治理"到保护生态环境，践行可持续发展，企业逐步意识到环境保护的重要性。政府审计机构针对淮河流域等地区水污染进行了环境绩效审计，相对于政府环境资源审计，企业内部进行环境资源审计却少之又少。

TY 纸业公司审计委员会是由公司董事长领导，但公司管理层对内部环境资源审计的重要性未能理解透彻，导致审计委员会被"架空"、内部审计部门不作为，在实施审计过程中时常出现被审计部门不配合等情况。通过和 TY 纸业公司审计人员及环保人员之外的其他工作人员交谈发现，大部分员工没有听说过内部环境资源审计这项内容，认为只要公司按照要求正常使用污染物处理设备便不会出现罚款和停工整顿的事情。同时，TY 纸业公司内部审计人员对内部环境资源审计的本质和作用理解不够深刻，78% 的高层管理人员认为环境资源审计应由政府审计机关或者会计师事务所来做，企业人员只需建设并运

行环保设施即可，没有必要专门进行审计。

（二）内部环境资源审计人员资源配置不足

TY 纸业公司审计部的成员专业背景均为财务、会计及审计专业，缺乏环境保护、造纸工艺流程等方面的专业知识，导致在审计工作中很难充分了解环境设施的复杂性，对生产线是否真的可以降低能耗、企业环保设施是否产生经济性、效益性和效果性不能正确地发表内部审计意见。

（三）内部环境资源审计介入项目时间滞后

目前，TY 纸业公司内部环境资源审计是对环境资金使用状况、环保设施的运行成果、环境治理改善效果进行事后审计评估。但事后审计存在诸多的问题：

（1）事后审计缺乏全面性。环保工程项目所需的资金量一般比较大，需要资金到位后才能启动，而且环保工程建设期较长，在工程建设时可能会慢慢对周围环境产生影响。而污染物排放量与产品能耗量的改善可能与前期的一些未完工的环保工程相关。

（2）事后审计缺乏客观性。大多数环保工程的环境效益需要十几年才能显现出来，最快也要经历几年的时间。现在我国的评价标准只能反映该项目当时的环境情形，而非客观评价，不能体现出日后长期的客观环保绩效。

（3）事后审计缺乏时效性。事后审计其实是一种补救措施，虽然也可以出具一些审计建议，但往往都是消极的防范机制，内部环境资源审计应该是企业的免疫系统，但事后审计却起不到预防和制约的作用。

（四）内部环境资源审计实务的局限性

公司内部环境资源审计内容大多为合规性审计、财务审计和绩效审计。TY 纸业公司合规性审计主要判断现有环保设施的运行是否遵循行业排污标准、省环保厅及市环保局下达的环保标准，环保项目资金使用是否符合政府和公司规定等。

TY 纸业公司内部环境绩效审计在考量效果性、效益性、经济性的过程中，主要是审查环保资金的使用情况，如审计师主要的关注点为项目投资建成后产生的经济和社会效益的评估，但目前绩效审计发展相对其他审计类型来讲发展较为缓慢，审计程序不全面。企业内部审计人员往往基于单纯的排污数据与能源消耗量而形成总体审计结论，缺少对环境绩效因素的深入探讨。

通过内部环境资源审计发现，TY 纸业公司没有全面地披露其环境财务信息，如未设立可以体现"碳排放权"的环境会计科目。在内部环境资源审计过程中，环境财务审计只是审核与环保设施投入建设相关的合同、凭证和财务报表。环境会计及其准则规范的缺失，使环境资源审计过程中难以确定审计对象或难以对所获得的信息进行评价，导致审计工作无法进行。而在我国，环境资

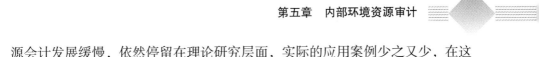

源会计发展缓慢，依然停留在理论研究层面，实际的应用案例少之又少，在这样的背景下，环境资源审计显然缺乏实践前提。

（五）未严格执行审计流程

纸业公司审计委员会受董事长的直接领导。审计委员会领导层对内部环境资源审计的不重视直接影响到审计人员实施审计时的态度，通过调查发现，审计人员并未严格按照审计实施流程开展工作，主要体现在两方面：一是审计工作主要为控制测试，在实施实质性测试时只开展了问询工作，没有进行"对比档案记录内容与实际结果是否相符"等详细测试；二是在审计结束后，审计小组成员未按要求编制内部环境资源审计报告。

根据内部审计人员反映，若无重大环境污染事件发生，内审部门一般不会提出整改建议。若出现较为严重的环境污染举报、停工整改事件，审计人员出具的建议也只是"进一步完善并严格实施水污染防治措施""加大水污染防治资金投入""加强环境保护监督力度"此类说辞，没有明确指出具体的整改办法。若董事长认为没有必要进行后续整改，则环保部门与技术部门不会开展后续整改工作。

【思考题】

1. 有效开展内部环境资源审计的方法有哪些？

2. 查阅文献，比较近些年学者对于内部环境资源审计的对象主要有哪些不同的观点？

3. 内部环境资源审计的特征是什么？

4. 目前我国开展内部环境资源审计的困难主要有哪些？

5. 试就我国内部环境资源审计发展现状，谈谈进一步发展的路径有哪些？

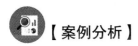

【案例分析】

SG集团内部环境资源审计

SG集团作为国家农业产业化的重点龙头企业，同时是国家星火计划项目的示范单位，其"SG"商标已被评为中国著名的商标。该企业拥有1.5亿元的注册资本和20亿元的总资产，员工总数超过20000人，并拥有17家子公司。经过多年的不懈努力和创业，SG集团已经成长为一个涵盖粮食贸易和深加工、饲料及原料的生产与研发、畜禽优良品种的培育与推广、规模化养殖小区、畜禽屠宰、特色调理食品生产、品牌连锁经营以及农业专业合作联社等多领域的大型综合企业集团。

近年来，随着企业自身生产的发展，其可能引发的环境问题引起了国家政府和社会公众的高度关注。为了应对这一挑战，SG 集团分别在 2007 年和 2014 年实施了两次大规模的环保项目改造，严格规范了公司各类污染物的排放标准和处理方法。

自 2014 年起，SG 集团在原有内部审计框架内，逐步拓展至内部环境资源审计领域。其核心宗旨在于实现企业成长与环境保护的平衡，以确保企业能够实现长期的可持续发展。内部环境资源审计工作主要分为两大板块：首先是对企业环境资源相关的财务状况进行审核，其次是对企业在环境资源管理方面的合规性进行评估。

1. SG 集团内部环境资源财务审计

SG 集团推行环境资源财务审计的主要目的包括两个方面：首先，确保财务人员准确无误地记录了与环境保护相关的经营活动所产生的费用，以及环境保护资金的具体使用情况，确保记录的及时性和真实性。其次，评估财务人员是否对环境资源相关财务信息进行了公开透明的披露，并且这些披露的信息是否达到了真实性、公正性和完整性的标准。SG 集团内部环境资源财务审计内容如图 5-4 所示。

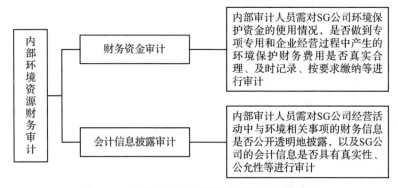

图 5-4　SG 集团内部环境资源财务审计内容

2. SG 集团内部环境资源合规审计

SG 集团开展环境资源合规审计的目的是双重的：首先，验证企业在生产运营过程中产生的废水是否符合《辽宁省污水综合排放标准》（DB 21-1627-2008），排放的气体是否满足《恶臭污染排放标准》（GB 14554-93），以及厂界噪声是否遵循《工业企业厂界环境噪声排放标准》（GB 12348-2008）等环保法规。其次，评估企业是否已经建立了一套科学且全面的环境保护管理体系，这套体系不仅涵盖了日常经营活动中的环保保障措施，还包括了应对突发环境事故的应急预案。SG集团内部环境资源合规审计内容如图5-5所示。

根据SG集团在内部环境资源财务审计和合规性审计方面的实施情况，该集团已经构建了一系列环境保护预案。这些预案旨在加强环境资源的保护和管理，确保企业运营符合环保标准和法规要求，如表5-1所示。

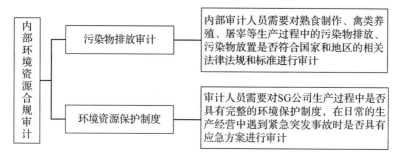

图5-5 SG集团内部环境资源合规审计内容

表5-1 SG集团环境资源保护预案

制度名称	简要说明
用于企业生产过程中产生的有关生产、生活、服务等包装物的控制	用于各种企业内部生产、服务、生活、产品等包装物的控制
日常生产过程中产生的危险废物管理制度	加强对危险废物的管理，保障人身安全和公共安全
火灾、中毒、泄漏等应急方案措施	提高工作人员的专业素质，加强应急救援组织，避免对人员、环境、财产造成损失
污泥膨胀和污水处理装置停电等应急处理方案	加强发生自然原因或意外原因造成的现场事故处置，将负面影响降到最低
环境监视和管理程序	对具有重大环境影响可能性的经营运行监管
固体废料环境影响分析	对生产过程中产生的固体废料进行回收清运
大气污染、噪声污染、水污染控制程序	对于在运营过程中产生的大气排放、噪声排放、污水排放等污染管控
化学品的使用、储存控制	对易燃易爆、有刺激性气味、有毒化学品的储存、使用管理及控制
环境活动应急情况准备和相应的管理程序	对企业内部环境活动中出现的突发情况做出相应的应急解决措施

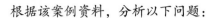

根据该案例资料，分析以下问题：

（1）思考内部环境资源审计的内容和审计流程。

（2）结合本案例对SG集团内部环境资源审计提出意见和建议。

6

第六章　注册会计师环境资源审计

【学习目标】

1. 熟悉注册会计师环境资源审计的形式与内容。
2. 熟悉注册会计师环境资源审计的作用与意义。
3. 了解注册会计师环境资源审计的实施现状以及存在的问题。

【拓展阅读】

汇丰控股有限公司披露的由普华永道会计师事务所出具的《2021年融资排放鉴证报告》以及《2021年鉴证报告——碳排放》为例，普华永道会计师事务所在《2021年融资排放鉴证报告》审计过程中完成的工作内容：询问汇丰的管理层，包括负责治理、管理和报告的管理层；考虑汇丰使用报告标准作为编制主题信息的基础情况下的适用性；了解并评估记录和报告主题信息的关键结构、系统、流程和控制的设计；选择性地对主题信息进行了有限的实质性测试，包括通过对比内部和外部证据，测试按行业、银行服务性质和质量分数对数据的分类，和对有限数量的项目重新进行计算，并就内部和外部来源的输入数据达成一致，如温室气体排放量、公司经营活动、公司收入、企业价值和市场价值；考虑了主题信息的披露和呈现。在《2021年鉴证报告——碳排放》完成的工作内容：询问汇丰管理层以及负责治理、管理和报告的人员；考虑汇丰使用报告标准作为编制主题信息基础的情况下的适用性；了解并评估管理、记录和报告主题信息的关键结构、系统、流程和控制的设计，包括分析根据其固有风险和对集团的重要性选择的多个营业点，以了解向集团团队报告现场绩效数据的关键流程和控制措施，在公司总部选择性地对主题信息进行有限的实质性测试，并针对九个营业点进行测试，包括同意向内部和外部来源报告数据，如发票、费用数据和排放系数，根据基础数据重新计算排放数据；考虑了主题信息的披露和呈现。

这两份报告均为有限鉴证报告。与合理鉴证报告相比，有限保证的鉴证报告一般以消极方式提出结论。《2021 年融资排放鉴证报告》出具的结论显示，根据执行的程序和获得的证据，没有注意到任何情况表明其排放信息未按照规定编制。《2021 年鉴证报告——碳排放》的结论为，根据执行的程序和获得的证据，没有注意到任何情况，使普华永道会计师事务所相信截至 2021 年 9 月 30 日年度的主题信息在所有重大方面都未按照报告标准编制。

这两份审计报告的整体结构一致，各自包含了结论、主题信息和报告标准、应用的专业标准和保证水平、独立性和质量控制、了解报告和测量方法、主题信息的固有限制、已完成的工作、汇丰的责任等。

第一节　注册会计师环境资源审计概述

一、注册会计师环境资源审计的概念

随着经济的发展和工业化进程的加快，企业生产经营活动对环境的影响日益显著，各种环境问题随之涌现，这些环境问题给人类生产生活带来了严重阻碍。各国政府、社会公众和投资者越来越关注企业的环境责任和可持续性表现。这要求企业不仅要在生产过程中减少污染、生产绿色产品，还要承担起环境治理与有效利用资源的责任。注册会计师作为受托经济责任的鉴证者，有责任通过环境资源审计来验证企业环境管理和保护措施的有效性，以及与环境活动相关的信息的真实性和合法性。

发挥注册会计师环境审计作用初探

注册会计师环境资源审计是以注册会计师为审计主体，对政府、企事业单位的环境资源财务信息、环境资源合规信息、环境资源绩效信息进行鉴证的一种经济活动。其目的是对外增强外界对被审计单位环境资源信息披露的信赖程度，对内优化被审计单位的环境资源管理活动、提升环境资源管理活动的效益。与政府环境资源审计和内部环境资源审计不同，注册会计师环境资源审

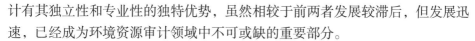

计有其独立性和专业性的独特优势，虽然相较于前两者发展较滞后，但发展迅速，已经成为环境资源审计领域中不可或缺的重要部分。

在可持续发展观念的引领下，环境治理并不仅仅是政府的职责，企业作为主要的污染源，也需要参与进来。并且随着可持续发展理念逐渐深入公司治理中，社会公众对企业在环境保护合规和环境保护活动绩效上有了更多的关注。因此，企业如果想树立良好的企业形象，吸引广大投资者，需要做好环境资源保护，按照规定进行环境保护活动，做好环境资源信息披露。注册会计师长期以来为企业提供财务报表审计等鉴证服务，具有丰富的人力资源和充分的审计经验。随着环境资源审计的不断发展，注册会计师有望成为推动该领域发展的主导力量。

二、注册会计师环境资源审计的主体

注册会计师环境资源审计的主体是注册会计师。目前，从审计主体角度划分，环境资源审计分为政府环境资源审计、内部环境资源审计与注册会计师环境资源审计。从环境资源审计的历史发展看，政府环境资源审计发展最早，随着整个社会对环境资源问题的日益重视，政府监管部门对企业的环境治理与资源利用信息披露有了更多要求，企业对环境治理与资源利用也有了更多的重视，企业内部就有了产生内部环境资源审计的动力。注册会计师的发展较晚，但随着环境资源信息第三方独立鉴证的兴起，注册会计师正在环境资源审计的领域中扮演重要角色。

注册会计师的职能是随着时代的变化而与时俱进的。在当今时代，环境资源问题越来越受到重视，人与自然和谐共生成为企业必将走的一条路，企业对环境保护和可持续发展有了更多的需求，这推动着注册会计师职能的转变。注册会计师要通过环境资源审计，提高社会公众对企业环境保护的信赖程度，加强对企业环境污染行为的监管，提高企业环境管理活动的效益，帮助企业高效可持续运营。

环境资源审计是目前的新兴审计领域，各大会计师事务所都纷纷试图通过ESG进入这个市场。目前看来，国际四大会计师事务所都纷纷成立了ESG部门，ESG是Environmental、Social和Governance的缩写，代表环境保护、社会责任与公司治理三个部分。一直以来，大众评价一家公司，通常都是从财务的角度衡量与评价它的收益与风险。但ESG引入了一个全新的维度，从环境保护、社会责任和公司治理等方面考察公司的表现，并以量化的方式影响公司估值，资本市场逐渐将企业的ESG表现纳入投资决策。ESG报告将会成为企业信息披露的重要部分，在未来将与企业的财务报告相辅相成。这些大型会计师

事务所 ESG 部门的一项重要业务是报告与鉴证，通过 ESG 信息披露报告帮助上市公司应对监管合规问题，同时就企业的 ESG 可持续发展表现进行诊断并提供专业建议，帮助提升 ESG 评级。

根据国际会计师联合会（IFAC）的调查报告，2021 年对可持续发展报告进行的鉴证服务中，57% 是由会计师事务所提供的，而剩余部分则由其他鉴证服务提供商完成。值得注意的是，这些其他提供商并未遵循国际质量管理（ISQM）准则。会计师事务所在执业时遵循相关的业务准则和职业道德准则，展现出高标准的专业水平、强大的独立性、严格的质量管理体系，以及受到监管部门的监督，这些特点使它们在可持续鉴证领域具有显著优势，并有望成为推动企业可持续发展的关键专业力量。

国际可持续发展标准委员会（ISSB）作为国际财务报告准则基金会下设的机构，致力于制定与可持续发展相关的财务报告标准。与此同时，国际审计与鉴证准则理事会（IAASB）负责制定涵盖审计、质量控制、审阅以及其他鉴证服务等方面的高质量国际准则，包括 ESG 鉴证准则。无论是国际标准的制定，还是国内准则的建立和资本市场的发展，注册会计师都扮演着关键的参与者和推动者角色。

会计师事务所在促进信息披露的公开性和透明度，以及构建资本市场良性生态系统的过程中，一直是不可或缺的专业力量。它们通过专业的审计和鉴证服务，为资本市场的健康发展提供了坚实的支持。

在环境资源审计领域，会计师事务所及其注册会计师能够发挥以下专业优势：

（1）利用其在财务和风险管理方面的专业知识，为企业提供关于环境资源风险和机遇的财务影响评估与披露的专业意见，特别是应对气候变化等相关问题，以支持企业的可持续发展。

（2）通过增强企业的信息披露质量，提高环境资源信息报告的可靠性，确保可持续信息披露报告与传统财务报告的一致性，这是注册会计师的专业专长所在。

（3）利用财务报表审计、内部控制评估以及环境资源信息鉴证等专业服务，推动上市公司在环境资源治理、战略规划、风险管理、关键指标和目标设定等方面进行流程优化和体系构建。同时，鼓励企业根据环保实践，明确环境资源信息披露的框架，并确保这些披露得以有效实施，进而推动企业的高质量发展。

这些标志着注册会计师在环境资源审计领域的参与度会越来越高，将成为环境资源审计领域的重要主体。

三、注册会计师环境资源审计的对象

根据审计对象的不同，注册会计师环境资源审计可以分为三类。

第一类审计对象是被审计单位的环境资源资金使用情况、与环境资源相关的财务事项、环境资源信息披露等，即注册会计师环境资源财务审计。

第二类审计对象是被审计单位的环境资源经营活动是否遵守相关的法律法规，即注册会计师环境资源合规审计。

第三类审计对象是被审计单位环境资源活动的效益，是否达到预期目标，成效如何，即注册会计师环境资源绩效审计。

早期注册会计师环境资源审计偏向于财务审计和合规审计，注册会计师在对企业的环境资源活动监管中更多考察的是环境活动合规与否、政府补助是否滥用、有无环境财务信息造假等。随着社会公众对企业可持续发展能力的重视，注册会计师环境资源审计将不仅仅停留于表面的环境资源财务审计和环境资源合规审计，而要深入考察企业的环保经营活动绩效，设计一套科学的绩效评价体系，评价企业的环境治理与资源利用是否达到预期目标，环保资金使用的效益如何。例如，在中国平安经注册会计师审计的《中国平安 2021 年可持续发展报告》中，大部分内容都是关于注册会计师环境资源绩效审计，如年度用电量、年度用水量、温室气体排放总量、固体废弃物产生量、可持续保险绩效等。随着各种环境信息披露规则的细化、绩效评价指标的统一规范，在不远的将来，环境资源绩效审计将是注册会计师环境资源审计的主要方向。

四、注册会计师环境资源审计的依据

注册会计师环境资源审计的依据是法律法规、注册会计师审计准则等。首先是法律法规：宪法作为根本法，是其他法律的立法基础，对环境法律法规起着统领作用，《中华人民共和国宪法》第 91 条规定："国务院设立审计机关，对国务院各部门和地方各级政府的财政收支，对国家的财政金融机构和企业事业组织的财务收支，进行审计监督。""审计机关在国务院总理领导下，依照法律规定独立行使审计监督权，不受其他行政机关、社会团体和个人的干涉。"《中华人民共和国宪法》第 109 条规定："县级以上的地方各级人民政府设立审计机关。地方各级审计机关依照法律规定独立行使审计监督权，对本级人民政府和上一级审计机关负责。"这些为政府审计机关提供了明确依据，实务中政府会由于人力不足等原因，将环境资源审计的工作外包给注册会计师审计，所以上述宪法的规定为注册会计师环境资源审计提供了依据。

我国已经构建了一个相对完整的环境保护法律框架，涵盖污染物排放、环

境保护原则等方面。其中包括《中华人民共和国环境保护法》等基础性法规，以及针对大气、水、海洋、土地、矿产、森林和草原等不同资源的专门性法律。《中华人民共和国环境保护税法》进一步规范了环境标准，这些标准既是征税的基础，也为环境审计提供了参考。

在行政法规和地方性法规层面，针对具体的审计目标和范围，制定了更为细致的规定。同时，根据环境法规和自然环境与社会环境的特点，制定了环境质量标准和污染物排放标准，这些标准对环境审计具有重要的指导意义。

2021 年 12 月 11 日，中华人民共和国生态环境部颁布了《企业环境信息依法披露管理办法》，要求企业依照《企业环境信息依法披露格式准则》编制并公布年度和临时性的环境信息披露报告。这些报告需提交至企业环境信息依法披露系统。在进行环境资源合规审计时，注册会计师将这些具体的法律法规和信息披露要求作为审计的直接依据。

证券交易所作为上市公司的监管机构之一，也有较详细的环境资源信息披露规定。例如，《上海证券市场交易所股票上市规则（2022 年 1 月修订）》的信息披露要求，其中明确要求上市公司按照规定编制并披露社会责任报告等非财务报告，践行可持续发展理念，主动承担社会责任、维护社会公共利益、重视生态环境保护等。《深圳证券交易所上市公司自律监管指引第三号——行业信息披露》中提到了特定行业需要披露环境污染以及安全生产事故的要求，如纺织类服装企业需要提供重大环境污染事故的负面信息，该指引中还细化了披露信息的类别，包括环境事故发生的基本情况，超标或者违规排放的情况，超标或者违规排放对环境、社会及其他利益相关者造成的影响和损失，以及事故处理方式和处理结果等。

审计准则的依据可以参照《中国注册会计师审计准则第 1631 号——财务报表审计中对环境事项的考虑》应用指南（2023 年 4 月 4 日修订），其中提到了注册会计师财务报表审计中关于环境事项的考虑，阐述了注册会计师如何考虑与环境相关的事项，如何进行审计工作等。

除注册会计师审计准则外，境内外会计师事务所对环境资源信息报告开展鉴证主要依据《国际鉴证业务准则第 3000 号——历史财务信息审计或审阅以外的鉴证业务（修订版）》（ISAE3000），对于环境信息报告中二氧化碳等温室气体排放信息或独立的温室气体排放报告则主要依据《国际鉴证业务准则第 3410 号——温室气体排放报告鉴证业务》（ISAE3410）。德勤华永会计师事务所对《中国平安 2021 年可持续发展报告》的第三方独立鉴证报告依据 IASE3000 准则，普华永道会计师事务所审计的《香港汇丰控股有限公司 2021 年碳排放报告》则依据 IASE3410 准则。

五、注册会计师环境资源审计的分类

1. 环境资源财务审计

环境资源财务审计主要指审计人员对企业和政府在环境治理与资金使用方面的审查及监督。通过环境资源财务审计，审计人员能够了解企业环境保护措施的执行情况，并确保这些措施的真实性得到公正和可靠的反映。环境资源财务审计的主要对象包括企业为环境保护投入的资金、环保设备更新的资金、政府对环保设施建设的财政拨款、环境报告、与环境资源相关的负债以及政府补助等。审计这些对象的目的是实现环境资源信息的透明披露。

注册会计师环境资源财务审计的具体内容可以参考《中国注册会计师审计准则第 1631 号——财务报表审计中对环境事项的考虑》的应用指南（2023 年 4 月 4 日修订版）。该指南详细阐述了注册会计师在财务报表审计过程中应如何考虑环境因素。

在进行环境资源财务审计时，注册会计师主要负责审查和监督企业及政府在环境保护领域的资金使用情况。通过这一过程，不仅能够了解企业在环境保护方面的财务信息，还能评估企业环境保护措施的实施效果，进而确保这些信息能够真实、公允地反映在对外公布的财务报表中。审计的主要对象包括：企业为环境保护投入的资金、环保设备的改造费用、各级政府对环保设施建设的资金分配、环境报告、与环境保护相关的负债以及政府的环保补助等。通过对这些项目的审计，可以确保环境审计信息的透明度和可靠性。

一般来说，影响财务报表的环境事项主要包括：①资产减值准备的计提，因环境法律法规的实施导致资产减值，需要计提资产减值准备；②罚款事项，因没有遵守环境法律法规，需要计提补救、赔偿或诉讼费用，或支付罚款等；③重污染企业的环境保护义务，某些被审计单位，如石油、天然气开采企业，化工厂或废弃物管理公司，因其核心业务而随之带来的环境保护义务；④自愿承担的推定义务，被审计单位自愿承担的环境保护推定义务；⑤或有事项，被审计单位需要在财务报表附注中披露的与环境事项相关的或有负债；⑥报表编制基础，在特殊情况下，违反环境法律法规可能对被审计单位的持续经营产生影响，并由此影响财务报表的编制基础。

2. 环境资源合规审计

环境资源合规审计作为一项监督工作，涵盖了政府和企业两个不同层面。在政府层面，审计的重点在于评估政府部门制定的环保政策是否与整体发展目标相一致，以及这些政策实施后是否达到了预期的环境效益。在企业层面，注册会计师需深入检查企业是否严格遵守了相关的环境法律法规，并确保其在日常运营中履行了相应的环境政策责任。审计的目的是促使企业在生产和经营过程中始终遵循国家的环保方针和政策，确保其行为符合法律法规的要求。一旦发现问题，注册会计师应提出合理的建议，帮助企业及时进行整改，以提升其环境管理水平。这样的审计过程，不仅有助于保障环境的可持续发展，也为政府和企业在环境保护方面提供了重要的反馈及改进机会。

3. 环境资源绩效审计

环境资源绩效审计指专注于评价环境管理及其相关工作的效率、效果和成本效益的审计活动。它通过运用多样的评价技术，致力于提高企业在环境保护、环境治理和风险管理等关键领域的绩效表现。

审计活动涵盖了对企业环境管理措施的深入分析和评估，以及对影响这些措施效率和效果的诸多因素的考察，其核心目标是确保环境资源得到恰当的利用，并力求资源价值的最大化。被审计单位全面而高效地承担起其环境绩效的责任，进而增强企业环境资源管理的整体效能。

此外，环境资源绩效审计还鼓励企业在科学合理地利用有限的自然资源的基础上，更好地理解和优化其对环境的影响，促进可持续发展，并在环境保护方面发挥领导作用。这不仅有助于企业履行其社会责任，同时也是实现其环境目标的关键。

例如，注册会计师在对某公司进行环境绩效审计时，通过系统分析即将启动或正在进行的、与环境相关的生产活动减少污染和废弃物的产生，确保产品满足安全、健康和环保的标准；同时将评估相关设备在达到排放标准后的实际排放量和能源消耗情况，审查公司在环境保护和资源节约方面的资金使用效率，包括评估环保资金投入后对公司污染物排放量的影响、环境污染治理能力的提升、企业内部环境管理能力的进步，以及环境因素对企业税收和利润的贡献等关键方面，全面评估公司的环境绩效和资源利用效率。

在执行环境资源绩效审计任务时，注册会计师必须依据一套标准来衡量绩效。这些评估标准可能涵盖行业内普遍接受的规范、企业自身的管理文件、业务操作的行业准则、技术经济的指标，以及企业历史上的可比数据。这些标准为注册会计师提供了评价环境效益的基准。为此，注册会计师应从多个维度进行考虑，包括但不限于环境法律法规、企业生产过程中产生的污染副产品，以及企业环境管理的关键指标。所选指标应综合考虑可持续发展的要求、企业的内部管理实践，以及法律法规的相关规定。评价指标体系应包含定量和定性指标，以确保评价结果的全面性和深入性。

六、注册会计师环境资源审计程序

《中国注册会计师审计准则第 1631 号——财务报表审计中对环境事项的考虑》应用指南（2023 年 4 月 4 日修订）明确了注册会计师财务报表审计中关于环境事项的考虑。注册会计师可以参照这一指南的相关规定，按照风险识别和评估、风险应对的基本思路实施环境资源审计。

现代风险导向观下的注册会计师环境审计

1. 了解环境资源活动要求和可能存在的环境资源问题

在执行环境资源审计时，注册会计师首先应深入了解被审计单位所在的行业背景以及该行业在环境资源活动方面所面临的具体要求和挑战。这包括对行业可能面临的重大环境资源风险的全面评估，这些风险既包括已经显现的，也包括潜在的。注册会计师还需识别企业所处行业普遍存在的环境资源问题，以及该企业特有的环境资源问题。

此外，对被审计单位所适用的环境资源法律法规的了解至关重要。在审计过程中，注册会计师需要评估被审计单位的产品、原材料、技术、工艺和设备是否遵守了法律法规的要求，以及它们是否属于法律强制或行业自愿淘汰的类别。这种了解有助于确保被审计单位的运营符合环境资源标准和法规要求。

注册会计师应进一步查阅被审计单位是否有因环境资源问题而受到的处罚或诉讼记录，并分析这些情况发生的原因。这些信息对于评估企业的环境资源合规性、风险管理和整体环境资源绩效至关重要。通过对这些关键方面的审查，注册会计师能够帮助被审计单位识别和改进环境资源管理中的不足，从而促进企业的可持续发展和环境资源责任的履行。

2. 了解环境资源活动相关的内部控制，注册会计师应考虑与环境资源活动相关的内部控制是否有效

在进行环境资源审计时，注册会计师需要从不同方面多角度深入了解被审计单位的环境资源管理控制环境。首先，注册会计师应评估该单位是否有专门的机构负责管理环境资源事项，以及这些机构的职权和责任是如何分配的。其次，还需了解该单位在业务考核中是否将环境资源因素纳入标准，并分析治理层在内部控制中对环境资源事项所承担的职责，这涉及它们对环境资源管理的

重视程度和所采取的措施。同时，管理层对环境资源活动的诚信和道德观念、管理理念、经营风格以及处理环境资源问题的方法也是审计的重点。还应涵盖环境资源控制系统的评估，这包括内部审计、与环境资源事项相关的人力资源政策和实践，以及确保职责适当分离的机制。这些控制系统的有效性对于确保环境资源管理的透明度和可靠性至关重要。通过这些审计程序的开展，注册会计师能够为被审计单位提供深入的分析和建议，帮助其优化环境资源管理控制，提升环境资源绩效，并促进企业在环境资源方面的可持续发展。

3. 收集与环境事项相关的法律法规

在审计过程中，注册会计师需系统性地收集与被审计单位环境资源相关的法律与法规要求，包括但不限于：依托对被审计单位所属行业特性及业务运作模式深入理解时累积的信息基础，挖掘适用的环境资源法规；主动与管理层及环境资源管理负责人沟通，探明其遵循环境资源法规的具体策略与操作流程；向管理层了解征询那些对业务运营构成基础性影响的环境资源法律与规定；与管理层深入探讨其确立的，旨在识别、评估环境资源诉讼与索赔风险，并据此进行财务记录与处理的策略框架。

4. 评估被审计单位环境资源风险

根据前述步骤已收集的资料，将了解到的被审计单位在环境资源方面存在的实际情况，以及相关内部控制的实施情况，再结合当地政府执行的法律法规相关情况进行评估，从而得出被审计单位在环境资源方面存在的风险和风险等级，对已实施的风险降低的手段和方法后仍存在的剩余风险，确定所需实施的实质性审计程序。

5. 实施审计策略

在注册会计师针对环境资源事项的审计策略中，其实质性程序可划分为几个主要环节：第一，调查环节，即向管理层及环境资源责任关键人员就企业商业保险覆盖范围是否包含环境资源风险进行深入探讨；第二，核查环节，此阶段涉及详尽审阅与环境议题紧密关联的文件、记录，以及财务报表中涉及环境资源因素的特定项目，同时评估企业针对环境资源事项所做出的会计预测合理性，并确保财务报表中对环境资源信息的披露恰当无误；第三，借助专业力量，通过引入环境资源领域专家的见解、借鉴其他环境资源审计的成果，融合内部审计的结论，增强审计的广度和深度；第四，强化书面确认，获取管理层就环境资源事项所出具的正式书面声明，以增强审计证据的全面性和权威性；第五，执行分析性程序，通过对环境资源相关数据的深度剖析，进一步验证审计结论的准确性和可靠性。

在审查过程中，针对环境资源事项，注册会计师需要审阅相关的文件或记录，这些文件或记录包括但不限于：由治理层及专门环境资源事务委员会编制并保存的会议纪要或工作记录，捕捉关键决策与行动；行业领域内公开发布的、涉及环境资源因素的资讯与数据；环境资源专家的专业报告，涵盖场地环境资源评估、环境资源影响深度分析、环境资源审计总结、内部审计报告、尽职调查综述等，以及监管机构发布的报告与审计对象间的正式沟通函件，这些函件往往揭示了监管要求与响应情况；还需查阅生态环境复原计划或已公开的修复进展记录，评估其合规性与执行效果；作为内部管理与自我评估的重要体现的被审计单位的自我环境资源绩效报告；与监管机关及法律顾问之间的所有往来文件，它们往往蕴含着法律合规性、争议解决及未来策略调整的关键信息。

6. 出具审计报告

审计报告的格式要素包括标题、收件人、引言段、管理层对环境资源信息报告的责任、注册会计师对环境资源审计的责任、审计意见结论段、独立性和质量控制要求、工作的基础依据、执行工作的程序范围局限性、注册会计师事务所的签章、报告日期等。

第二节　注册会计师环境资源审计现状

一、我国注册会计师环境资源审计实施现状

目前，注册会计师环境资源审计参与度较小，低于内部环境资源审计和政府环境资源审计。由于环境资源公开信息披露的法律法规体系尚未健全，注册会计师对环境资源审计专业知识并不了解，企业缺乏主动寻求第三方独立鉴证的动力，也缺乏外部强制要求的推动力，导致注册会计师环境资源审计发展较缓慢。目前阶段，环境治理是否合理与资源资产利用是否有效主要由政府承担责任，政府需要监督企业和政府部门切实履行环境资源管理的责任，但政府环境资源审计人员受精力和专业性的限制，会将一部分的环境资源审计工作外包给注册会计师执行，注册会计师环境资源审计在较长时间以来，只作为政府环境资源审计的补充。

从国外对比来看，国外西方发达国家的环境资源审计发展较早，其注册会计师环境资源审计的发展相较于国内也较好。20 世纪 70 年代美国和加拿大的企业开始进行环境资源审计，80 年代扩展到欧盟。欧盟的环境资源审计要求公布鉴证完毕的环境报告书，环境鉴证人对环境政策、实施计划、可行性等进

行鉴证，最后向管辖部门报送，同时进行披露。

从理论层面看，环境污染的源头主要由企业的经营生产活动造成，那么企业就应该承担环境治理与资源利用的责任，承担环境资源信息披露的义务，也要积极行动起来改善环境资源。但环境资源信息披露的真假，环境资源活动绩效的评价，都需要鉴证，因内部鉴证可信度不足，政府鉴证需要大量人力资源，这必然需要注册会计师参与到环境资源审计中，在环境资源审计中发挥重要作用。

站在注册会计师的角度，出于扩大业务范围的目的，参与到环境资源审计中也是其必然选择。会计师事务所间竞争激烈，与其争夺目前已有的有限市场份额，不如抢先开辟占领新的市场，增加营利来源，提高会计师事务所的竞争能力。注册会计师环境资源审计作为审计的新兴领域将长久存在，有很大的发展空间。毕马威的《2022年可持续发展报告调查》中所述，64%的企业至少对其部分ESG信息进行了某种形式的鉴证，而在开展ESG鉴证的企业中，57%由审计机构完成，大多数（70%）企业使用了注册会计师。在这种新的报告生态系统下，财务与非财务信息日益整合。这意味着未来可持续发展报告需与财务报表的鉴证具有同样严格的质量，而注册会计师是有充分能力提供的。所以，随着环境资源信息披露的日益严格和正式，注册会计师环境资源审计必将成为环境资源审计的主力军。

二、我国注册会计师环境资源审计存在的问题

（一）缺乏明确的注册会计师环境资源审计依据

截至目前，我国尚未制定一部专门针对注册会计师环境资源审计的法律以提供明确的审计指导依据。《中华人民共和国宪法》第109条规定："县级以上的地方各级人民政府设立审计机关。地方各级审计机关依照法律规定独立行使审计监督权，对本级人民政府和上一级审计机关负责"和《中华人民共和国审计法》第1条规定："为了加强国家的审计监督，维护国家财政经济秩序，提高财政资金使用效益，促进廉政建设，保障国民经济和社会健康发展，根据宪法，制定本法"；第24条规定："审计机关对国有资源、国有资产，进行审计监督"等涵盖了部分有关环境资源审计的内容，但并不能成为注册会计师环境资源审计的明确与直接的法律依据。

在现有的环境治理与资源利用法律及法规中，通常并未明确规定审计机构和审计人员在环境治理与资源利用监督及检查中的职责。并且，其中的审计机关和审计人员都是关于政府审计的，《中华人民共和国审计法》第13条规定："审计人员应当具备与其从事的审计工作相适应的专业知识和业务能力。审计机关根据工作需要，可以聘请具有与审计事项相关专业知识的人员参加审计工

作。"说明政府可以将部分环境资源审计工作外包给注册会计师，但《中华人民共和国审计法》却并没有直接授权注册会计师参与环境资源审计。目前的其他法律法规主要偏向于环境保护，如《中华人民共和国环境保护法》等，但这些法律法规与审计的契合度不高。同时，现行法律并未对企业如何公开环境污染等相关信息做出具体规定。这种情况客观上造成了环境资源审计缺少法律支撑，严重制约了注册会计师在环境资源审计领域的工作进展。

西方的注册会计师环境资源审计得以迅速发展，很大程度上得益于环境资源审计有法可依。1991 年，欧盟便提出了"生态审计"和"生态认证"两项关键草案，激励其成员国和组织基于自愿原则采纳这些草案。1993 年 3 月，欧盟正式通过了"环境管理与审计计划"（EMAS）。鼓励成员国的企业设定环境目标，并通过外部独立审计师对这些目标的实现情况进行验证，对符合标准的企业授予"绿色证书"。EMAS 被广泛认可为首个关于环境管理体系的国际标准。根据 1986 年美国《优先补偿基金与重新授权法案》，那些对环境造成破坏的个人或实体，无论是直接还是间接，都被视为优先补偿基金的支付对象。注册会计师在审计这些公司时，需要对其财务报表中可能存在的重大环境责任的遗漏或错误报告承担审计责任。这给注册会计师进行环境资源审计提供了依据。

（二）环境资源会计和环境资源信息披露仍不完善

环境资源审计与环境资源会计一样，在我国都是新的研究与实践领域，环境资源审计的发展，很大程度上建立在环境资源会计的基础上。西方国家对于环境资源会计发展较早，许多与环境资源相关的会计科目都已经纳入了环境资源信息报告中。我国的环境资源会计仍处于起步阶段，理论体系仍然不统一，有许多待完善的地方，这种情况导致环境资源信息披露的不规范性。观察企业目前公开的环境资源会计信息，其中包含了大量非财务性描述，而定量信息相对较少。这种状况使审计人员难以依据企业公布的报告信息，对企业环境资源管理的绩效及其对财务成果的影响进行准确和客观的评估。同样，这也增加了判断企业环境资源信息真实性的难度。

目前，国内的《上市公司环境信息披露指引》以及《深圳证券交易所上市公司社会责任指引》都没有明确提出 ESG 定量指标，而且通过该两类指引制定的 ESG 相关信息主要目的是展现企业社会责任，信息使用对象是以消费者、供应商为主的利益相关方，而 ESG 信息主要的使用对象是投资人、监管机构等。《上海证券市场交易所股票上市规则（2022 年 1 月修订）》的信息披露要求，上市公司按照规定编制并披露社会责任报告等非财务报告，践行可持续发展理念，主动承担社会责任、维护社会公共利益、重视生态环境保护等，但这些环境信息披露要求仅限于"鼓励"二字，并没有强制要求和违反处罚措施，并且政策规定并不统一，各个部门对于环境资源信息披露的要求各不相同，要求比较随意，不成体系。有的企业进行自愿披露，也只是披露想披露的内容，对于不想披露的内容，也不加以体现。这导致注册会计师环境资源审计缺少相关信息，各种可量化的资料不足。

注册会计师环境资源审计的开展依赖于企业对环境资源信息披露的质量。一些积极承担社会责任、主动进行充分的环境信息披露的公司的环境资源审计工作比较容易开展，会取得较好的效果，但大部分公司的环境信息披露得不充分给审计工作带来了很大的难度。

（三）注册会计师环境资源审计理论体系有待完善

我国的注册会计师环境资源审计相关研究比较少。本来环境资源审计就已经是起步比较晚的学科，最开始研究的主要内容是政府环境资源审计和内部环境资源审计，而在相关的文献中，对于注册会计师环境资源审计只是一些学者提出的零散不完整的理论观点。近年来，虽然注册会计师逐渐登上环境资源审计的舞台，但我国还没有形成注册会计师环境资源审计的理论体系，在具体的审计程序、审计方法、审计报告上也存在分歧，这些滞后都在一定程度上阻碍了注册会计师环境资源审计的发展。

《中国注册会计师审计准则第 1631 号——财务报表审计中对环境事项的考虑》应用指南（2023 年 4 月 4 日修订），其中虽然提到了注册会计师财务报表审计中关于环境事项的考虑，阐述了注册会计师如何考虑环境相关的事项，如何进行审计工作。但这只是注册会计师在执行财务报表审计中所考虑的环境事项对于财务报表的影响，可以为环境资源财务审计和环境资源合规审计提供一些依据，但对于环境资源绩效审计则无法提供依据。并且，注册会计师环境资源审计与财务报表审计有很大的不同点，如很多环境资源指标如何量化、如何审计，审计报告有何特别之处等，这些都需要进一步明确。

在国外，国际审计与鉴证准则理事会在 2012 年和 2013 年分别发布了 IASE3410 和 IASE3000 准则，这些准则的出台为注册会计师环境资源审计的发展提供了良好环境。我国目前在这方面的理论研究和准则制定仍有较大的发展空间。

（四）注册会计师知识结构的限制

在环境资源审计的实践中，注册会计师需深入分析企业的环境资源成本与环境资源效益，但由于缺乏一套普遍认可且客观的量化基准，难以构建有效的评价指标体系。鉴于环境资源审计的主要难题在于对环境资源相关成本与效益的精确量化，审计评价体系的构筑需以此为核心支柱，如何选定恰当的指标以

反映环境资源成本与效益，并进一步实现其科学计量，不仅极大地提升了审计执行的复杂度，还无形中加剧了审计结论潜在的风险性。

环境资源审计是一个高度专业化和技术密集型的领域。它不仅要求审计人员具备传统的审计技能，还需要结合环境资源管理的理论以及环境工程技术等跨学科知识。在审核企业的年度环境资源报告和独立的环境资源报告书时，如果审计人员缺乏必要的环境资源知识体系，可能无法对报告中所描述的环境资源状况、其潜在后果以及对财务的影响进行真实和可靠的客观评估。此外，这种情况还可能导致注册会计师对环境资源相关风险的评估不足。

注册会计师专业背景的单一性，尤其是其多源自财会领域专业，是导致这一现象的主要原因。相较于具备文科与理科双重知识底蕴的复合型人才，传统财会背景的注册会计师在应对环境资源审计的多元化需求时，往往显得力不从心。因此，优化注册会计师队伍的知识结构，增加跨学科教育与实践经验，是提升环境资源审计质量、降低审计风险的重要途径。

目前，注册会计师环境资源审计存在供给不足的问题。2022 年一项调查研究显示，发布 ESG 报告的企业中 50% 想找第三方鉴证。更有甚者，许多上市公司高薪招聘 ESG 人才，因为国务院国有资产监督管理委员会（以下简称"国资委"）要求所有 438 家央企上市公司必须在年内完成强制性的 ESG 信息披露工作。但由于 ESG 人才需求远高于供给，高薪聘请 ESG 人才成为人力资本市场的必然选择。这些事实充分表明目前我国的环境资源审计中注册会计师供不应求，缺少相应人才。

三、改进我国注册会计师环境资源审计的途径

（一）拓展注册会计师的知识结构，建立注册会计师能力提升计划

注册会计师在继续教育过程中，中国注册会计师协会可以通过与环境保护机构及相关审计组织、环境保护领域的专家进行更深入的交流与合作，实现资源共享和优势互补。例如，中注协可以邀请环保部门的专家就环保政策、现状和应对策略等方面进行讲解，利用这些专业机构的知识和经验，丰富注册会计师在环境资源领域的专业素养。

会计师事务所开展环境审计的问题与对策

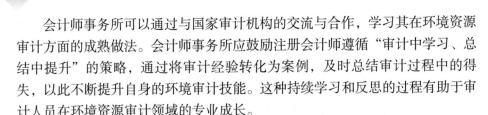

会计师事务所可以通过与国家审计机构的交流与合作，学习其在环境资源审计方面的成熟做法。会计师事务所应鼓励注册会计师遵循"审计中学习、总结中提升"的策略，通过将审计经验转化为案例，及时总结审计过程中的得失，以此不断提升自身的环境审计技能。这种持续学习和反思的过程有助于审计人员在环境资源审计领域的专业成长。

如何提供更多的拥有符合知识体系的注册会计师，这需要从教育上入手。高校可以专门开设环境资源审计的有关课程，对注册会计师环境资源审计中涉及的有关环境资源知识进行学习；会计师事务所可以组织定期的培训，如专门项目的培训，学习环境资源知识；注册会计师协会在继续教育中也可以加入环境资源审计方面的专业知识教育。最终的目的是通过多种教育方式的结合，培养更多的注册会计师环境资源审计人才，适应新时代的发展和需要，不断推动注册会计师审计的发展，为注册会计师行业注入更多的新鲜血液，带来发展的活力。

（二）充分识别和评估被审计单位的环境资源风险

现代风险导向审计的核心在于对被审计单位的各种风险进行识别、评估、应对，这不管是在财务报表审计中还是在环境资源审计中都是一致的。所以，注册会计师在具体执行环境资源审计工作时，必须深入了解被审计单位的环境资源审计风险。比如，被审计单位有无环境资源活动违规的情况、环境资源绩效的内部评价指标、环境管理系统如何运作并且是否可靠、环境管理层对于环境资源事项制定的内部控制措施和方法以及这些措施和方法的可靠程度、企业环境资源事项相关的内部控制制度、企业与环境资源事项的控制环境、企业对于环境资源事项的信息与沟通机制、对于环境资源事项的监督反馈机制等。

注册会计师只有在环境资源审计的过程中充分了解被审计单位内部的环境资源审计风险，注册会计师环境资源审计的效率才能得到提高，审计质量才会有更多保障。对被审计单位环境资源事项风险的充分了解，也有助于注册会计师对被审计单位内部的环境资源活动提出更多更有价值的建议，帮助被审计单位提高环境资源活动的绩效。

（三）监管机构强化对环境资源信息披露的要求

监管机构应早日制定环境资源信息披露的强制性要求，这包括制定环境资源信息披露的统一标准、鉴证形式、违规惩罚等。

信息披露的严格对企业来说并非是一件坏事，从投资者角度看，环境资源信息披露有助于投资者决策。投资者需要在投资过程中更全面、更系统、更准确地分析企业可能面临的所有风险，当财务信息已经不能全面衡量企业风险时，应开始寻找有价值的非财务信息，如气候风险信息，这也就是环境资源信

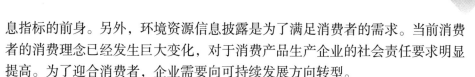

息指标的前身。另外，环境资源信息披露是为了满足消费者的需求。当前消费者的消费理念已经发生巨大变化，对于消费产品生产企业的社会责任要求明显提高。为了迎合消费者，企业需要向可持续发展方向转型。

从企业的角度讲，环境资源信息披露是第一步，基于环境资源信息披露的深入管理，将会给企业的风险管理（如气候风险管理等），提供更好的工作基础，同时会大大地提升企业价值。对于我国来讲，环境资源信息披露最直接也是最重要的意义是推动我国高质量发展目标下的产业转型。在国际市场上，环境保护评级较高企业的融资成本明显低于环境保护表现较差的企业。环境资源信息披露工作能够为企业节约成本、创造新的价值。如何吸引投资者，提升股东财富价值，是企业经营者一直在考虑的问题，通过提供高质量的环境信息披露，展现企业的社会责任、彰显企业长远发展的战略眼光、积极合法经营的控制环境，有利于吸引投资者，这会为公司带来各种便利，从长远看，这将是百年老店们所需要的品质。

与环境资源信息披露密切相关的是目前十分火热的 ESG 信息披露。2018年，中国证监会在《上市公司治理准则》中纳入 ESG 信息披露框架。2022年以来，证监会与沪深交易所在推进 ESG 相关政策方面明显加快，如上交所要求科创板的科创 50 企业与年报同时披露 ESG 相关报告等。现阶段，我国 ESG 信息披露最直接也是最大的推动力来自政府部门，财政部、国家发改委、工信部、中国人民银行、国资委、证券交易所等都在出台相应政策推动 ESG 信息披露。港交所很早就开始了 ESG 信息披露的工作，2022年明确将气候风险的相关指标纳入强制性披露的范畴之内。当前，我国处于 ESG 信息披露快速发展时期，截至 2023年4月末，发布 2022年 ESG 报告的 A 股上市公司共有1700家，接近 A 股上市公司的 1/3，这个比例非常可喜。虽然目前披露环境资源信息的主要是国有企业，但不乏一些大型的民营企业也在积极地披露环境资源信息，为其他企业做出了良好表率。相信在不久的未来，无论是民营企业还是国有企业都会根据统一的环境资源信息披露准则披露自己的环境资源信息。

（四）尽快出台注册会计师环境资源审计准则

在注册会计师开展环境资源审计的实际工作中，不同鉴证机构所采纳的审查准则和手段并不统一。由于中国目前尚未有官方制定的统一鉴证标准或指南，导致各鉴证机构在评价和审核企业环境资源信息报告时可能采用不同的方法和标准。这种多样性给鉴证意见的可靠性和可信度带来了一定的挑战。

2022年3月，国际可持续准则理事会（ISSB）公布了首批全球性的统一可持续信息披露标准。与此同时，财政部和中国注册会计师协会也在积极推进包括气候变化在内的相关鉴证准则的制定。北京市注册会计师协会的技术委员会在 2021 年发布了关于 ESG 碳排放鉴证业务的介绍，反映出中国注册会计师协会已经开始对环境资源审计领域进行深入研究。

第三节　注册会计师环境资源审计案例

一、案例背景

在环境状况日益恶化的当下，环境资源保护更加受到重视，环境资源审计自然成为重要审计发展方向。企业作为环境污染的主体，需要积极承担环境保护的责任，其环境保护活动需要公开披露给社会公众，既接受社会公众的监督，也展现了自己积极承担社会责任的良好企业形象。为了避免环境资源信息报告造假，提高环境资源信息披露的可信度，以及内部可持续发展的要求，需要对企业披露的环境资源信息进行第三方的独立鉴证。注册会计师作为环境资源信息第三方独立鉴证的重要主体，应积极参与到环境资源审计中。

在注册会计师提供环境资源的第三方鉴证服务领域，西方国家的实践较为丰富。以英国为例，众多企业的信息披露采纳了第三方鉴证机制，尤其是在环境资源信息的披露上，这一做法尤为普遍。这些企业倾向于借助独立的第三方鉴证来增强信息披露的透明度和可靠性，从而树立起高度的公信力。例如，英国石油公司在其发布的可持续发展报告中，不仅披露了由安永会计师事务所进行的独立鉴证结果，还补充了德勤会计师事务所对其低碳认证项目所提供的鉴证信息，这种做法体现了该公司在提高信息披露质量方面严格和认真态度。

作为英国金融界的代表性企业，汇丰控股在碳信息披露方面也展现出了较高的成熟度。其碳信息报告不仅内容详尽，更在报告完成后邀请普华永道会计师事务所出具了两份专业的鉴证报告，进一步巩固了报告的真实性和权威性。这一系列举措不仅体现了注册会计师在第三方鉴证服务方面的深厚底蕴，也为全球范围内企业环境资源信息披露的规范化树立了典范。

在注册会计师环境资源审计鉴证方面，为提高会计师事务所针对企业的环境资源信息报告开展鉴证业务的一致性和质量，国际审计与鉴证准则理事会（IAASB）于 2013 年 12 月 9 日发布了《国际鉴证业务准则第 3000 号——历史财务信息审计或审阅以外的鉴证业务》（IASE3000）。

IASE3000 准则逐渐成为国内外会计师事务所进行历史财务信息审计或审阅以外的鉴证业务的依据，在本案例中，德勤华永会计师事务所（以下简称

"德勤")正是根据 IASE3000 准则实施的可持续发展报告鉴证业务。

二、会计师事务所和被审计单位

德勤于 1845 年成立于英国伦敦，是全球领先的专业服务机构与四大会计师事务所之一。德勤成员机构网络已遍及全球超过 150 个国家和地区，拥有约345000 名专业人士，覆盖的行业包括高科技、制造业、物流与运输通信、金融、能源等，为客户提供包括审计及鉴证、管理咨询、风险咨询、财务咨询、税务与商务咨询等在内的全方位的专业服务。

德勤在执业过程中笃守职业道德，恪守执业质量。在美国公众公司会计监督委员会、英国财务报告委员会、国际独立审计监管机构等国际监管机构的检查中，德勤均拥有领先同业的执业质量记录。近年来，德勤全球为审计质量改进领域投入逾 15 亿美元，致力于实现全球执业质量的持续提升。德勤的主要客户包括微软、宝洁、通用汽车、沃达丰、克莱斯勒等。在国内也有许多大客户，如中国农业银行、交通银行等。

德勤华永会计师事务所是德勤在中国的分支机构，主要提供会计、税务、资讯等专业服务。

中国平安保险（集团）股份有限公司（以下简称"中国平安"），1988 年于深圳蛇口开业，作为中国保险业的股份制先锋，现已发展为集金融保险、银行业务、投资管理等多元化金融服务为一体的综合性金融服务集团。在 2019年的《福布斯》全球 2000 强榜单中，中国平安位列第 7，较上一年度显著提升了 3 个位次，稳居全球多元化保险企业之首，同时在中国上榜企业中排名第 5 位，全球金融领域排名第 6 位。根据《2019 年 Brand Z 最具价值全球品牌100 强》报告，中国平安荣登第 40 位；而在 Brand Finance 发布的"2019 全球品牌价值 500 强"榜单中，其品牌价值更是跃居全球第 14 名。尤为瞩目的是，在"Brand Finance Insurance 100 2019"即"2019 全球最具价值 100 大保险品牌"排名中，中国平安独占鳌头。

进入 2019 年下半年，中国平安在中国服务业企业 500 强榜单中脱颖而出，位列第 3。同年 12 月，中国平安荣获"2019 中国品牌强国盛典榜样 100 品牌"称号，进一步巩固了其品牌影响力。随后，在《人民日报》公布的中国品牌发展指数 100 榜单中，中国平安以第 20 名的佳绩再次证明其实力。步入 2020年，中国平安继续高歌猛进，不仅在 Brand Finance 的全球品牌价值 500 强中位列第 9，还在中国企业 500 强榜单上排名第 6 位，同时在《财富》世界 500强中从 2019 年的第 29 名大幅上升至第 21 名，实现了 8 位的飞跃。进入 2021年，中国平安在《财富》世界 500 强榜单中的排名攀升至第 16 位，持续展现其强大的竞争力和增长潜力。

中国平安作为国内个人金融生活服务领域的佼佼者，以其全面的金融牌照覆盖、广泛而深入的业务布局以及紧密的控股架构著称。其旗下汇聚了诸如平安人寿、平安财险、平安养老险、平安健康险、平安银行、平安信托、平安证券及平安基金等众多子公司，共同构筑了一个横跨金融全谱系的综合服务平台，使中国平安能够独树一帜，成为国内少数几家能够全方位满足客户在保险、银行、投资等多领域金融需求的企业之一。

不仅如此，中国平安还致力于科技创新的前沿探索与互联网生态的构建，以此作为驱动金融服务品质跃升的重要引擎。通过持续优化服务流程、强化技术应用，中国平安不仅提升了金融服务的效率与安全性，还显著改善了用户的交互体验，让金融服务更加贴近消费者的日常生活。此外，中国平安积极拓展医疗健康等个人生活服务领域，为客户提供更加全面、便捷、贴心的综合解决方案，进一步巩固了其作为行业领军者的地位。

在可持续发展战略驱动下，平安将 ESG 核心理念和标准全面融入企业管理，结合业务实践，构建科学、专业的可持续发展管理体系。同时，中国平安致力于打造"有温度的金融"，全力以赴推动"综合金融 + 医疗健康"服务，践行"专业，让生活更简单"的品牌承诺，为股东、客户、员工、社区和环境、合作伙伴创造价值，不断寻求商业价值和社会价值双重提升，助力人民群众实现美好生活。

中国平安积极承担环境保护责任，多次获得可持续发展相关奖项，如2020 年度十佳社会责任机构、最佳气候变化创新奖、2021 年度中国最佳 ESG 保险公司，在 ESG 治理上，处于中国保险行业领先水平。

三、审计依据

在遵循《国际鉴证业务准则第 3000 号——历史财务信息审计或审阅以外的鉴证业务》的基础上，德勤华永会计师事务所为中国平安实施可持续发展报告鉴证业务。在规划和实施可持续发展鉴证业务时，事务所按照准则收集所有其认为必要的信息和解释，以确保能够获得充分的证据来形成结论。

四、审计程序

在进行可持续发展报告的鉴证任务时，会计师事务所的工作内容涵盖与负责编制该报告的关键人员进行深入的对话和询问。此外，包括恰当地应用分析方法和其他程序收集证据以确保对报告信息的准确性和完整性进行有效验证。

　　德勤华永会计师事务所实施的工作包括：与中国平安负责收集、整理和披露信息的管理层和员工进行访谈，以了解在识别利益相关方、确定关键利益相关方所关注的重大问题方面的程序，以及编制可持续发展报告流程的有关控制；通过访谈、查阅相关支持性文件，了解中国平安与利益相关方的沟通机制、利益相关方的期望和需求、公司如何落实并回应这些期望和需求；与中国平安确立 2021 年可持续发展报告独立有限鉴证工作所包括的关键指标及相关的评价标准；抽样测试中国平安 2021 年关键指标与德勤的工作成果一致性及编制可持续发展报告流程的有关控制。

　　在确立 2021 年可持续发展报告的独立有限鉴证工作时，德勤华永会计师事务所还确定了包括关键指标和相应的评价标准。同时，事务所进行了抽样测试，以验证中国平安 2021 年的关键指标与事务所工作成果的一致性，以及报告编制流程的控制措施的有效性。

五、鉴证报告

　　德勤华永会计师事务所对中国平安 2021 年可持续发展报告的独立鉴证报告如下：

　　我们受中国平安保险（集团）股份有限公司（以下简称"中国平安"）董事会的委托，对中国平安编制的自 2021 年 1 月 1 日起至 2021 年 12 月 31 日止的 2021 年度可持续发展报告（以下简称"可持续发展报告"）进行有限保证鉴证。

　　董事会的责任：董事会负责根据香港联合交易所《环境、社会及管治报告指引》，同时参考全球报告倡议组织（GRI 发布的《可持续发展报告标准》以下简称"标准"）的披露建议编制可持续发展报告，并对其中的表述（包括报告准则、报告所载的信息和认定等）负责任。董事会负责确定可持续发展绩效表现和报告的目标，包括识别利益相关方以及确定利益相关方所关注的重大问题，负责建立和维护适当的可持续发展绩效表现管理系统和用于生成可持续发展报告中披露的绩效表现信息的内部控制系统，以及负责保留足够的记录。

　　我们的责任：根据与中国平安的约定，我们负责实施有限保证鉴证工作（以下简称"鉴证工作"），对可持续发展报告中披露的 2021 年度关键可持续发展绩效指标（以下简称"关键指标"）实施有限保证鉴证程序，并对报告中披露的 2021 年度 ESG 相关的绩效指标是否存在重大错报进行评价。本鉴证报告仅为董事会编制，除此以外，并没有其他责任。我们不会就我们的工作或本鉴证报告的内容，对任何第三方承担任何责任。

　　上述关键指标包括：年度用电量、年度用水量、年度天然气使用量、年度柴油使用量、年度用纸量、年度差旅碳排放、年度固体废弃物产生量、年度温室气体排放总量、绿色建筑数量、绿色建筑面积、绿色投融资债券型、绿色投融资股权型、绿色投融资金融产品、普惠投融资债券型、普惠投融资股权型、普惠投融资金融产品、社会投融资债券型、社会投融资股权型、社会投融资金融产品、绿色银行绿色信贷类业务、绿色银行绿色债券、普惠银行普惠信贷、普惠银行其他普惠融资、负责任银行社会银行、可持续保险原保险保费收入（含环境类、社会类、普惠类）、可持续保险金额（含环境类、社会类、普惠类）、可持续保险产品明细（含环境类、社会类、普惠类）、可持续保险保单数（含环境类、社会类、普惠类）。

我们的独立性和质量控制：我们遵守国际会计师职业道德准则理事会《国际会计师执业道德守则》（"Code of Ethics for Professional Accountants"）对独立性和其他道德的要求。我们的质量控制采用《国际质量控制准则第 1 号》（"International Standard on Quality Control 1"）。

根据我们上述的鉴证工作，我们并没有注意到任何重大事项，使我们相信中国平安根据标准编制的可持续发展报告中披露的相关的关键指标存在重大错报。

六、相关资料

相关资料如表 6–1、表 6–2 所示。

表 6–1　中国平安 2021 年可持续发展报告中年度关键环境绩效指标

指标	2021 年	2020 年	2019 年
温室气体总排放量			
范围一：直接温室气体排放（吨 CO_2/ 人）	6121.76	2114.51	7156
范围二：间接温室气体排放（吨 CO_2/ 人）	376336.09	478287.47	720605
范围三：其他间接温室气体排放（吨 CO_2/ 人）	46537	49897.43	69490
范围一、二、三温室气体排放总量（吨 CO_2/ 人）	428994.85	530299	797251
人均温室气体排放量（吨 CO_2/ 人）	1.21	1.47	2.12
直接能源消耗			
天然气消耗总量（立方米）	3053842	1068243	3402090
柴油使用量（升）	5772	4243	174898
间接能源消耗			
职场电力消耗量〔千瓦时（度）〕	513946880	527951472	732249926
数据中心电力消耗量〔千瓦时（度）〕	102896415	21804243	96317142
人均用电量〔千瓦时（度）/ 人〕	1732.79	1520.23	2198.64
水资源消耗			
用水量（吨）	5088733	26831408	9279226
人均用水量（吨 / 人）	14.29	74.2	24.64
固体废弃物			
固态废弃物总量（吨）	210773	331125	309631

续表

指标	2021 年	2020 年	2019 年
营业、办公所纸张消耗总量（张）	1631	6764	4315

表 6-2 供应商 ESG 表现绩效

指标	2021 年
"入选与审核"环节经审核入选的供应商数量（个）	3016
供应商认证审核评分（分）	71.68
供应商淘汰数（个）	223
ESG 培训参与供应商数量（家）	64583
供应商进行 ESG 相关培训的覆盖率（%）	100

绿色运营。2021 年，中国平安持续开展"减塑行动"等一系列运营减排行动，中国平安金融中心职场矿泉水使用量较 2020 年减少 808 箱，费用节约 2.5 万元，减少幅度为 61%；会议室矿泉水使用量同比减少 2130 箱，费用节约 8.96 万元，减少幅度为 54%。中国平安各大办公场所积极响应集团"无纸化办公"的倡导，通过提倡双面打印、使用线上无纸化文件处理系统等形式减少办公纸张使用。其中，中国平安银行通过优化财务系统实现电子发票报销免打印、装订、扫描，2021 年全行已出账电子发票共 918756 张，占发票全量约 50%，极大减少了纸张的使用，推动日常实现无纸化办公。

在节能方面，中国平安将节能管理办法融入日常运营管理的各个环节，通过科学系统的管理能耗系统、优化设施设备，逐步提高能源使用效率，降低办公场地及数据中心的用电消耗。2021 年，中国平安自有职场与租赁职场产生的办公耗电量为 513946880 千瓦时，数据中心产生的耗电量为 102896415 千瓦时，全集团碳排放总量为 42.9 万吨。

在积极应对气候变化方面，中国平安建立了由公司各部门各级组成的气候事务治理机制，在气候分析中，发现机遇和风险，不断调整公司发展战略，优化资源配置。2021 年 7 月 28 日，中国平安产险承保首批深圳环境污染强制责任保险，并首创了根据污染因子数据测算保额的创新定价模式。对污染行业的客户设置了严格的准入条件，逐步淘汰环保不规范的落后客户，紧跟双碳政策，建立平安环保的优质客户群体。此外，中国平安还开创绿色产品保险体系，如森林碳汇遥感指数保险、野生动物险、气候灾害险等，助力环境治理与可持续发展。

七、启示

德勤华永会计师事务所第三方独立鉴证中国平安 2021 年可持续发展报告的案例对我国发展注册会计师环境资源审计业务、开展环境资源审计深入研究主要有以下三方面启示：

一是健全我国环境资源审计报告鉴证业务准则。目前我国注册会计师环境资源审计框架尚未形成，开展第三方独立审计缺乏相应的依据和指导，在鉴证业务开展过程中存在不规范的地方，审计结果也不尽如人意。财政部与中国注册会计师协会等应该尽快按照准则国际趋同的要求，充分结合我国具体国情，制定我国注册会计师环境资源审计报告鉴证业务准则。

二是培养适应新时代注册会计师环境资源审计需求的人才。执行温室气体报告鉴证业务、可持续发展报告鉴证业务等新型注册会计师环境资源审计业务的人员，除应具备鉴证方面的胜任能力外，还应当具备量化和报告温室气体排放方面的胜任能力、信息系统专业知识以及科学和工程专业知识等。就我国目前的状况来看，其仍有很大发展空间，需要从教育、实务等方面入手。

三是从企业角度看，真正认识到环境保护，积极承担社会责任，树立良好的企业形象会给企业带来正面效益。以中国平安为例，越是大型知名公司，对于环境保护、可持续发展越重视。注册会计师的第三方独立鉴证只是增强可持续发展报告的可信度，实质还是在于可持续发展报告本身。一份可持续发展报告，反映了公司如何不断改进自身经营管理方式，以适应新时代可持续发展的要求。公司在环保活动上的努力为公司带来了更多的发展机遇，也铺就了一条更加长远的可持续发展之路。

【思考题】

1. 如何理解注册会计师参与环境资源审计？
2. 注册会计师环境资源审计的内容是什么？
3. 注册会计师环境资源审计面临哪些问题？如何解决？
4. 你对注册会计师环境资源审计未来的发展有哪些期待？

紫金矿业污染事件

【案例分析】

2010 年 7 月 3 日，紫金矿业集团股份有限公司的紫金山铜矿湿法厂遭遇了一起严重的事故，其污水池发生泄漏。

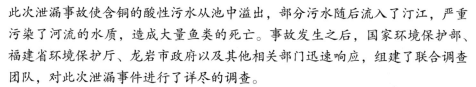

此次泄漏事故使含铜的酸性污水从池中溢出，部分污水随后流入了汀江，严重污染了河流的水质，造成大量鱼类的死亡。事故发生之后，国家环境保护部、福建省环境保护厅、龙岩市政府以及其他相关部门迅速响应，组建了联合调查团队，对此次泄漏事件进行了详尽的调查。

联合调查结果显示，紫金山铜矿湿法厂的污水池因防渗膜破裂，导致9176立方米的含铜酸性废水泄漏，这些废水通过非法设置的通道溢入汀江，引发了重大的环境事故。这次事件不仅对下游水体造成了严重污染，还导致下游水域的养殖鱼类大量死亡。

2011年1月30日，新罗区人民法院对紫金矿业集团股份有限公司紫金山金铜矿因环境严重污染事件作出一审判决。该企业因重大环境污染事故被处以3000万元罚款。

同时，该事件中的几位责任人也受到了相应的法律制裁。紫金矿业集团的前副总裁×××因涉案被判处有期徒刑三年，并处罚金20万元。紫金山金铜矿环保安全处的前处长×××被判处有期徒刑三年六个月，并处罚金20万元。紫金山铜矿湿法厂的前厂长×××被判处有期徒刑四年，并处罚金30万元。同样，该厂的前副厂长×××也因涉案被判处有期徒刑四年，并处罚金30万元。此外，紫金山铜矿湿法厂环保车间的前主任刘生源被判处有期徒刑四年六个月，并处罚金30万元。

此次事件不仅对环境造成了严重破坏，也对相关责任人进行了严厉的法律制裁，体现了我国对环境保护的高度重视和严格执法的决心。

因此，在环境规制的压力下，管理人员为避免自身受到处罚，会激发其合法经营的动机，从而自愿接受注册会计师对其环境资源进行审计。

《中国注册会计师审计准则第1631号——财务报表审计中对环境事项的考虑》。

第四条　影响财务报表的环境事项主要包括：

（一）因环境法律法规的实施导致资产减值，需要计提资产减值准备；

（二）因没有遵守环境法律法规，需要计提补救、赔偿或诉讼费用，或支付罚款等；

（三）某些被审计单位，如石油、天然气开采企业，化工厂或废弃物管理公司，因其核心业务而随之带来的环境保护义务；

（四）被审计单位自愿承担的环境保护推定义务；

（五）被审计单位需要在财务报表附注中披露的与环境事项相关的或有负债；

（六）在特殊情况下，违反环境法律法规可能对被审计单位的持续经营产生影响，并由此影响财务报表的编制基础。

第八条　注册会计师在实施风险评估程序时，应当从下列方面考虑对被审计单位所处行业及其业务产生重大影响的环境保护要求和问题：

（一）所处行业存在的重大环境风险，包括已有的和潜在的风险；

（二）所处行业通常面临的环境保护问题；

（三）适用于被审计单位的环境法律法规；

（四）被审计单位的产品或生产过程中使用的原材料、技术、工艺及设备等是否属于法律法规强制要求淘汰或行业自愿淘汰之列；

（五）监管机构采取的行动或发布的报告是否对被审计单位及其财务报表可能产生重大影响；

（六）被审计单位为预防、减轻或弥补对环境造成的破坏，或为保护可再生资源和不可再生资源拟采取的措施；

（七）被审计单位因环境事项遭受处罚和诉讼的记录及其原因；

（八）是否存在与遵守环境法律法规相关的未决诉讼；

（九）所投保险是否涵盖环境风险。

第二十四条　注册会计师应当重点关注下列与财务报表层次相关的环境风险：

（一）遵守环境法律法规或执行合同的成本；

（二）违反环境法律法规的风险；

（三）顾客对环境事项的具体要求以及对被审计单位环境保护行为作出的反应可能产生的影响。

第二十五条　注册会计师应当将环境风险的评估结果与重要的交易、账户余额、列报认定层次相联系，以设计和实施进一步审计程序。

注册会计师应当重点关注下列与各类交易、账户余额、列报认定层次相关的环境风险：

（一）账户余额依据与环境事项相关的会计估计的复杂程度；

（二）账户余额受与环境事项相关的异常或非常规交易的影响程度。

结合审计准则中的上述规定，你认为注册会计师在对紫金矿业的审计中应如何考虑环境资源事项的影响？

前沿篇

第七章　低碳环境资源绩效审计

【学习目标】

1. 了解自然资源资产离任审计的基本规定与内容。
2. 了解 ESG 审计的基本概念和要求及发展现状。
3. 熟悉"双碳"目标约束下的 ESG 审计工作实现路径。

【拓展阅读】

碳排放权一般被定义为一项无形资产，能在未来为经济主体创造利益。2021 年，2163 家电力行业企业被首批纳入全国碳市场，电力行业成为全国碳交易市场的主要参与者。根据我国目前的碳排放权交易模式规定，除政府发放的免费碳配额外，企业还可以通过在碳市场上交易结余或缺少的配额。这种交易方式使碳排放权具备了价值储存、流通和交易的功能，从而催生了"碳排放权资产"。据全国碳市场交易信息统计，以及中国电力企业联合会发布的《中国电力行业年度发展报告 2023》中有关全国碳排放权交易市场（发电行业）碳排放配额（CEA）交易信息显示，我国 2022 年合计成交量 0.51 亿吨，合计成交额超过 28.1 亿元。

第一节　自然资源资产离任审计

一、"双碳"目标下的自然资源资产离任审计

2020 年 9 月，中国首次宣布了"双碳"目标，力争在 2030 年达到碳排放的峰值，并在 2060 年达到碳中和。碳达峰意味着碳排放量达到历史最高点后

停止增长，随后逐步降低，标志着碳排放趋势的转变。而碳中和指通过减少能源消耗和增加碳汇，如植树造林等措施，抵消由人类活动产生的二氧化碳排放，实现净排放量净增加值为零。

领导干部自然资源资产离任审计规定（试行）

自然资源资产离任审计在推动"双碳"目标实现的过程中扮演着关键角色。作为一种创新的审计方式，它以环境资源审计为基础，与经济责任审计相结合，强化了对环境资源责任的监督。该审计模式特别强调将领导的履责情况与自然资源保护的效果相结合，为评价党政领导干部在低碳发展战略中的履职表现提供了一种重要工具。

自然资源资产离任审计着重考察领导干部在自然资源资产管理中的关键作用。它能够全面检测各环节中的责任落实情况，识别对高污染、高排放以及气候变化问题缺乏重视的行为。通过这种审计，可以推动领导干部坚持生态可持续发展的理念，促使他们在保护和管理自然资源方面采取有效措施，增强生态碳汇能力，促进经济社会向绿色转型发展。

这种审计不仅是一种监督手段，也是一种激励机制，鼓励领导干部在推动经济社会发展的同时，注重生态环境保护，实现经济增长与环境保护的协调发展。通过自然资源资产离任审计，可以确保领导干部在任期内对自然资源的保护和管理负起应有的责任，为实现"双碳"目标奠定坚实的基础。

二、自然资源资产离任审计的概念

（一）离任审计的种类划分

离任审计，也称任期结束审计，其目的在于全面审视并评价法定代表人于整个任职期限内经济责任的具体履行状况，包括审查、鉴证及综合评判等环节。此审计流程对于指导并规正法定代表人的经营哲学与经营行为、保障其合法权益免受侵害，揭露潜在的非法活动，具有深远的意义。同时，它对于推动经济体制改革的深化进程、促进现代企业制度的健全与完善，也扮演着不可或缺的角色。其审计的核心内容主要根植于企业法定代表人在企业运营管理中的核心地位及其被赋予的职能责任，深入剖析法定代表人任职期间的关键经济活动与决策成效。

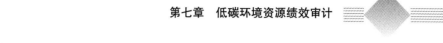

离任审计可以划分为以下三类：

（1）党政领导干部任期离任审计和国有企业领导人员任期离任审计；

（2）任期离任审计和破产离任审计；

（3）任期自然资源资产离任审计。

其中，任期自然资源资产离任审计，一般指审计机关依法依规对主要领导干部任职期间履行自然资源资产管理和生态环境保护责任情况进行的审计。其审计内容主要包括以下四个方面：

（1）审计开发或建设中投入的资金，以及产生的经济收益；

（2）审计自然资源管理和保护的状况；

（3）审计自然资源资产的剩余价值；

（4）审计是否存在违反相关法律法规、政策。

（二）自然资源资产离任审计的目标

依据 2017 年 9 月 9 日中共中央办公厅、国务院办公厅颁布的《领导干部自然资源资产离任审计规定（试行）》，领导干部离任时，应接受自然资源资产离任审计。

自然资源资产离任审计是领导干部在推进生态文明建设中的一项重要职责。它致力于实现绿色发展的理念，通过节约和集约利用自然资源资产，确保生态环境的安全，确保领导干部在任期内，认真履行对自然资源资产管理和生态环境保护的责任。

通过这种审计，可以促进领导干部采取有效措施，提高自然资源的使用效率，减少浪费，同时加强对生态环境的保护。这不仅有助于实现经济的可持续发展，也是对领导干部在生态文明建设中角色的一种强化。审计结果可以作为评价领导干部履职情况的重要依据，激励他们在推动绿色发展和生态保护方面发挥更大的作用。

领导干部自然资源资产离任审计是一项系统工程，通过这种审计方式识别和评估自然资源资产的管理、开发、利用以及生态环境保护领域中存在的问题和潜在风险，这些风险可能对自然资源和生态环境的整体安全构成威胁。审计的关键内容应涵盖以下方面：

（1）国家生态文明建设的政策导向与战略部署的执行情况，以确保政策得到有效实施。

（2）遵守与自然资源资产管理和生态环境保护相关的法律法规，确保合法合规性。

（3）评估重大决策在资源管理和生态保护中的制定过程及其执行效果，以评价决策的合理性和有效性。

（4）检查既定目标在自然资源资产管理和生态环境保护方面的实现情况，确保目标的达成。

（5）监督责任在资源管理和生态保护领域的履行情况，以确保责任得到承担。

（6）对涉及资源保护和生态改善的资金管理、使用效率以及项目实施进行全面审查，以提高资源利用效率和项目执行的质量。

地方领导干部自然资源资产离任审计研究

（三）自然资源资产离任审计的对象

自然资源资产离任审计主体一般以政府审计机关为主，必要时，内部审计机构和会计师事务所可以加入具体的审计项目。

自然资源资产离任审计对象主要是地方各级党委和政府主要领导干部，各级发展改革、国土资源、环境保护、水利、农业、林业、能源、海洋等承担自然资源资产管理和生态环境保护工作部门的主要领导干部。

主要领导干部任职期间应依法依规对本地区、本部门（单位）以及主管业务领域工作履行的责任：①土地、水、森林、草原、矿产、海洋等自然资源资产的管理开发利用；②大气、水、土壤等环境保护和环境改善；③森林、草原、荒漠、河流、湖泊、湿地、海洋等生态系统的保护和修复；④其他与自然资源资产管理和生态环境保护相关的事项。

审计机关在进行审计时，需充分考虑被审计领导干部所在地区的主体功能定位、自然资源资产禀赋特点、资源环境承载能力等。基于这些因素，针对不同类型的自然资源资产和关键的生态环境保护议题，分别拟订审计计划，确定审计内容，并突出审计重点。

三、自然资源资产离任审计的内容

根据《领导干部自然资源资产离任审计规定（试行）》，领导干部自然资源资产离任审计内容主要包括：

（1）贯彻执行中央生态文明建设方针政策和决策部署情况，包括：①生态文明体制改革相关制度建立以及落实情况；②国家有关自然资源资产和生态环境保护重大战略贯彻落实情况；③生态文明建设领域推进供给侧结构性改革

情况。

（2）遵守自然资源资产管理和生态环境保护法律法规情况，包括：①组织制定地方有关规章制度情况；②制定、批准、审批和组织实施自然资源开发利用、生态环境保护规划（计划）中遵守资源环境生态法律法规情况；③相关重大经济活动或者建设项目中遵守资源环境生态法律法规情况。

（3）自然资源资产管理和生态环境保护重大决策情况，指经济社会发展重大决策、资源开发利用和生态环境保护重大事项审批以及规划（计划）的调整情况，具体包括：①落实国家资源生态环境保护相关禁止性、限制性、约束性政策要求情况；②落实主体功能区规划、国土规划、土地利用总体规划、城乡规划等情况；③国家公园等自然保护地自然生态系统保护情况；④落实环境影响评价有关要求情况；⑤推动重点生态功能区产业准入负面清单落地实施等情况以及效果。

（4）完成自然资源资产管理和生态环境保护目标情况。包括：①国家确定的自然资源利用、环境治理、环境质量、生态保护等方面约束性指标完成情况；②国家关于大气、水、土壤污染防治等行动计划目标完成情况；③其他纳入国家和地方生态文明建设考核目标完成情况。

（5）履行自然资源资产管理和生态环境保护监督责任情况，包括：①自然资源资产开发的合法性、管理的有序性、使用的有效性以及生态环境保护状况等情况；②自然资源消耗上限、环境质量底线、生态保护红线等资源环境生态红线管控情况；③资源环境承载能力变化情况以及监测预警机制建立运行情况；④严重损毁自然资源资产和重大生态破坏（灾害）、环境污染事件预防处置情况；⑤干预环境监测、环境统计以及数据弄虚作假案件处理情况；⑥对以前年度中央相关督察、国家审计和专项考核检查等发现问题的督促整改情况。

（6）组织自然资源资产和生态环境保护相关资金征管用和项目建设运行情况，包括：①与自然资源资产和生态环境保护相关税费、政府性基金以及国有自然资源资产有偿使用收入等的征管用情况；②国家以及地方生态环境保护资金投入以及使用情况；③用能权、排污权、碳排放权、用水权等管理情况；④自然资源开发利用和生态环境保护重点项目、设施建设运营情况以及信息系统建设和信息共享情况。

（7）履行其他相关责任情况。审计机关应当充分考虑被审计领导干部所在地区的主体功能定位、自然资源资产禀赋特点、资源环境承载能力等，针对不同类别自然资源资产和重要生态环境保护事项，分别确定审计内容，突出审计重点。

四、我国自然资源资产离任审计存在的问题和难点

（一）审计证据难以收集整理

在自然资源资产审计项目的实施过程中，确保审计工作的顺利进行需要跨部门的协作和不同领域专家的共同努力。审计工作的有效开展依赖多个部门的协同，以收集必要的数据和资料，从而提高审计结果的准确性和可靠性。

然而，在实际工作中，审计证据的收集面临诸多挑战。收集到的数据可能存在准确性问题，不同部门提供的数据可能存在差异，这可能是由于统计方法、使用的软件系统以及部门间的信息传递不完善等因素造成的。此外，数据共享体系尚需改进，数据的实时更新和连贯性仍有待加强，部分单位提供的数据也缺乏必要的精确度。

这些问题导致审计人员必须进行反复核实，从而增加了工作量。在取证阶段，由于涉及的部门众多，审计团队需要投入更多的时间收集和验证证据，这不仅增加了工作量，也提高了执行的难度。此外，这些因素可能影响最终的审计效果，并增加了审计风险。

为了提高审计工作的效率和质量，需要加强部门间的协调与合作，统一数据标准，优化数据共享机制，并确保数据的准确性和及时更新。通过这些措施，可以减轻审计人员的工作负担，降低审计风险，提高审计结果的准确性和有效性。

（二）现代审计技术应用不够

领导干部自然资源资产离任审计具有两个显著特点：一是覆盖范围广泛，二是涉及的地域面积辽阔。由于审计区域的广阔，对高效审计技术的需求相应增加。传统的审计手段在这种情况下难以实现快速分析和证据收集，因此必须采用地理信息系统、遥感监测等先进技术来执行审计工作。

与传统审计相比，现代审计技术能够更迅速地识别问题，提高审计效率，并减少工作量。然而，在实际操作中，现代技术的应用并不普遍，数据的准确性难以保证，这可能导致较大的误差。

因此，基层审计机构在开展自然资源资产离任审计时，需要结合传统审计方法和现代技术。通过有效利用现代技术，可以更准确地发现问题，提高审计效率，并有效控制审计风险。当前，现代技术在基层的普及程度有限，需要进一步推广以提高其应用率。

总体而言，领导干部自然资源资产离任审计要求审计机构在保持传统审计优势的同时，积极采用现代技术手段，以实现更高效、更准确的审计目标。通过不断优化审计方法和技术应用，可以进一步提升审计工作的整体质量和

效果。

（三）审计人员配置与专业水平不足

自然资源资产审计是一项跨学科的工作，它要求审计人员不仅具备财务会计领域的专业知识和实践经验，还应熟练掌握计算机数据分析技术，并对相关自然资源资产的法律知识有所了解。这表明，审计人员需要具备高水平的专业能力。

在实际的自然资源资产离任审计中，专业人才相对匮乏，多数审计人员的专业背景集中在财务会计领域。这种情况增加了审计工作的复杂性，加大了工作量，并可能带来更高的审计风险。为了应对这些挑战，有必要加强审计人员的知识储备和专业素养，确保审计工作的顺利进行。

因此，提升审计人员的专业能力，特别是在数据分析和法律知识方面的培训，对于提高审计效率和质量至关重要。通过不断学习和实践，审计人员可以更好地适应自然资源资产审计的多方面需求，以有效降低审计风险，促进审计工作的有序发展。

（四）审计责任确定与追究难度较高

确定领导干部的自然资源资产责任是一项具有挑战性的任务。在实际操作中，环境资源问题往往是长期累积的结果，且可能由非人为因素引起，这使问题起源的时间点难以明确。此外，由于领导任期相对较短，很难断定这些问题是否直接与领导干部的决策紧密相关。这种不确定性导致审计发现的问题难以定性，整改工作因此面临重重困难。

在审计过程中，许多问题需要跨部门的协调和合作才能有效解决。然而，由于管理权限分散在不同部门，存在职责不清和协调不力的问题，进一步阻碍了整改的顺利进行。此外，一些关键问题可能需要上级单位的参与和管理，这需要进行有效的沟通和协调。

为了解决这些问题，需要加强部门间的沟通和协调，确保所有相关部门能够积极参与到整改过程中。通过建立清晰的权责体系和高效的协调机制，可以提高整改工作的效率，确保审计发现的问题能够得到及时和有效的解决。这种跨部门的合作对于实现自然资源资产的有效管理和保护至关重要。

（五）审计评价指标体系不完整、评价主观随意性大

《领导干部自然资源资产离任审计规定（试行）》将履职绩效划分为好、较好、一般、较差、差五个等级以评价被审计领导干部履行自然资源资产管理和生态环境保护责任情况。然而，由于当前缺乏明确的分类基准与量化评估框架，审计过程中，审计人员多依赖于主观经验与泛泛之谈，可能普遍倾向于"较好"的评定，削弱了审计报告在上级决策层中的参考价值。

在量化评估层面，基层单位面临构建自然资源资产负债表的重大挑战。关于该表应基于纯粹的货币计量、实物计量，还是二者结合的"货币＋实物"混合计量模式，尚存争议，未有定论。鉴于自然资源类型的广泛性与多样性，资产负债表的编制需细化至各具体资源类别，这一过程不仅烦琐，而且统计工作的复杂性显著增加。

尽管学术文献中不乏模糊量化法、双重评价分析法等多元评价体系的探讨，但这些方法往往伴随着高度复杂的评判标准与计算流程，难以直接应用于基层实际操作中，限制了其推广应用的可行性。

五、我国自然资源资产离任审计评价指标体系

传统上，一些领导干部可能过于依赖 GDP 等经济指标评价政绩，忽视了自然资源和生态环境的保护。构建自然资源资产离任审计评价指标体系，有助于改变这种唯 GDP 论的政绩观，使领导干部在任期内更加注重资源节约和环境保护，推动生态文明建设。同时，通过审计评价指标体系，可以全面、系统地评估领导干部在自然资源资产配置、管理和使用方面的履职情况，及时发现并纠正存在的问题，规范自然资源资产的管理和使用行为。

（一）《关于建立健全领导干部自然资源资产离任审计评价指标体系的意见》

2022 年 4 月 19 日，中央全面深化改革委员会第二十五次会议审议通过了《关于建立健全领导干部自然资源资产离任审计评价指标体系的意见》。该意见指出，建立领导干部自然资源资产离任审计制度，从 2015 年开展试点，到 2017 年全面推开，在严格生态文明制度执行方面形成了强有力的制度约束。要健全领导干部资源环境相关决策和监管履职情况的评价标准，把自然资源保护、生态保护红线、耕地保护红线、减污降碳、河湖长制等党中央重大部署贯彻落实情况融入相关评价指标。要科学设定评价指标权重和评分方法，强化自然资源资产实物量、生态环境质量等关键性指标的引导作用，突出国家规划设定的资源环境约束性指标。要统筹考虑各地自然资源禀赋特点和主体功能定位差异，在指标设置上努力做到科学精准。要规范审计范围和内容，以依法查证的事实为基础，确保审计评价结论经得起历史检验。要推进各项监督贯通协同，将审计结果作为考核、任免、奖惩的重要参考。要采取有效措施，确保相关资料和数据的真实性、准确性、完整性，对资源环境数据造假行为要严肃追责问责。

中共中央办公厅 国务院办公厅《关于建立健全领导干部
自然资源资产离任审计评价指标体系的意见》

1. 总体要求

（1）指导思想。以习近平新时代中国特色社会主义思想特别是习近平生态文明思想为指导，深入贯彻党的十九大和十九大历次全会精神，围绕把握新发展阶段，完整、准确、全面贯彻新发展理念，构建新发展格局，推进生态文明建设，建立健全科学、规范、合理的审计评价指标体系，推动领导干部切实履行自然资源资产管理和生态环境保护责任。

（2）工作要求。①坚持定性与定量相结合。强化关键性指标的引导作用和国家审计的监督功能，既关注约束性量化指标，又关注领导干部决策、审批等履职行为，在全面准确反映客观结果和主观努力的基础上，对领导干部在自然资源资产管理和生态环境保护方面的履职尽责情况进行审计评价。②坚持共性与个性兼顾。明确指标选择、权重设置、编制规则等共性原则，设置广泛通用、普遍适用的共性指标。同时，充分考虑各地自然资源禀赋特点，相应设置个性化指标，准确反映各地主体功能定位差异。③坚持激励与约束并重。以问题为导向开展审计评价，并对特定负面事项进行强制性评价，发挥硬性约束作用。同时，鼓励领导干部主动担当作为和开拓创新，增强干事创业的积极性。④坚持独立、客观、公正。严格规范审计范围和内容，以依法查证的事实为基础，审慎评估重要性程度和风险水平，科学区分自然因素与人为因素，准确界定前后任领导干部应承担的责任，充分征求被审计对象意见，确保审计评价结论全面、客观、公允、可信。

（3）主要目标。2022年，建立省级地方党政主要领导干部自然资源资产离任审计评价指标体系。2025年，地方各级党委和政府及有关部门主要领导干部自然资源资产离任审计评价指标体系基本健全，为推动实现人与自然和谐发展提供了有力支撑。

2. 主要内容

（1）审计评价资源环境相关决策与监管职能履行情况。主要包括：生态文明建设决策部署贯彻落实情况；资源环境相关法律法规执行情况；相关决策、规划及项目审批情况。

（2）审计评价资源环境约束性指标完成情况并综合运用有关监督考评结果。主要包括：资源环境约束性指标完成情况；统筹运用有关方面监督考评结果。

（3）审计评价自然资源开发利用与生态保护修复情况。主要包括：土地资源开发利用及耕地保护情况；矿产资源开发利用及矿山环境综合治理情况；森林、草原、湿地、海洋资源开发利用及生态保护修复情况；水资源开发利用及生态保护修复情况区域特色资源开发利用及生态保护修复情况。

（4）审计评价资源环境相关资金项目管理绩效。主要包括：资源环境领域财政资金使用绩效情况；资源环境领域项目建设目标完成情况。

（5）实行特定负面事项强制评价。主要包括：人为因素导致的重大资源损毁、环境污染或生态破坏事件发生情况；资源环境约束性指标相关统计数据或环境监测数据严重造假情况。

3. 地方党政主要领导干部自然资源资产离任审计评价指标体系（试行）

（1）适用范围。评价指标体系适用于省级地方党政主要领导干部自然资源资产离任审计，由中央审计办、审计署负责解释，可以根据国民经济和社会发展规划纲要以及生态文明建设进展情况作相应调整。市县两级党政主要领导干部自然资源资产离任审计可参考使用本评价指标体系，或结合当地实际制定本地区的评价指标体系。

（2）指标设置。评价指标体系从资源环境相关决策与监管职能履行情况、国家资源环境约束性指标完成及有关监督考评情况、自然资源开发利用与生态保护修复情况、资源环境相关资金项目管理绩效与特定负面事项强制评价五个方面共 18 项内容设置具体指标。具体如表 7-1 所示。

表 7-1　地方党政主要领导干部自然资源资产离任审计评价指标体系（试行）

评价方面	序号	具体指标	分值
资源环境相关决策与监管职能履行情况（25分）	1	生态文明体制改革与重点任务推进及重要指示批示落实情况	13
	2	资源环境相关法律法规执行情况	5
	3	相关决策、规划及项目审批情况	7
国家资源环境约束性指标完成及有关监督考评情况（34分）	4	国家五年规划纲要和国土空间规划纲要设定的资源环境约束性指标完成情况	25［15］
	5	国家有关专项规划设定的资源环境约束性指标完成情况	0［10］
	6	上级主管部门对本地区自然资源资产管理和生态环境保护情况的考核评价结果	4

续表

评价方面	序号	具体指标	分值
国家资源环境约束性指标完成及有关监督考评情况（34分）	7	上级巡视、督察、审计发现资源环境问题整改落实情况	3
	8	资源环境统计数据或监测数据真实性监管情况	
	9	公众对本地区自然资源资产管理和生态环境保护情况的满意度	2
自然资源开发利用与生态保护修复情况（27分）	10	土地资源开发利用及耕地保护情况	27 [22]
	11	矿产资源开发利用及矿山环境综合治理情况	
	12	森林、草原、湿地、海洋资源开发利用及生态保护修复情况	
	13	水资源开发利用及生态保护修复情况	
	14	区域特色资源开发利用及生态保护修复情况	0 [5]
资源环境相关资金项目管理绩效（14分）	15	资源环境领域财政资金使用绩效情况	7
	16	资源环境领域项目建设目标完成情况	7
特定负面事项强制评价	17	人为因素导致的重大资源损毁、环境污染或生态破坏事件发生情况	—
	18	资源环境约束性指标相关统计数据或环境监测数据严重造假情况	—

（3）评分方法。指标体系评分采取百分制，总分设置为100分，可加减分，各板块得分不得超过相应板块总分。综合得分≥90分，评价等级为"好"；80分≤综合得分＜90分，评价等级为"较好"；70分≤综合得分＜80分，评价等级为"一般"；60分≤综合得分＜70分，评价等级为"较差"；综合得分＜60分，评价等级为"差"。

（4）评分项目。

1）资源环境相关决策与监管职能履行情况（25分）。

第一，生态文明体制改革与重点任务推进及重要指示批示落实情况（13分）。

指标解释：指地方党委和政府贯彻落实党中央、国务院决策部署和中央领导同志关于生态文明建设重要指示批示精神，研究推动生态文明体制改革相关制度建立及落实、国家有关自然资源资产和生态环境保护重大战略贯彻落实等情况。

评分方法：①领导干部任职期间（以下评分方法均指领导干部任职期间，不再——列出），本地区未开展中央部署的生态文明体制改革和重点任务，每1项扣2分。包括但不限于：碳达峰碳中和、长江大保护、黄河流域生态保护、国土空间规划、主体功能区战略、河湖长制、林长制、排污许可制、最严格耕地保护制度、最严格水资源管理制度、自然资源资产产权制度、生态产品价值实现机制、生态保护补偿制度、国家公园和自然保护地制度等。②本地区已开展但未严格贯彻落实中央部署的生态文明体制改革和重点任务，每1项扣1分。③本地区贯彻落实中央领导同志关于生态文明建设、自然资源资产管理和生态环境保护以及推动绿色低碳发展等方面的重要指示批示精神不到位，造成严重后果或不良影响的，每1项扣2分。以上3项累计扣分不超过13分。④本地区生态文明制度创新和管理创新，获得上级党委和政府（含授权有关部门）正式发文予以推广或宣传的，或在实践中取得明显成效的，每1项加1分。累计加分不超过5分。

数据来源：改革任务清单、中央领导同志重要指示批示、目标责任书及审计查实问题。

第二，资源环境相关法律法规执行情况（5分）。

指标解释：指地方党委和政府推动自然资源资产管理和生态环境保护相关法律法规执行、履行监督责任情况。

评分方法：①本地区出现违反自然资源管理和生态环境保护法律法规且造成严重不良影响等问题，如土地利用和矿产开发，森林、草原、河湖、湿地和野生动植物保护，国家级畜禽遗传资源保护，长江十年禁渔和海洋伏季休渔执法监管，外来物种入侵防控，环境影响评价和环境监测，排污、取水及固体废弃物处理等方面，由上级党委和政府（含授权有关部门）约谈通报的，每1宗扣0.5分；由中央领导同志指示批示严肃查处或批评问责的，每1宗扣1分。②本地区某一领域违法违规问题数量较多、涉及面较广，经审计查实或由上级部门立案查处、挂牌督办、警示约谈的，每一类问题扣1分。

以上2项累计扣分不超过5分。

数据来源：上级主管部门执法监督数据、审计查实问题。

第三，相关决策、规划及项目审批情况（7分）。

指标解释：指地方党委和政府以及被审计领导干部本人，在经济社会发展重大决策，制定、批准、审批和组织实施自然资源开发利用、生态环境保护相

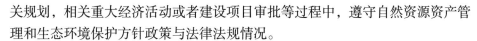

关规划，相关重大经济活动或者建设项目审批等过程中，遵守自然资源资产管理和生态环境保护方针政策与法律法规情况。

评分方法：本级党委和政府及有关部门出台的规范性文件，制订的国土空间规划、产业规划、矿业规划等，以及土地、矿产、海洋等各类自然资源资产配置和建设项目审批等，与资源环境相关法律法规、主体功能定位、生态保护红线或上级政策规划等确定的禁止性、限制性要求相违背的，存在违法违规制定、审批、调整、实施规划，违规配置自然资源资产等问题，每1项扣2分；经领导干部本人审批、同意或知情未制止的，每1项另加扣1分。未按要求制定相关专项规划，每1项扣2分。累计扣分不超过7分。

数据来源：发展改革、自然资源、住房城乡建设、生态环境等部门及审计查实问题。

2）国家资源环境约束性指标完成及有关监督考评情况（34分）。

第一，国家五年规划纲要和国土空间规划纲要设定的资源环境约束性指标完成情况。

指标解释：指国民经济和社会发展五年规划纲要、全国国土空间规划纲要设定的资源环境约束性指标完成情况。

评分方法：①上述资源环境约束性指标终期考核任务未完成的，每1项扣3分；已分解年度考核任务的约束性指标，年度任务未完成但较任职期初未变差的每1项扣0.5分；年度任务未完成但较任职期初未变差的每1项扣1分；未分解年度考核任务的约束性指标较任职期初连续两年以上出现变差的，每1项扣1分。约束性指标终期考核任务未完成且终期考核当年年度任务未完成的，不重复扣分；若任职时间超过半年，相关指标按一年计算。②约束性考核结果（指标）存在数据造假问题，经审计查实的，每1项扣3分。③约束性指标在达到既定考核目标的基础上，国家考核结果改善幅度超过目标任务量30%的，每1项加1分。

数据来源：上级主管部门考核结果、审计查实问题。

第二，国家有关专项规划设定的资源环境约束性指标完成情况。

指标解释：指自然资源保护和利用规划、全国重要生态系统保护和修复重大工程总体规划、林业草原保护发展规划纲要、长江经济带发展规划纲要、黄河流域生态保护和高质量发展规划纲要等国家级专项规划和区域规划，以及经党中央、国务院同意的地区性规划设定的资源环境约束性指标完成情况。由审计组根据被审计领导干部所在地区主体功能定位和自然资源禀赋据实选择。

评分方法：同第4项。

数据来源：同第4项。

第三，上级主管部门对本地区自然资源资产管理和生态环境保护情况的考核评价结果（4分）。

　　指标解释：指发展改革、自然资源、生态环境、水利、农业农村、住房城乡建设、林草等上级主管部门，对被审计地区耕地保护、污染防治、碳达峰碳中和、生态产品保值增值、自然资源资产管理等相关工作成效进行评价的打分结果。

　　评分方法：上级主管部门打分结果，按百分制折算。

　　数据来源：发展改革、自然资源、生态环境、水利、农业农村、住房城乡建设、林草等上级主管部门。

　　第四，上级巡视、督察、审计发现资源环境问题整改落实情况。

　　指标解释：指上级相关巡视、督察、审计指出的资源环境问题的整改和落实情况。

　　评分方法：对以前年度上级巡视、督察、审计等指出的资源环境类问题，未按要求完成整改、经审计查实并写入《领导干部自然资源资产离任审计意见》（以下简称《审计意见》）的，每1个扣0.5分；虚假整改、经审计查实并写入《审计意见》的，每1个扣1分。

　　数据来源：上级巡视、督察、审计等查实问题。

　　第五，资源环境统计数据或监测数据真实性监管情况。

　　指标解释：指被审计地区对资源环境统计数据或监测数据真实性的监管情况。

　　评分方法：本地区存在自然资源调查监测、生态环境监测数据或有关约束性指标统计数据弄虚作假行为，本级党委和政府及有关部门未及时发现、查处，经审计查实并写入《审计意见》的，每1起扣1分；弄虚作假行为被上级主管部门发现查处的，每1起扣1分。

　　以上两项累计扣分不超过3分。

　　数据来源：自然资源、生态环境、能源、水利、统计等部门及审计查实问题。

　　第六，公众对本地区自然资源资产管理和生态环境保护情况的满意度（2分）。

　　指标解释：指统计机关或第三方调查机构组织对被审计地区城乡居民开展抽样调查，根据调查结果计算得出的公众对本地区自然资源资产管理和生态环境保护情况的满意程度。

　　评分方法：公众满意度≥90%，得2分；80%≤公众满意度＜90%，得1.5分；70%≤公众满意度＜80%，得1分；60%≤公众满意度＜70%，得

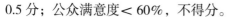

0.5 分；公众满意度＜60%，不得分。

数据来源：上级统计机关或第三方调查机构调查结果。

3）自然资源开发利用与生态保护修复情况（27 分）。

第一，土地资源开发利用及耕地保护情况。

指标解释：指耕地保护、土地征收供应、用途管制、节约集约利用、污染防治及修复情况。

评分方法：①地区存在未批先占、少批多占、非法批准征收等违法占用耕地特别是永久基本农田问题，以及耕地"非农化""非粮化"和耕地质量总体下降等问题，经审计查实并写入《审计意见》的，每 1 类扣 1.5 分，涉及永久基本农田的，每 1 类扣 3 分；耕地占补平衡出现只占不补、虚假补充、占多补少、占优补劣等问题的，或者可以长期稳定利用的耕地减少的，每 1 类扣 1 分。②主管部门应征未征土地出让收入、耕地开垦费、土地闲置费等土地资源相关资金，经审计查实并写入《审计意见》的，每 1 类扣 0.5 分；本级党委和政府及主管部门低价或违规处置土地资源资产造成国有资产流失，经审计查实并写入《审计意见》的，每 1 类扣 1 分。③本地区存在突破土地利用计划、闲置浪费等土地节约集约利用不到位的问题，经审计查实并写入《审计意见》的，每 1 类扣 0.5 分。④本地区存在农用地分类管理、建设用地土壤污染风险管控等土壤污染防治措施不到位的问题，经审计查实并写入《审计意见》的，每 1 类扣 0.5 分。

数据来源：自然资源、农业农村、生态环境、住房城乡建设、财政、税务等部门及审计查实问题。

第二，矿产资源开发利用及矿山环境综合治理情况。

指标解释：主要指矿产的勘查和开采，以及对矿山环境污染和生态破坏等问题治理恢复情况。

评分方法：①主管部门应征未征矿业权出让收益、资源税等矿产资源相关资金，经审计查实并写入《审计意见》的，每 1 类扣 0.5 分。②本地区存在无证开采、超层越界开采、超核定能力开采等矿产资源开发利用违规问题，主管部门查处或督促整改不力，经审计查实并写入《审计意见》的，每 1 类扣 0.5 分。③本地区存在历史遗留矿山恢复治理未完成规划或考核目标、尾矿库总量不降反增、废水废弃矿渣违规处置等矿山环境保护治理不到位的问题，主管部门查处或督促整改不力，经审计查实并写入《审计意见》的，每 1 类扣 0.5 分。④本地区历史遗留矿山恢复治理面积每超过规划目标 10%，加 1 分；沉陷区治理面积每达到任职期初沉陷区面积的 10%，加 1 分；尾矿库治理后闭库或销库比例每增加 5%，加 1 分。上述治理成效应以报经上级主管部门认可的数据为准，累计加分不超过 4 分。

数据来源：发展改革、自然资源、应急管理、生态环境、财政、税务等部门及审计查实问题。

第三，森林、草原、湿地、海洋资源开发利用及生态保护修复情况。

指标解释：主要指林地草原的征收占用和经营管理，海域和无居民海岛的使用管理，以及退耕还林还草、天然林保护、典型海洋生态系统保护、湿地保护等生态保护修复情况。

评分方法：①主管部门应征未征森林、草原植恢复费等相关资金，经审计查实并写入《审计意见》的，每 1 类扣 0.5 分。②本地区存在毁林开垦、破坏草原、侵蚀湿地、侵占自然保护地、突破生态保护红线等开发利用违规问题，主管部门查处或督促整改不力，经审计查实并写入《审计意见》的，每 1 类扣 0.5 分；原生生态地表与人工生态地表期末比期初减少的，变化率每超过 0.5%，扣 1 分。累计扣分不超过 5 分。③本地区存在林草虫害面积增加等保护不到位的问题，主管部门查处或督促整改不力，经审计查实并写入《审计意见》的，每 1 类扣 0.5 分。④本地区原生生态地表增加的，变化率每超过 0.3%，加 1 分；人工生态地表增加的，变化率每超过 1%，加 0.5 分。累计加分不超过 5 分。⑤本地区存在违法违规侵占海域和无居民海岛资源、自然岸线、海洋自然保护地、突破生态保护红线等，以及红树林、珊瑚礁等典型海洋生态系统受到严重破坏等问题，主管部门查处或督促整改不力，经审计查实并写入《审计意见》的，每 1 类扣 0.5 分。

数据来源：自然资源、林草、生态环境、水利、财政等部门及审计查实问题。

第四，水资源开发利用及生态保护修复情况。

指标解释：主要指对江河湖泊等地表水的引取、地下水开采和水资源节约集约利用等，以及对饮用水水源保护区、水质较好湖泊等重要江河湖泊水功能区的生态保护等。

评分方法：①主管部门应征未征水资源税（费）、水土保持补偿费等水资源相关资金，经审计查实并写入《审计意见》的，每 1 类扣 0.5 分。②本地区存在超区域用水总量和强度双控目标、水土流失防治目标任务未完成等问题，以及出现大量无证取水、超许可取水等水资源开发利用违规问题，主管部门查处或督促整改不力，经审计查实并写入《审计意见》的，每 1 类扣 0.5 分。③本地区存在饮用水水源保护区划定不清边界不明管理不严、水质较好湖泊水质恶化、地下水水位持续下降且降幅较大、地下水质量极差比例上升等水资源生态保护不到位的问题，主管部门查处或督促整改不力，经审计查实并写入

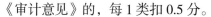

《审计意见》的，每1类扣0.5分。

数据来源：水利、自然资源、生态环境、财政、税务等部门及审计查实问题。

第五，区域特色资源开发利用及生态保护修复情况。

指标解释：主要指具有区域特色和重要生态功能的自然资源的开发、利用、保护，如雪山冰川、黑土地、野生动物重要栖息地、珍稀物种（大熊猫、东北虎豹、中华鲟、长江鲟、长江江豚等）、古树名木（张飞柏等），以及国家级畜禽遗传资源保护品种等特有资源的开发、利用、保护。

评分方法：①本地区在区域特色自然资源管理过程中存在突出问题的，如所辖区域内雪山冰川、黑土地、野生动物重要栖息地等遭到违规侵占，珍稀物种遭到人为破坏等问题，主管部门查处或督促整改不力，经审计查实并写入《审计意见》的，每1类扣0.5分；造成重大恶劣影响的，每1类另加扣0.5分，最多扣5分。②本地区在区域特色资源开发利用及生态保护修复方面取得突出成效，获得上级党委和政府（含授权有关部门）正式发文予以表彰的，每1项加0.5分。累计加分不超过5分。

数据来源：自然资源、农业农村、生态环境、林草、财政、税务等部门及审计查实问题。

土地、矿产、森林、草原、湿地、水、海洋等自然资源以及区域特色资源的开发利用与生态保护修复情况，由审计组根据被审计领导干部所在地区主体功能定位和自然资源禀赋据实确定审计内容，并紧扣被审计领导干部任职期间生态保护修复责任履行情况审慎评价。

4）资源环境相关资金项目管理绩效（14分）。

第一，资源环境领域财政资金使用绩效情况（7分）。

指标解释：指资源环境相关财政资金支出管理和使用情况，具体包括节能环保支出、林业和草原支出、自然资源事务支出等预算支出的合规性、合理性与整体绩效。

评分方法：①本地区资源环境相关奖励和补偿类财政资金（含上级财政资金）安排背离或偏离考核结果，未充分体现"奖优罚劣"政策导向的，生态保护补偿资金使用与相关目标不衔接、不匹配的，扣1分。②本地区资源环境相关财政资金（含上级财政资金）存在前期论证不充分、预算执行率偏低、资金长期沉淀闲置、资金筹集不合规等问题，经审计查实并写入《审计意见》的，每1项扣0.5分。③本地区资源环境相关财政资金（含上级财政资金）存在贪污挪用、虚报冒领、损失浪费、超范围超用途支出等问题，经审计查实并写入《审计意见》的，每1项扣1分。④本地区未按规定全面实施预算绩效管理的，每年度扣 0.5 分；绩效评价报告结果不真实的，扣 0.5 分。

以上 4 项累计扣分不超过 7 分。

数据来源：审计查实问题及财政、自然资源、生态环境、农业农村、住房城乡建设等部门。

第二，资源环境领域项目建设目标完成情况（7 分）。

指标解释：指资源环境相关重大项目建设合规性及绩效目标达成情况。资源环境相关项目主要包括使用上级或本级财政资金、纳入上级规划安排的重要生态系统保护修复工程、污水处理、垃圾处理、危险废物处置设施等。由审计组根据被审计领导干部所在地区主体功能定位和自然资源禀赋据实确定审计内容。

评分方法：①本地区资源环境相关重大项目建设未完成上级下达的目标任务要求，经审计查实并写入《审计意见》的，每 1 项扣 1 分。②本级资源环境相关重大项目建设过程中存在重复申报、违规招投标、违法发包转包、违法分包及挂靠、以次充好、偷工减料等问题，经审计查实并写入《审计意见》的，每 1 项扣 1 分。③本地区资源环境相关重大项目建成后存在无法正常运行、长期超负荷或低效运行、预期目标未实现甚至导致二次污染等问题，经审计查实并写入《审计意见》的，每 1 项扣 1 分。

以上 3 项累计扣分不超过 7 分。

数据来源：审计查实问题及财政、自然资源、生态环境、农业农村、住房城乡建设等部门。

5）特定负面事项强制评价。

第一，人为因素导致的重大资源损毁、环境污染或生态破坏事件发生情况。

领导干部任职期间内，所辖区域因人为因素发生重特大自然资源损毁或生态环境污染破坏事件，以及违规处置自然资源资产导致国有资产严重流失，被上级主管部门通报累计 3 次及以上的，总体评价结果原则上只能评为"一般"、"较差"或"差"等级；造成严重社会影响，被上级党委和政府在全域范围内通报的，直接定为"较差"或"差"等级。

数据来源：上级党委和政府或主管部门。

第二，资源环境约束性指标相关统计数据或环境监测数据严重造假情况。

领导干部任职期间，本级党委和政府及有关部门在约束性指标相关统计数据、环境监测数据方面存在造假行为，被上级主管部门或审计组发现查处 3 次及以上的，总体评价结果原则上只能评为"一般"、"较差"或"差"等级；被审计领导干部对上述造假行为知情或应当知情的，直接定为"较差"或"差"

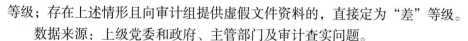

等级；存在上述情形且向审计组提供虚假文件资料的，直接定为"差"等级。

数据来源：上级党委和政府、主管部门及审计查实问题。

（二）审评统一视角下自然资源资产离任审计评价指标体系①

由于自然资源资产离任审计评价指标体系属于新生事物，如何确保其客观性和准确性，尚需进一步深入研究。国内不少专家学者纷纷进行自然资源资产离任审计评价指标的研究，力图完善自然资源资产离任审计评价指标体系，为实现自然资源的可持续管理和生态环境的长期保护提供了坚实基础。

从审评统一视角看，审计查证事实也即审计发现问题，是审计评价的主体依据，同时是构建审计评价指标的主要来源，因此，审评统一视角下审计评价指标的构建，应采用依据审计查证事实凝练评价指标的方法。指标的权重设置和赋分标准确定上，要遵循保障审计评价与审计查证事实相统一的原则，让审计评价结论最大程度反映整体的审计查证事实情况。指标的权重设置和赋分标准确定上，也要遵循保障审计评价与审计查证事实相统一的原则，令审计评价结论最大程度反映整体的审计查证事实情况。

审评统一视角下评价指标的赋分标准采用扣分评价方法。也就是说，针对指标体系中的每一个末级评价指标，建立具体的扣分标准，实施评价时根据每次审计的实际发现问题情况，通过扣分的方法进行赋分。具体的扣分标准，由审计组的所有成员根据历次相关审计项目的查证事实情况讨论确定。其核心要点在于，将审计发现问题作为构建评价指标的来源，并采用不同于打分制的扣分制方法，而依据实际审计发现问题情况实施审计评价，最大程度地保障审计评价与审计查证事实的统一。

在此种评价体系中，评价指标根据不同情况分多个等级，其中一级指标主要围绕前文中介绍过的《领导干部自然资源资产离任审计规定（试行）》中的七个方面进行研究，同时第七个方面"履行其他相关责任情况"，体现的是对前六个方面的补充，所以一级指标主要依据前六个方面进行设定。在此评价体系中，将六个方面分别概括为贯彻落实、法律遵守、决策审批、目标完成、监督管理和资金项目，将其作为审评统一视角下离任评价指标体系中的一级指标。而次级指标主要通过对审计发现问题的凝练来建立。具体而言，运用审评统一视角下审计评价指标的构建方法，通过对历次离任审计项目中发现的问题进行分析归纳而确定。简而言之，是将在审计中发现的问题，进行分类处理，从而形成次级指标，再从次级指标中进一步进行细化分析，从而建立更加

————————

①　郭鹏飞.审评统一视角下自然资源资产离任审计评价指标体系的构建［J］.中国人口·资源与环境，2023，33（6）：80-91.

细分的三级指标，根据审计实践情况和评价实施需要，可以进一步设立四级指标。

（1）权重分布：不同指标在不同的环境下根据需要设立不同权重占比。依照权责特点审评统一视角下离任审计评价指标体系中的权重分布，以被审计领导干部的权责特点为基础，采用焦点小组讨论法、问卷调查计算平均值法、权重设置数学分析方法等进行设置。在不同的环境下，权重分布也不相同，六个一级指标中，在当前的环境下越重要的指标，占有权重越高，次级指标同样遵循这一原则。总而言之，各个指标的权重不是一成不变的，可以根据审计实践和试评价经验进行调整完善。

（2）扣分制：遵循审计实际。审评统一视角下建立的离任审计评价指标体系中，末级指标（一般为三级指标）需要设立扣分标准。扣分标准是根据审计实际发现问题进行扣分的具体规则，其中包括扣分上限。扣分上限规定的是按照某一个指标实施评价的最大扣分值，在扣分制评价指标体系中一般为指标的权重值。扣分上限的设置，可以避免审计发现问题集中在某一方面而扣分过多，以及由于整体的审计发现问题数量多少而影响评价结论公正性的情况。扣分标准的设立过程中，需要充分考虑审计实践情况，保障能够根据离任审计实施中的审计发现问题实施扣分，推动审计评价结论客观求实。此外，可以根据审计评价实际情况，将二级指标的权重作为所辖三级指标的累计扣分上限，不单独对每个三级指标设立扣分上限。扣分标准的确立，也需要根据审计实践情况和试评价经验不断调整完善。

（3）综合得分：补充扣分加分。具体的离任审计项目开展中，所发现的问题具有一定变化性和特殊性，评价实施中会出现有的问题未能归属到既有指标体系的情况。根据审评统一视角，这些审计发现问题也是该次审计评价的依据。因此，在按照审计评价指标体系得出评价分值后，还需根据各次审计的具体查证事实情况进行调整。调整的方法主要是针对未能归属到已有评价指标体系内的审计发现问题进行补充扣分评价。扣分的标准是依据参与项目审计人员的焦点小组讨论结果及审计评价经验等确定。对于多次出现的补充扣分事项，将其凝练为评价指标，增加到已有指标体系中。同时，可设置加分项。审评统一视角下的扣分制评价体系，并不排斥部分加分项的设立。审计发现领导干部履行资源环境责任有突出表现的事项或取得的优异成绩，可进行加分，以增强领导干部干事创业的积极性。

补充扣分加分后计算综合得分，并进行等次判定。判定标准根据审计实践和试评价经验初步设立为：得分 90 分以上，评价为"好"；80 分以上不满 90分，评价为"较好"；70 分以上不满 80 分，评价为"一般"；60 分以上不满

70分，评价为"较差"；不满60分，评价为"差"。

具体评价指标建立模板如表7-2所示。

表7-2 审评统一视角下自然资源资产离任审计评价指标体系的构建

一级指标	二级指标	三级指标	扣分标准
贯彻落实（15分）	体制改革任务贯彻落实（7分）	部署落实	审计每发现一个问题，扣1分，满分7分，扣完为止
		有效推进	
		跟进监督	
		审核把关	
	重大战略贯彻落实（5分）	资源环境指示批示落实	审计每发现一个问题，扣1分，满分5分，扣完为止
		重大战略资源环境限制性要求落实	
	供给侧结构性改革任务贯彻落实（3分）	去产能目标完成情况	审计每发现一个问题，扣0.5分，满分3分，扣完为止
		去产能情况真实性	
		新增产能核准备案合规性	
		新增产能审批合规性	
法律遵守（15分）	组织出台的制度规划合规性（6分）	签署审议的制度符合资源环境法律法规要求	审计每发现一个问题，扣1分，满分6分，扣完为止
		审批审签的资源环境制度规划内容和程序合规性	
		清理不符合资源环境法律法规要求的制度规划按要求推动研究出台相关制度	
	组织出台的制度规划符合实际情况和及时性（4分）	按要求推动研究出台相关制度	审计每发现一个问题，扣0.5分，满分4分，扣完为止
		签署审议的制度符合实际情况	
		资源环境工作纳入相关规划	
		按要求制订资源环境规划计划	
		规划计划内容和目标值符合实际	

一级 指标	二级指标	三级指标	扣分标准
法律 遵守 （15分）	重大经济 活动合规 性（5分）	建设项目立项符合资源环境法律 法规	审计每发现一个问题，扣1分，满分5分，扣完为止
		建设项目开工建设符合资源环境法 律法规	
		建设项目投产使用符合资源环境法 律法规	
决策 审批 （20分）	所在地区 落实资源 环境规划 要求情况 （4分）	项目开发建设决策符合资源环境规划	审计每发现一个问题，扣1分，满分4分，扣完为止
		资源开发利用决策符合资源环境规划	
	本人或参 与的开发 利用决策 合规情况 （6分）	审批审签开发利用耕地合规情况	审计每发现一个问题，扣1分，满分6分，扣完为止
		审批审签开发利用森林合规情况	
		审批审签开发利用矿产资源合规 情况	
		审批审签开发利用草原合规情况	
		审批审签开发利用其他资源合规 情况	
	本人或参 与的决策 落实环评 要求情况 （6分）	审批审签的重大规划落实环评情况	审计每发现一个问题，扣1分，满分6分，扣完为止
		审批审签的重大项目落实环评情况	
	本人推动 重点生态 功能区产 业准入负 面清单实 施情况 （4分）	产业准入负面清单政策标准执行情 况禁止类产业按期淘汰	审计每发现一个问题，扣0.8分，满分4分，扣完为止
		限制类产业关停并转或改造升级	
		是否引入产业准入负面清单项目	

续表

一级指标	二级指标	三级指标	扣分标准
目标完成（15分）	生态文明目标考核制度建设（4分）	生态文明建设要求纳入政绩考核	审计每发现一个问题，扣0.5分，满分4分，扣完为止
		约束性目标设置	
		差别化考核制度实行	
		限制和禁止开发区域地区生产总值考核取消	
		目标未完成地区评奖评优情况	
	资源环境约束性指标完成（2分）	约束性指标年度目标完成情况	审计每发现一个问题，扣0.5分，满分2分，扣完为止
		约束性指标规划期目标完成情况	
	污染防治行动计划目标完成（3分）	空气环境质量考核目标完成情况	审计每发现一个问题，扣0.5分，满分3分，扣完为止
		水环境质量考核目标完成情况	
		土壤环境质量考核目标完成情况	
	资源环境约束性指标弄虚作假（6分）	监测统计职责履行	审计每发现一个问题，扣1.5分，满分6分，扣完为止
		瞒报谎报数据情况	
		篡改伪造数据情况	
		本人指使数据造假情况	
监督管理（20分）	资源环境开发、使用和保护的监管（3分）	资源环境论证审核和行政许可审批开展情况	审计每发现一个问题，扣0.5分，满分3分，扣完为止
		资源环境污染事件处理处罚	
		沟通协调机制建立完善	
		重大敏感资源环境生态问题解决	
		是否违规干预资源环境违法违规案件处理	

续表

一级 指标	二级指标	三级指标	扣分标准
监督 管理 （20分）	资源环境 生态红线 的管控 （4分）	资源环境相关规划编制情况	审计每发现一个问题，扣0.5分，满分4分，扣完为止
		资源消耗上限和环境质量底线等管控情况	
		生态保护红线划定情况	
		产业园区和建设项目的资源环境问题整治情况	
		保护区域内违规开发建设活动的清理情况	
	资源环境 监测预警 机制建 立运行 （2分）	资源环境承载能力监测预警	审计每发现一个问题，扣0.5分，满分2分，扣完为止
		资源环境突发事件预警	
	资源环境 污染事件 预防处置 （3分）	污染源调查、评估、监控和防范	审计每发现一个问题，扣0.5分，满分3分，扣完为止
		突发事件预警机制和能力建设	
		突发事件处置	
		是否存在瞒报谎报漏报	
	资源环境 管理数据 弄虚作假 案件处理 （4分）	污染源在线监测数据弄虚作假	审计每发现一个问题，扣1分，满分4分，扣完为止
		环境监测统计公报数据弄虚作假	
	资源环境 督察检查 问题整改 （4分）	研究部署整改	审计每发现一个问题，扣1分，满分4分，扣完为止
		整改措施出台和执行	
		是否存在形式整改和虚假整改	
资金 项目 （15分）	资金征 收分配 （2分）	—	审计每发现一个问题，扣0.5分，满分2分，扣完为止

续表

一级指标	二级指标	三级指标	扣分标准
资金项目（15分）	资金管理使用（3分）	—	审计每发现一个问题，扣0.5分，满分3分，扣完为止
	资金绩效（3分）	—	
	项目规划建设（2分）	—	审计每发现一个问题，扣0.5分，满分2分，扣完为止
	项目运行管护（2分）	—	
	项目实施效果（3分）	—	审计每发现一个问题，扣0.5分，满分3分，扣完为止

其中，各个一级指标最为重要和基础，这六大指标具体评价如下：

（1）贯彻落实指标，评价的是被审计领导干部任职期间贯彻执行中央生态文明建设方针政策和决策部署方面的情况，集中反映了被审计领导干部履行贯彻落实责任方面的审计发现问题情况。贯彻落实指标包含的二级和三级指标，是针对该指标框架中具体审计发现问题的归纳和提炼。根据分析，贯彻落实类审计发现问题可概括为三个方面：一是生态文明体制改革相关任务推进落实不到位；二是国家有关自然资源资产和生态环境保护的重大战略贯彻落实不到位；三是生态文明建设领域推进供给侧结构性改革情况落实不到位，将其分别凝练为体制改革任务贯彻落实、重大战略贯彻落实、供给侧结构性改革贯彻落实等二级指标。

（2）法律遵守指标，评价的是被审计领导干部任职期间遵守自然资源资产管理和生态环境保护法律法规方面的情况，集中反映了被审计领导干部履行法律法规遵守责任方面的审计发现问题情况。根据分析，法律遵守类审计发现问题可以归纳为三个方面：一是领导干部本人组织出台的法规制度和规划不符合国家资源环境法律法规；二是领导干部本人组织出台的制度和规划不及时或不符合实际情况；三是领导干部所在地的重大经济活动不符合国家资源环境法律法规。进一步地，将三个方面分别凝练为组织出台的制度规划合规性、组织出

台的制度规划符合实际情况和及时性、重大经济活动合规性等二级指标。

（3）决策审批指标，评价的是被审计领导干部任职期间在自然资源资产管理和生态环境保护重大决策方面的情况，集中反映了被审计领导干部履行决策审批责任方面的审计发现问题情况。根据分析，决策审批类审计发现问题可以归纳为四个方面：一是领导干部所在地区落实主体功能区划、全国国土规划、城乡规划等要求情况不到位；二是领导干部本人或参与集体研究的有关自然资源资产开发利用的决策违反相关规定；三是领导干部本人决策或参与研究集体决策落实环境影响评价有关要求不到位；四是领导干部本人推动重点生态功能区产业准入负面清单落地实施不到位。进一步地，将四个方面分别凝练为所在地区落实资源环境规划要求情况、本人或参与的开发利用决策合规情况、本人或参与的决策落实环评要求情况、本人推动重点生态功能区产业准入负面清单实施情况等二级指标。

（4）目标完成指标，评价的是被审计领导干部任职期间在完成自然资源资产管理和生态环境保护目标方面的情况，集中反映了被审计领导干部履行目标完成责任方面的审计发现问题情况。根据分析，目标完成类审计发现问题可以归纳为四个方面：一是领导干部所在地区生态文明目标考核相关制度不健全；二是领导干部所在地区自然资源资产管理和生态环境保护等方面的约束性指标未完成；三是领导干部所在地区大气、水、土壤污染防治等行动计划目标未完成；四是领导干部所在地区自然资源资产管理和生态环境保护等方面约束性指标弄虚作假。进一步地，将四个方面分别凝练为生态文明目标考核制度建设、资源环境约束性指标完成、污染防治行动计划目标完成、资源环境约束性指标弄虚作假等二级指标。

（5）监督管理指标，评价的是被审计领导干部任职期间履行自然资源资产管理和生态环境保护监督责任方面的情况，集中反映了被审计领导干部履行监督管理责任方面的审计发现问题情况。根据分析，监督管理类审计发现问题可以归纳为六个方面：一是领导干部所在地区普遍存在自然资源资产开发不合法、管理无序、使用不合理及生态环境保护不力等问题；二是领导干部所在地区自然资源消耗上限、环境质量底线、生态保护红线等管控不力；三是领导干部所在地区资源环境承载能力变化情况及监测预警机制建立运行不到位；四是领导干部所在地区对严重损毁自然资源资产和重大生态破坏（灾害）、环境污染事件预防处置不到位；五是领导干部所在地区干预环境监测、环境统计及数据弄虚作假案件处理不到位；六是领导干部所在地区对以前年度中央相关督察、国家审计和专项考核检查等发现问题的督促整改不到位。进一步地，将六个方面分别凝练为二级指标：资源环境开发、使用和保护的监管，资源环境生

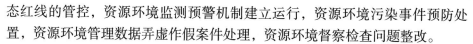

态红线的管控，资源环境监测预警机制建立运行，资源环境污染事件预防处置，资源环境管理数据弄虚作假案件处理，资源环境督察检查问题整改。

（6）资金项目指标，评价的是被审计领导干部任职期间组织自然资源资产和生态环境保护相关资金征管用以及项目建设运行方面的情况，集中反映了被审计领导干部履行资金项目分配、管理、使用和绩效等责任的审计发现问题情况。根据分析，资金项目类审计发现问题可以归纳为六个方面：一是领导干部所在地区相关税费、政府性基金以及有偿收入征收、分配普遍存在违规问题；二是领导干部所在地区自然资源资产和生态环境保护资金普遍安排不到位、管理使用存在问题；三是领导干部所在地区普遍存在资源环保资金使用绩效不佳；四是领导干部所在地区普遍存在资源环境项目规划滞后、建设未按时开（完）工；五是领导干部所在地区普遍存在已建成资源环境项目运行不合规、管护缺乏相关机制和责任主体；六是领导干部所在地区普遍存在资源环境已建成项目实施效果不佳。进一步地，将六个方面分别凝练为二级指标：资金征收分配、资金管理使用、资金绩效、项目规划建设、项目运行管护、项目实施效果。

第二节　ESG 审计

一、ESG 的基本概念

ESG 理念与公司报告重构

ESG，即环境（Environmental）、社会（Social）与治理（Governance）三方面的综合考量，其中环境（E）包括排放物（包括温室气体排放）、资源使用、气候变化等，社会（S）包括雇佣、供应链管理和社区投资等，治理（G）包括董事会结构、贿赂和腐败、内部控制等。

ESG 是一种超越传统财务绩效，聚焦于企业环境绩效、社会贡献及内部治理水平的投资理念与评估框架。在此框架下，环境维度审视企业如何影响自然环境，涵盖环保政策的实施、员工环保意识的提升以及生产废弃物管理的有效性等方面；社会维度侧重于企业对社会福祉的促进作用，包括企业与周边社区的和谐关系构建、员工健康保障措施以及职场性别平等实践的推进；治理维度聚焦于企业内部管理结构与机制的完善，如权力分配的合理性、管理层监督的有效性及防范高管不当行为的机制等。

越来越多的企业开始将 ESG 纳入其战略和运营中。它们不仅关注自身的财务绩效，还注重在环境、社会和治理方面的表现。这些企业通过发布 ESG 报告、制定 ESG 目标、加强内部管理等方式提升自身的 ESG 表现。随着政策推动、市场需求增加、企业实践深入以及行业发展壮大，ESG 将成为企业可持续发展的重要组成部分。

二、ESG 信息披露的国际要求

目前，各国政府和监管机构对 ESG 的重视程度日益提高，出台了一系列政策和法规来推动 ESG 的发展。

（1）欧盟。构建了"自上而下"的强监管体系，逐渐扩大实施范围的 ESG 监管体系源于欧盟各成员国共同对联合国可持续发展目标（SDGS）的承诺，通过《可持续发展融资行动计划》和《欧洲绿色协定》等框架性文件，引领欧盟地区从立法与监管方面落实可持续发展。近 10 年，欧盟在环境、劳工、人权等 ESG 相关领域出台法规及规范性文件，其中《可持续发展融资行动计划》是欧盟的第一版可持续金融战略文件；《欧洲绿色协定》提出欧盟要在 2050 年之前成为全球第一个实现"碳中和"的地区。在企业监管方面，欧盟通过《欧盟可持续报告准则》坚持双重重要性原则，通过《公司可持续发展报告指令（CSRD）》（以下简称"CSRD"）增加了碳排放量等信息的披露，从 2023 年 1 月 5 日起将可持续性发展议题（如环境、社会、人权和公司治理等）的披露义务覆盖到欧盟境内近 50000 家企业，强制所有上市公司和大型企业使用统一报告标准，标志着欧盟成为全球首个采用统一披露标准的地区。7 月 31 日，欧盟委员会正式通过《欧洲可持续发展报告准则》（以下简称"ESRS"），这是 CSRD 的补充规定，也是 CSRD 范围内企业可持续发展报告必须遵循的准则，标志着欧盟向可持续发展经济转型迈出关键一步。同时，基于欧盟的气候发展计划和发展目标，欧盟对内构建了以碳排放总量控制体系——碳排放权交易体系（ETS），对外构建了碳泄漏的控制机制——碳边境调节机制（CBAM）。

（2）美国。始于环境信息披露，坚持"自下而上"与市场主导，美国的 ESG 发展源于 2010 年美国证券交易委员会（SEC）发布的《委员会关于气候变化相关信息披露的指南》。这份指导文件要求公司从财务角度对环境责任进行披露。在经历多年沉寂后，SEC 在 2022 年 3 月首次发布有关上市公司披露气候变化相关信息的规则变更草案。该草案围绕气候变化主题披露内容，要求不仅需要涵盖企业的温室气体排放量，同时需要企业阐明气候风险对公司商业、运营以及财务状况带来的影响，而披露渠道包括上市公司的注册文件以及证交会年度报告等。美国 ESG 体系建设是自下而上地进行，通过金融市场创新 ESG 投资需求快速扩大，ESG 参与主体基于客户需求、风险管控等因素，形成对 ESG 行业政策监管的有效需求，进而推动政策制定机构出台 ESG 发展的调控管理规则。目前，美国 ESG 指数评级体系主要有标普旗下的道琼斯可持续发展指数 、DSI 评估体系、MSCI ESG 指数评级等，特色性议题包括种族多样性、董事会多元化等。

（3）日本。政策引领与资金引领并驱。日本的 ESG 发展源于政策法规的引导和大型机构投资者的实践。日本尚未发布强制性法律法规要求投资者在投资过程中纳入 ESG 因素，但政府部门相继发布了多份关于 ESG 的指导性文件，旨在引导日本的资产所有者在投资的全周期内，积极履行负责任投资的原则，并对投资的上市公司进行尽责的监督管理。同时，上市公司也被倡导参照这些 ESG 指南，将环境、社会和治理因素整合到自身的经营策略中，并定期对外公布相关的 ESG 绩效指标。这些指引性文件的发布，不仅为资产所有者提供了明确的行动方向，也为上市公司在 ESG 实践方面提供了框架和标准。通过这样的措施，可以促进企业在可持续发展方面的透明度和责任感，进而推动整个投资生态向更加负责任和可持续的方向发展。

2023 年 6 月 26 日，国际可持续发展准则理事会（ISSB）在融合多个全球标准的基础上，正式发布《国际财务报告可持续披露准则第 1 号——可持续相关财务信息披露一般要求》（IFRS S1）和《国际财务报告可持续披露准则第 2 号——气候相关披露》（IFRS S2），为全球 ESG 信息披露提供了参考（见表 7-3）。欧盟于 2023 年 7 月 31 日发布了第一批共 12 项可持续发展报告准则（ESRS），美国证监会于 2024 年 3 月 6 日发布了气候披露新规。英国、巴西、澳大利亚、加拿大、日本、新加坡、韩国、马来西亚、新西兰、尼日利亚、南非、印度、斯里兰卡、菲律宾等国家或是启动对 ISSB 准则的认可程序，或是发布了与 ISSB 准则趋同的可持续披露准则的征求意见稿。中国香港特区政府于 2024 年 3 月 25 日发表了可持续披露愿景宣言，将全面采用 ISSB 准则，香港联交所于 2024 年 4 月 19 日发布新的 ESG 指引，全面纳入 ISSB 两项准则的披露要求，于 2025 年 1 月 1 日生效。

企业 ESG 披露指南

表 7-3　国际主流 ESG 信息披露框架

分类	标准名称	标准解读	指引意义
综合性披露框架标准	可持续发展报告标准（GRI）	2021 年版包含 3 项通用准则即 GRI 通用标准、行业标准和议题标准，每个细分议题包括 30~50 个指标	目前全球最广泛使用的 ESG 披露标准，截至 2018 年末，全球 80% 以上的大公司均采纳了 GRI 标准

续表

分类	标准名称	标准解读	指引意义
综合性披露框架标准	可持续性会计准则（SASB）	覆盖 11 个领域、77 个行业，在环境、社会资本、人力资本、商业模式与创新、领导力与治理五个维度设立相关议题和指标	企业可自行决定 SASB 准则中与公司相关的指标，可与其他 ESG 标准配合使用
	国际财务报告可持续发展披露准则（ISSB）	《国际财务报告可持续披露准则第 1 号：可持续发展相关财务信息披露一般要求 IFRS S1》和《国际财务报告可持续披露准则第 2 号：气候相关披露 IFRS S2》两份 ESG 信披准则	两项准则的颁布，是全球可持续披露基线准则建设中的重要里程碑
聚焦具体议题的披露框架	气候信息披露框架（ICFD）	披露气候相关财务信息，覆盖治理、战略、风险管理和目标四个主题领域	披露气候相关财务信息，TCFD 逐渐成为各国监管机构的气候风险披露的基础

三、ESG 在我国的发展现状

如何实现高速增长到高质量发展的伟大跨越成为近年来我国经济的主题，高污染、高能耗、唯 GDP 论的传统发展模式被逐渐摒弃，促进经济社会的绿色全面转型已成为我国可持续发展与和平崛起的必经之路。在制订"十四五"规划和 2035 年远景目标时，我国特别强调了加速发展绿色、低碳、循环的经济体系的重要性。这一战略规划力图通过促进企业在技术、商业模式和管理实践上的创新，确保"双碳"重大目标的实现。

绿色创新作为贯彻落实绿色发展理念的重要举措，要求创新必须能够提高原材料和能源的利用效率并减少对环境的破坏，从而促进经济朝绿色可持续方向发展。但企业在选择技术创新的模式和方向时，往往受到投入成本、研发周期和投资回报等因素的约束。因此，如何促进企业进行绿色创新是构建绿色低碳循环经济体系的重要课题。"双碳"目标的实现离不开 ESG 信息披露与评级体系的大力发展。区别于传统的财务指标体系，ESG 分别从社会、环境、治理三个维度综合评估企业经营的可持续性与对社会价值观念的影响，是一套更关注社会效益和公平公正的评估体系。近年来，我国政府部门和监管机构相继出台系列指引文件，力求加速建立和完善企业 ESG 信息强制自主披露制度。

在我国现阶段的规章制度中，并没有对所有公司强制要求披露独立的 ESG 报表，而要求披露的财务报表和相关文件中要包含某些与 ESG 相关的信息，如污染信息和防治措施等，但许多大型企业已经开始披露独立的 ESG 报表，目前 ESG 报表还没有固定的格式和规章制度规定，且现阶段大多数 ESG 报表以图片加叙事及少量数据为主，其目的主要是体现 ESG 中的环境和社会责任方面的执行，关于公司治理的披露相对较少，而且关于环境和社会责任这两方面的披露也并不完整，能够从 ESG 报表中获取的信息还比较少。所以，现阶段我国存在的 ESG 报表主要是对现有财务报表一种补充和说明。

与此同时，为解决企业自主披露主动性不够强、披露信息不全面且质量不高、缺乏统一披露标准等问题，许多第三方评级机构积极参与 ESG 评级体系的制定和上市企业的 ESG 评估中。国内首个建立起全面的 ESG 评级框架的机构是商道融绿。商道融绿基于对 ESG 因素的长期研究经验，于 2015 年建立了中国最早的第三方 ESG 评级体系，通过衡量公司在 ESG 方面的管理水平和风险暴露程度，综合评价公司的 ESG 绩效，从而科学、客观、透明、充分地衡量固定收益策略和投资决策。

2018 年 9 月，中国证监会发布了《上市公司治理准则》，其中明确提到"上市公司应当依照法律法规和有关部门的要求，披露环境信息以及履行扶贫等社会责任相关情况"，这是中国初步确立的上市公司 ESG 信息披露原则。2021年，中国证监会发布的《上市公司投资者关系管理指引（征求意见稿）》中也要求披露公司的环境保护、社会责任和公司治理信息，也就是 ESG 相关的信息。

随着全球对环境、社会和治理（ESG）问题的关注，加强企业可持续信息披露逐渐成为大势所趋。为贯彻绿色发展理念、推动高质量发展与美丽中国建设目标，展现中国参与可持续披露准则国际治理负责任大国姿态，2024 年 2月，在中国证监会的统一部署下，上海证券交易所、深圳证券交易所以及北京证券交易所分别发布了《上市公司自律监管指引——可持续发展报告（试行）（征求意见稿）》，并向市场公开征求意见。这意味着，上市公司披露 ESG 报告，将成为除财报披露之外的新增必须项。

2024 年 5 月，财政部发布了《企业可持续披露准则——基本准则（征求意见稿）》，这是促进企业践行可持续发展理念、更好地参与全球经贸投资活动、提高国际竞争力、推动高质量发展的有效途径，是促进经济、社会和环境可持续发展，人与自然和谐共生的迫切需要，也是加强与国际规则深度对接的高标准市场体系基础制度建设、推动可持续披露领域制度型开放改革的必然要求。

四、开展 ESG 审计的必要性

（一）ESG 理念与国家发展战略高度一致

自 2020 年起，我国逐步实施了一系列国家级战略，包括"双碳"目标、

"反垄断"政策和"共同富裕"等，这些战略与ESG指标评价体系有着密切的联系（见表7-4）。以MSCI的ESG指标体系为例，其包含的3个一级指标和12个三级指标与2020~2021年中国的重大国家政策紧密相连，涉及碳中和、碳排放、产品碳足迹和可再生能源等方面，如表7-4所示。在企业层面，追求经济利益的同时，也应关注企业对环境生态、社会福祉以及各利益相关者的影响。企业应将ESG理念整合到公司治理和发展战略中，建立相应的ESG治理结构和实施方案。

表7-4 ESG指标体系

一级指标	二级指标	三级指标	国家方针政策
环境	气候变化	碳排放量	2020年9月提出"双碳"目标，并写入2021年国务院政府工作报告
		产品碳足迹	
	环境保护	可再生能源	光伏、风电、水电和氢能等可再生能源作为重点发展产业纳入《"十四五"规划》
		清洁技术	
	自然资源	水资源稀缺	《"十四五"规划》实施国家节水行动，建立水资源刚性约束制
		有毒排放物和废弃物	国务院办公厅发布《控制污染物排放许可制实施方案》于2020年完成覆盖所有固定污染源的排污许可证核发工作，将企业排污纳入监管
社会责任	人力资本	劳动力管理	2021年中国人力资源社会保障部、最高人民法院联合发布《劳动人事争议典型案例川（第二批）》，对于切实提高劳动人事争议案件处理质效，及时纠正用人单位违法行为，有效保障劳动者休息权及劳动报酬权具有重要意义；2021年习近平总书记发文《扎实推动共同富裕》，对于企业薪酬制度的公平性及合理性起到促进及优化作用
		健康和安全	
		员工薪酬管理	
		供应链劳工标准	
	产品责任	隐私和数据安全	2021年《中华人民共和国数据安全法》正式实施
公司治理	公司行为	反垄断措施	2021年国务院反垄断委员会发布《国务院反垄断委员会关于平台经济领域的反垄断指南》，针对平台经济加强监管

（二）企业面临着极为严重的ESG风险

以A股市场为例，截至2024年5月11日，A股共计2094家公司披露了

2023 年 ESG 报告，披露率为 39.05%，同比提升 2.68 个百分点。这表明 A 股上市公司对 ESG 的重视程度正在不断提高。

根据每日经济新闻与公众环境研究中心联合发布的《中国 A 股上市公司环境风险报告（2020—2021）》，2020 年 9 月至 2021 年 9 月，4000 多家 A 股上市公司有 705 家暴露出环境风险，占全体 A 股的 15.42%。而这 705 家上市公司（包含其旗下分公司、控股子公司、参股公司）在一年的时间内产生超过 2000 条环境监管数据，其中大部分为环境类行政处罚，累计受罚金额近 3 亿元。705 家中国上市公司中，单家上市公司最高累计罚款金额超 2000 万元，单笔最高罚款金额则达 1326.1 万元。其中，暴露环境风险上市公司及旗下企业涉及违法类型分布情况：大气为 850 条，噪声为 437 条，水为 325 条，固废为 169 条，其他为 216 条，混合为 236 条。从行业来看，暴露环境风险的上市公司遍布各类主要行业，其中，分布在基础化工、煤炭、钢铁、建筑、电力及公共事业行业的上市公司数量较多。环境类风险事件对上市公司而言，会产生股价波动、税收优惠消失、融资成本提升等一系列影响。"十四五"期间，中国的生态环境保护将会迈入以降碳为主、减污降碳协同增效的一个新的时期，企业的环境信息披露从自愿到强制，从高碳行业到全行业，必将是大势所趋。

（三）通过 ESG 审计可以提升企业透明度与声誉

ESG 审计通常由具有专业知识和独立性的第三方机构进行，这种外部审计为企业信息的真实性、准确性和可靠性提供了有力保障。投资者、客户及其他利益相关者会更加信赖这些经过验证的信息，从而增强了对企业的信任感。通过 ESG 审计，企业可以显著提升其透明度和声誉。这种提升不仅有助于企业建立更加稳固和长期的利益相关者关系，还能够为企业带来更加广阔的发展空间和更加可持续的竞争优势。

1. 提升企业透明度

ESG 审计要求企业收集、整理并披露大量关于环境、社会和治理方面的数据和信息。这些数据不仅包括定量指标（如碳排放量、能源消耗、员工满意度调查结果等），还涉及定性描述（如企业文化、供应链管理政策等）。这些翔实的数据和报告为外界提供了深入了解企业运营情况的窗口，显著提高了企业的透明度。并且，ESG 审计不仅仅是一次性的活动，而是一个持续的过程。审计过程中，企业与审计机构之间会进行深入的沟通和交流，确保信息的全面性和准确性。同时，审计结束后，企业通常会根据审计结果制订改进计划，并向公众披露改进措施的执行情况。这种持续的沟通与反馈机制进一步提升了企业的透明度。

2. 增强企业声誉

通过 ESG 审计，企业能够向外界展示其在环境、社会和治理方面的积极努力及成果。这些成果包括减少污染排放、提高员工福利、加强公司治理等，都是企业积极承担社会责任、践行可持续发展的重要体现。这些正面形象有助于提升企业的市场声誉和品牌形象。随着社会的进步和人们价值观的转变，越来越多的投资者、客户和员工开始关注企业的 ESG 表现。通过 ESG 审计，企业能够吸引那些与其价值观相符的利益相关者，建立更加稳固和长期的合作关系。

3. 提升品牌价值

在竞争激烈的市场环境中，企业的品牌价值是其核心竞争力的重要组成部分。ESG 审计有助于企业提升品牌价值，因为它证明了企业在可持续发展方面的领先地位和创新能力。这种品牌价值不仅有助于企业吸引更多的客户和市场份额，还能够为企业带来更高的品牌溢价和盈利能力。

（四）吸引投资者和利益相关者

通过 ESG 审计，企业能够吸引更多具有 ESG 偏好的投资者和关注可持续发展的利益相关者。这不仅有助于企业获得更多的资金支持和市场资源，还能够推动企业在环境、社会和治理方面不断取得进步，开启良性循环，进一步推动其可持续发展战略的实施，实现可持续发展目标。

1. 吸引投资者

随着全球对可持续发展问题的日益关注，越来越多的投资者开始将 ESG 因素纳入投资决策中。他们认识到，关注环境、社会和治理问题的企业往往具有更强的长期竞争力和更低的风险。因此，通过 ESG 审计展示企业在这些方面的良好表现，能够直接吸引这些具有 ESG 偏好的投资者。

ESG 表现良好的企业往往能够获得更低的融资成本。这是因为投资者认为这些企业更加稳健、可靠，因此愿意以更低的利率提供资金。ESG 审计为投资者提供了评估企业 ESG 表现的客观依据，从而有助于降低企业的融资成本。

通过 ESG 审计，企业能够吸引那些寻求长期投资回报的投资者。这些投资者更加关注企业的可持续发展能力和长期价值创造潜力，而不是短期的财务表现。因此，他们更愿意与企业建立长期的合作关系，共同推动企业的可持续发展。

2. 吸引利益相关者

随着消费者环保意识的提高，越来越多的客户开始关注企业的 ESG 表现。通过 ESG 审计，企业能够向客户展示其在环境、社会和治理方面的努力和成果，从而增强客户的信任感和忠诚度。这有助于企业扩大市场份额，提高品牌知名度。

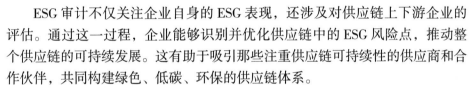

ESG 审计不仅关注企业自身的 ESG 表现，还涉及对供应链上下游企业的评估。通过这一过程，企业能够识别并优化供应链中的 ESG 风险点，推动整个供应链的可持续发展。这有助于吸引那些注重供应链可持续性的供应商和合作伙伴，共同构建绿色、低碳、环保的供应链体系。

ESG 审计还关注员工福利、工作环境等社会议题，这有助于提升员工的满意度和归属感。当员工看到企业积极履行社会责任、关注员工福利时，他们会更加珍惜自己的工作机会，更加积极地投入工作。这种积极的员工态度有助于提升企业的整体绩效和市场竞争力。

（五）满足监管要求和信息披露义务

通过 ESG 审计，企业可以全面评估自身在环境、社会和治理方面的表现并满足监管要求和信息披露义务。

1. 满足监管要求

各国政府及监管机构对企业在环境、社会和治理方面的表现提出了越来越高的要求。通过 ESG 审计，企业可以确保自身行为符合国内外相关法律法规，如环境保护法、劳动法、公司治理准则等。例如，近年来，中国证监会、上交所、深交所和北交所等监管机构相继发布了关于上市公司 ESG 信息披露的指引和规则，要求企业按照一定标准披露 ESG 相关信息。通过 ESG 审计，企业可以确保自身信息披露的合规性。

并且在上市或再融资过程中，监管机构可能会对企业的 ESG 表现进行问询。通过 ESG 审计，企业可以提前发现并解决潜在问题，避免在监管问询中陷入被动。同时，ESG 审计结果可以作为企业回应监管问询的重要依据，以增强企业的可信度和说服力。

2. 满足信息披露义务

ESG 审计要求企业以定量和定性的方式全面披露在环境、社会和治理方面的表现。这有助于提升企业信息披露的准确性和完整性，使投资者和利益相关者能够更全面地了解企业的真实情况。通过 ESG 审计，企业可以确保信息披露的内容具有实质性、平衡性和可比性，避免出现"漂绿"现象。透明的信息披露是建立良好市场声誉和投资者信任的关键。通过 ESG 审计，企业可以向市场传递积极的 ESG 信号，增强投资者对企业的信心和忠诚度。同时，ESG 审计结果还可以作为企业与投资者、客户、供应商等利益相关者沟通的重要桥梁，促进企业与各利益相关方的良好互动和合作。

（六）推动可持续发展

通过 ESG 审计推动企业可持续发展，是一个深入且持久的过程，它不仅揭示了企业在环境、社会和治理方面的现状，更为企业指明了未来改进和成长的方向。

1. 促进战略融合与调整

ESG 审计促使企业将环境、社会和治理因素纳入其长期发展战略中，形成更加全面、可持续的发展蓝图。企业开始将 ESG 目标与财务目标相结合，确保两者之间的相互促进和平衡发展。ESG 审计结果可能揭示出企业在某些 ESG 领域存在的短板或风险点。基于这些发现，企业可以重新评估和调整其战略方向，优化资源配置，以更好地应对未来的挑战和机遇。

2. 激发创新与改进动力

ESG 审计推动企业关注环保技术、清洁能源等领域的创新，以减少对环境的负面影响并提高效率。企业可能加大在绿色技术、循环经济等方面的研发投入，推动产业转型升级。在治理方面，ESG 审计促使企业优化治理结构、提升决策透明度，从而激发内部管理的创新活力。企业可能引入更加科学、民主的管理机制，增强员工的参与感和归属感，提高整体运营效率。

3. 增强风险抵御能力

ESG 审计帮助企业识别潜在的环境、社会和治理风险，如供应链中断、环境诉讼、声誉损害等。通过对这些风险的评估和分析，企业可以制定有效的应对策略和预案，减少风险发生的可能性和影响程度。基于 ESG 审计结果，企业可以建立完善的风险管理体系，将 ESG 风险纳入全面风险管理的范畴。通过定期监测、评估和报告 ESG 风险状况，企业可以及时调整经营策略和管理措施，确保企业的稳健发展。

4. 提升品牌形象与市场竞争力

ESG 审计展示了企业在环境、社会和治理方面的积极努力和成果，有助于树立企业绿色、可持续的品牌形象。这种品牌形象能够吸引更多具有社会责任感的消费者和投资者，提升企业的市场认可度和美誉度。通过 ESG 审计，企业可以提升自身在 ESG 方面的表现水平，从而在市场竞争中占据有利地位。同时，企业还可以与合作伙伴、供应商等利益相关者共同推动供应链的可持续发展，形成更加紧密和稳固的合作关系。

最终，通过 ESG 审计的推动，企业能够更加坚定地走向可持续发展之路。企业不仅关注短期的经济利益，更注重长期的社会效益和环境效益。企业通过不断优化自身在环境、社会和治理方面的表现，为实现全球可持续发展目标贡献自己的力量。同时，企业也将在这一过程中实现自身的可持续发展和长期繁荣。

（七）ESG 审计是提升 ESG 信息质量的重要手段

虽然我国现阶段法律并没要求对公司披露的 ESG 报表进审计，但随着 ESG 报表的发展，已有会计师事务所设立了 ESG 审计岗位，其主要工作分

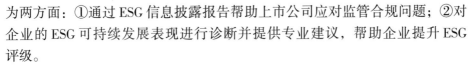

为两方面：①通过 ESG 信息披露报告帮助上市公司应对监管合规问题；②对企业的 ESG 可持续发展表现进行诊断并提供专业建议，帮助企业提升 ESG 评级。

ESG 理念的兴起，使审计监督的角色日益凸显，其在推动 ESG 发展中扮演着至关重要的角色。一方面，通过建立全面的 ESG 审计体系，可以确立一致和公正的评价标准，这有助于提高企业在社会责任履行方面的表现；另一方面，强化 ESG 审计的监督力度，能够积极引导企业遵守 ESG 规范，进而推动企业的可持续发展。

审计监督不仅能够确保企业在 ESG 方面的实践与标准相符，还能够通过评估和反馈机制，促进企业在环境保护、社会责任和治理结构上的持续改进。这种监督机制的实施，有助于构建一个更加透明和负责任的商业环境，为企业的长期成功奠定基础。

五、"双碳"目标约束下的 ESG 审计工作实现路径

（一）ESG 发展需要长远规划稳步推进

推进上市公司 ESG 审计制度的分阶段实施策略。鉴于 ESG 议题的高速演进、广泛影响及其评估标准的复杂性，当前阶段尚难以全面把握可持续性要素的交会点及其核心价值，故需制定长远蓝图，采取稳步前行的策略实施 ESG 信息披露制度。这一过程从"自愿披露"模式温和过渡至"强制披露"，并从聚焦于"单一维度"的考量逐步扩展至涵盖环境、社会与治理三维度的全面评估，以此拓宽上市公司强制性信息披露的范畴，并优化 ESG 信息披露的评估框架与指标体系。

构建 ESG 审计体系时，我们需要根植中国实际，避免简单复制国际模式，在吸取国际 ESG 信息披露先进实践经验的基础上，深度融合中国社会发展的长远规划、社会主义核心价值观，以及"碳达峰、碳中和"的双碳目标，逐步构建出既符合国际趋势又独具中国特色的 ESG 审计实施框架。

为增强 ESG 审计的效力与公信力，应强化第三方审计机构在评估企业 ESG 实践中的作用，通过独立、客观的审查与鉴证，监督并评价企业履行社会责任的情况，确保 ESG 信息披露的真实、准确和全面，防止虚假陈述、误导性信息和重大遗漏的发生，从而提高 ESG 报告的可信度和透明度，有效地维护企业报告的质量和可靠性，增强公众和利益相关者对企业 ESG 实践的信心。

（二）建立健全 ESG 审计制度

迄今为止，我们尚未建立一套专门的法律法规来专门规范 ESG 信息的披露。为了推动可持续发展战略，并激励上市公司向更高质量的发展转型，迫切

需要加快完善 ESG 信息披露的法规体系，并建立一个切实可行的 ESG 信息披露框架。这一进程要求我们应根据各行业的特定情况，制定科学且统一的 ESG 评价标准，并成为推动企业 ESG 审计实践的基础，确保企业能够适应 ESG 领域的快速发展和变化。

聚焦于企业环境、社会与治理三大支柱，我们需构建一个全面而系统的审计监督制度架构。在此过程中，除加强法律法规、监管框架及行业标准等建设外，也不可忽视行业公约、协议及操作指南等的补充作用，它们对于提升 ESG 制度的可操作性与适应性至关重要。

为增强 ESG 审计制度的整体效能，需强化三个维度间制度安排的系统性整合与协同，确保各项制度间无缝衔接、相互支撑，避免制度空转或审计监督盲区的出现，进而影响审计监督的有效性。同时，ESG 审计的制度建设应并重实体性与程序性，既明确审计内容与标准，又规范审计流程与操作细节，以构建一套既规范又具实操性的审计监督体系，从而保障制度落地生根。

在 ESG 审计实践中，应加强对关键领域的风险识别与制度防范，通过前瞻性的制度安排而及时弥补治理短板，利用制度手段有效防控审计监督中的潜在风险。此外，应持续优化审计流程，提升审计监督的效率与质量，从而不断增进企业 ESG 管理的整体效能与成果。

（三）构建科学合理的 ESG 审计评估指标体系

在全球 ESG 浪潮的强劲推动下，中国上市公司 ESG 评级展现出稳健的攀升态势。鉴于国内外经济环境与社会责任的显著差异，尤其是中国企业在"双碳"战略引领、乡村振兴及共同富裕等独特社会价值方面的贡献，直接套用国际 ESG 审计评估标准显然难以全面反映中国企业的真实面貌。因此，亟待在借鉴国际主流 ESG 评价体系精华的基础上，加速构建符合中国国情的 ESG 审计评价指标体系，以实现对中国企业 ESG 表现的全面而精准的衡量。

目前，中国已有多家研究机构和学者致力于 ESG 审计评价指标体系的研究与开发。尽管如此，国内 ESG 审计评估的实践仍然处于起步阶段，不同评价体系间显示出明显的差异性和多样性。以商道融绿、华证、嘉实等 ESG 评级机构为例，虽然它们在一级指标上都集中在环境、社会和治理这三个核心领域，但进一步细化到二级、三级乃至更具体的底层数据指标时，不仅在数量上有所差异（如二级指标的数量从 10 个到 14 个不等，三级或底层数据指标则从 110 多个到 200 多个不等），而且在具体内容和重点上也存在显著不同。这种多样性和差异性表明，尽管 ESG 审计评价的理念已被广泛接受，但在实际操作层面，如何构建一个既科学又符合本土特色的评价体系仍面临挑战。因此，需要进一步地研究和实践，以形成一套更加统一、可操作的 ESG 审计评价标

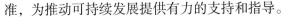

准，为推动可持续发展提供有力的支持和指导。

　　建立一个合理且科学的 ESG 审计评价指标体系，关键在于坚持科学性和客观性，确保所采用的评价指标和方法能够真实且准确地映射出企业在 ESG 方面的发展状况。在构建这一体系时，必须考虑到不同行业、业务模式和生产方式的独特性，并通过细致的权重设置，实现对 ESG 三个维度的平衡。并且，评价体系的建立应基于广泛认可的数据资源、经过验证的影响评价方法和前沿的学术研究成果，对各指标进行量化，以确保评价过程的公正性和有效性。这样的量化处理有助于提升评价的透明度和可信度。通过这些措施，可以激励企业更加主动地承担起环境保护、社会责任和良好治理的责任。同时，为全球投资者提供权威和可靠的参考，帮助他们做出明智的 ESG 投资决策。这不仅有助于企业自身的可持续发展，也为实现全球可持续发展目标贡献了力量。

　　（四）推动实施 ESG 大数据审计

　　ESG 大数据审计，作为一种融合审计科学与大数据技术的监督实践，依托对 ESG 海量数据的深度取证与分析展开。鉴于 ESG 审计的广泛范畴及其复杂执行环境，引入大数据分析技术成为推动审计效能提升的关键。大数据审计凭借其强大的数据挖掘与关联分析能力，不仅促进了 ESG 投资全面治理体系的协同构建，还强化了企业在 ESG 风险管理及流程监督方面的能力，利用信息技术手段实现了审计资源的即时共享与高效利用。

　　为完善这一体系，首要任务是升级企业信息化基础设施，构建综合性的信息共享平台，确保信息流通的畅通无阻。同时，应建立系统化、规范化的 ESG 数据采集机制，覆盖多维度、广领域的数据源，确保数据的真实性、全面性和多维度，通过整合内外部信息源，形成强大的数据支撑。在数据采集与共享过程中，需坚持标准化、实时化、常态化、长效化及安全性原则，以保障数据质量与安全。

　　此外，构建数据与业务深度融合的合规管理信息系统至关重要，该系统通过治理机制的融合、系统的互联互通以及技术的持续迭代，实现了 ESG 审计数据分析、算法模型构建与计算能力的深度融合，以达成成本优化、效率提升、能源消耗减少及排放降低的目标，从而有力推动企业向可持续发展路径迈进。

　　（五）建立 ESG 协同审计机制

　　在对企业的环境、社会和治理（ESG）表现进行评估和验证时，审计工作主要聚焦于三个核心领域：企业对环境的影响、对社会的贡献以及公司的治理结构。鉴于 ESG 审计内容的广泛性和复杂性，传统的单一审计模式已无法满足当前的标准和需求。因此，需要采取创新的方法，强化不同审计机构之间的交流与合作。这包括国家审计机构、社会审计组织以及企业内部审计部门之间的协同，以实现审计工作的互补和整合。打破传统审计的局限，促进审计主体间的沟通与协调，不仅有助于提高审计效率，还能够促进审计结果的共享和利用，为企业的可持续发展提供支持，同时为利益相关者提供更有价值的信息。这种多维度、多层次的审计合作模式，是适应 ESG 审计要求、推动审计创新的重要途径。

具体来说，对环境的审计通常由政府审计机关牵头，其主要职责是监管企业在生产过程中对污染物的处理与排放情况。对社会的审计和对治理的审计通常由社会审计组织承担，同时企业内部审计也参与其中，以评价企业在员工管理、福利与薪酬、权益保护、供应链信息及参与社会公益等方面的表现。同时，需扩展至对企业可持续发展战略的评估，公司治理结构的审查，以及检查企业是否存在腐败和财务欺诈行为。另外，需评价企业信息披露的透明度和商业道德标准。

通过这种多维度的审计方法，可以全面地评价企业的 ESG 表现，确保企业在追求经济效益的同时，能够积极履行对环境、社会和良好治理的责任。这种综合审计不仅有助于提升企业的社会责任意识，也为投资者和其他利益相关者提供了重要的参考信息。

建立 ESG 协同审计机制，旨在通过整合审计资源，提升审计工作的效率与成效。这一机制对于中国实现"双碳"目标、提高上市公司的整体素质、推动 ESG 信息的透明披露具有深远的影响。ESG 审计有助于提升企业在环境、社会和治理方面的综合管理能力，增强企业面对危机的应对能力，同时帮助企业在生产过程中识别并降低可能对环境造成的负面影响。

ESG 审计还能指导企业采取有效措施，如降低碳排放量、巩固脱贫成果、推动乡村振兴战略等，以预防和控制经营管理风险。ESG 审计促进了企业在产品质量控制和供应链管理监督体系的建设，为投资者提供了评估可持续投资策略和做出明智决策的依据。通过这一系列措施，ESG 审计不仅能够提高企业的社会责任和环境责任，还能够为投资者提供更为全面和深入的公司运营信息，从而推动整个社会的可持续发展。

 【思考题】

1. 你认为在中国现阶段情况下，ESG 审计是否必要，为什么？

2. 你认为 ESG 信息应该具有哪些方面数据，这些数据存在的目的是什么？

3. ESG 信息的审计会对投资者造成哪些影响？

【案例分析】

　　宁波鄞州区于 2018 年正式开展领导干部自然资源资产离任审计，已对 3 个乡镇以及 1 个区级部门（分别是东吴镇、咸祥镇、横溪镇和区水利局）实施审计。审计的 3 个乡镇刚好体现了 3 种不同的自然资源禀赋，而区水利局是资源主管型单位，管理模式和审计重点上和乡镇有所差别。

一、鄞州区领导干部自然资源资产离任审计实践

（一）开展情况

　　如表 7-5 和表 7-6 所示，东吴镇三种资源较为平衡，横溪镇森林资源优越，咸祥镇水资源丰富，区水利局主管水资源。咸祥镇拥有海洋这一项得天独厚的自然资源，而东吴镇拥有一级水源保护地三溪浦水库。审计组考虑了当地的资源禀赋与管理基础，在范式的审计内容之上，咸祥镇增加了海洋资源审计，东吴镇增加了一级水源地审计。在区水利局的审计内容上，审计组结合工作重心更多关注部门重要发展规划、政策措施和内部控制制度的制定、执行和效果情况等管理层面的内容。

表 7-5　各镇土地、森林、水资源情况

乡镇名称	土地总面积（公顷）	耕地（公顷）	园地（公顷）	林地（公顷）
东吴镇	7138.97	841.07	329.70	4644.25
咸祥镇	6454.00	1568.46	18.93	1783.80
横溪镇	7707.59	2033.25	322.50	5063.69

乡镇名称	森林总面积（公顷）	森林蓄积量（万立方米）	森林覆盖面（%）
东吴镇	4644.25	33.10	65.00
咸祥镇	1783.80	9.05	39.14
横溪镇	6260.40	36.80	71.12

乡镇名称	河流条数（条）	河流总长度（千米）	河道水域面积（平方米）	溪坑长度（千米）
东吴镇	10	22.29	615000	30
咸祥镇	100	130.54	2443000	
横溪镇	25	27.00	353300	39

表 7-6　水利局管理的水资源基本情况

水域面积	河道管护
根据区水利局提供的资料，截至 2019 年底，鄞州区总水域面积为 36.8 平方千米，平原水面率均值为 7.86%。龙云、五乡等镇街水面率较高，明楼等街道水面率较低；从片区来看，水面率较高的位于五乡至邱隘片区、东部新城片区，水面率较低的分布在城区北片区、姜山西片区	鄞州区共有河道 882 条，长度 1376 千米（平原河道总长 1241 千米、811 条，山区小流域 135 千米、71 条）。城区河道总长 334 千米、水域面积 7.44 平方千米；农村河道 654 条，总长 950 千米
水利设施	**单位用水量**
中型水库 3 座（横溪水库、三溪浦水库和梅溪水库）、小型水库 21 座、山塘 209 座、标准海塘 24.21 千米、江塘 33.8 千米（从东江至常洪隧道）、沿江碶闸（泵站 32 座，消防栓 2965 个）	2019 年，全区用水总量 2.4927 亿立方米，GDP 用水量 12.5 立方米 / 万元，万元工业增加值用水量 10.7 立方米 / 万元

在审计结果方面，乡镇的问题集中在经济利益价值较高的部分，如土地和矿业。从表 7-7 可以看出，虽然在问题数量和性质上，东吴镇比其他两镇的情况严重一点，但综合评价之后，三份报告对被审计领导干部的评价均是"较好"；区水利局的自然资源审计为经责审计项目的"经责+"类型，结合表 7-8 的审计问题类型，在问题关注点上除聚焦主责主业，还通过审计专报等方式反映了水资源费征收、污水处理征管等体制机制上的问题。

表 7-7　各镇自然资源审计问题分类汇总

横溪镇	数量（处）	东吴镇	数量（处）	咸祥镇	数量（处）
个别永久基本农田被侵占	2	一级水源地保护区内存在个别违建	1	个别永久基本农田被侵占	3
个别公益林被破坏侵占	2	一级水源地保护区内开办高污染企业	1	个别公益林被破坏侵占	2
违章建筑整治力度不够	2	对三溪浦水库保护监管不到位	1	对非法码头监管力度不够	3
个别企业污水排放不符合规定	1	个别永久基本农田上存在搭建现象	7	对个别涉海违建未监督整改到	1
个别无证碎石加工场无环保措施	1	个别永久基本农田存在荒芜现象	1	个别矿山治理实施不够规范	1

续表

横溪镇	数量（处）	东吴镇	数量（处）	咸祥镇	数量（处）
饮用水水源二级保护区内存在污水直排	1	个别公益林地块被偷挖侵占	1	个别企业未按规定取得排水许可证	1
		个别公益林性质发生改变	4	个别企业工业废气排放不符合规定	1
		历史采石山塘未复绿	6		
		个别区域存在擅自搭建现象	1		

表7-8　水利局审计报告问题汇总

序号	审计问题内容
1	部分项目未及时办理水土保持方案报批手续
2	个别项目违法倾倒渣土淤塞河道
3	个别单位私自安装取水设施无证取水
4	水利工程水费未及时上缴

（二）乡镇和部门层面审计差异

一是自然资源种类的不同。部门层面的资源种类单一，如区水利局就是管水。

二是管理专业性不同。部门的资源类型单一但专业性强，还涉及管理上更深层次，难以直观判断。

三是审计重点不同。在乡镇层面的审计侧重于"审执行"，而在部门层面，更加注重"审规划"与"审决策"。对基层来说，对主管局的审计因为对象集中、数据充分更容易出成果，如鄞州区撰写的专报成功推动浙江省水利厅明确了农村生活用水水资源费是否免征，解决了农村居民的现实困境。

二、鄞州区领导干部自然资源资产离任审计存在的问题及原因分析

（一）自然资源法律法规和数据基础薄弱

（1）法律法规支撑不足审计机关作为监督主体，最基本的原则是依法审计。截至2019年，《关于统筹推进自然资源资产产权制度改革的指导意见》提出要进一步加强自然资源资产产权法律体系和监管体系，政策及配套细则落实到基层还需要时间。缺少依据给基层审计带来了一定困难，如土地管理法、森林法中都没有明确规定乡镇政府的责任。另外，各主管部门都有繁多的法律法规、细则和操作办法，基层审计机关没有能力也无精力去完成这样一个庞大的制度收集工作。

（2）有效基础数据获取困难。一是自然资源数据分布零散，逐个协调收集时间成本大。二是乡镇资源的数据基础较薄弱。资源管理数据多以区县级为单位进行统计，未细化到乡镇级，乡镇自身也未开展测算。例如，森林覆盖率和森林蓄积量等指标，由省级相关部门统计确认后下发到县级，尚无乡镇级数据。三是专业性数据断档现象严重，审计分析受限。以鄞州区三镇水资源为例，由于无法获取如氨氮、COD指标等专业指标，审计着眼点还停留在是否明显排污、是否水源地违建等直观的内容。

（二）审计评价指标体系不完整、评价主观随意性大

《领导干部自然资源资产离任审计规定（试行）》将履职评价分为好、较好、一般、较差、差五类，但无分类标准和量化体系。审计人员凭借个人经验进行笼统判断，普遍性评价为"较好"，降低了报告在上级领导心目中的参考性。定量方面，基层难以编制自然资源资产负债表。编制基础是货币计量、实物计量还是"货币＋实物"计量尚无定论。自然资源种类繁多，要编制资产负债表必须细化到具体品类，统计难度大。文献中多地建立了模糊定量法、"双评价"分析法等评价指标，但标准和计算过程都极为复杂，不适合基层实践应用。定性方面，缺乏统一明确的定责标准。自然资源是一个长期、动态、综合的概念，其效果还存在滞后性，履责合理与否需要综合分析。一方面，自然资源的变化有多种因素，例如，鄞州地区常有台风、洪水等自然灾害，治理难度极大。另一方面，自然资源的变化不仅涉及区域跨度，还有时间跨度。基层领导干部流动速度非常快，如表7-9所示，4个项目平均每位领导干部的任职时间不到2.5年。这种干部管理体制下，任期内作出的决策可能在其离任时尚未出现问题，又可能自然资源状况已随后任的决策而改变，或者问题涉及多个地区、多个行业和部门的责任，问题定性以及追责的难度大。

表7-9　被审计领导干部履职天数

单位名称	横溪镇		东吴镇		咸祥镇		水利局
职位	书记	镇长	书记	镇长	书记	镇长	局长
在职天数（天）	943	943	731	487	883	1096	942

思考：

1. 本次自然资源资产离任审计中存在的问题该如何解决？

2. 此次领导干部能否应用统一视角下自然资源资产离任审计评价指标体系来进行评价？如果能，那么应用中的难点在于哪些方面？如果不能，请说明理由。

3. 你认为我国领导干部自然资源资产离任审计现阶段还存在哪些不足？对于这些不足应该作何改进？

4. 你认为为了满足自然资源资产离任审计的要求，审计人员应该具备哪些能力？在审计过程中是否需要其他专业背景的工作人员参加？

8

第八章 基于大数据背景的环境资源审计

⊚ 【学习目标】

1. 了解大数据环境资源审计的方法与内容。
2. 理解环境资源审计数据分析的实际应用。
3. 了解区域联动环境资源审计的现状及基本内容。

💬 【拓展阅读】

近年来，大数据技术的发展对审计工作产生了较大的影响。郑石桥（2020）指出，在大数据时代，企业审计工作的一个重大变化是审计载体逐渐呈现电子化的特点，这种特点增加了审计证据的获取难度。韩强（2015）认为，大数据背景使在企业的日常经营、交易过程中所产生的数据资料大部分都是电子化形式，这些信息资产呈现出了海量化、复杂化等特征，常规的信息处理工具已经无法完全应对这种情况，由此提升了审计人员所面对的审计风险，因此，审计人员应该重视对数据的整合与分析，并尝试采用新工具应对这种情况，从而达到降低审计风险的目的。此外，裴文华和成维一（2017）认为，大数据背景下的经济数据虽然其种类繁多、数据量巨大，但彼此之间存在孤立性，并且部分数据并不具有利用价值，导致数据利用率不高的问题，现有的数据分析系统并不能很好地应对这种庞大的数据量。

因此，将大数据技术运用到环境资源中的审计有其独有的特点和方法。

从 2012 年开始，审计署致力于推动审计信息化的进程，致力于发展大数据审计模式，并积极推进国家审计数据中心的建设。这一举措力争提升审计的整体能力、质量和效率，同时拓宽和深化审计监督的范围。审计署创新性地提出了一种数字化审计方法，即"总体分析、发现疑点、分散核查、精准定位、系统研究"，并将其广泛应用于实践中。这种方法强调了数据分析的整体性和系统性，首先通过综合分析发现潜在的问题点，其次进行分散的核查，以实现精准定位问题，最后进行系统性的研究，以确保审计结果的准确性和可靠性。这种创新的审计方式有助于提高审计工作的效率和效果，为审计工作提供了新的视角和工具。

在 2013 年末的全国审计工作会议上，审计署强调应密切关注并积极追踪全球及国内大数据分析技术的最新进展与趋势，探索如何有效将大数据技术融入审计实践，为构建大数据环境下的审计信息化体系奠定了坚实基础。2015年 12 月，由中共中央办公厅与国务院办公厅联合发布的《关于实行审计全覆盖的实施意见》中，明确指出，审计技术的革新是实现审计全面覆盖的关键路径之一，强调需转型构建基于大数据的审计工作模式，以此增强审计工作的效能、质量与效率，并进一步扩大审计监督的覆盖范围与深入程度。

2019 年，审计署发布了《审计署办公厅关于印发 2019 年度内部审计工作指导意见的通知》，该通知明确提出应革新内部审计策略与手段，加速审计信息化进程，深化大数据审计理念，提升大数据环境下的审计执行能力，灵活结合现场审计与远程审计模式，旨在全面优化内部审计的监督效果与效率。这一举措进一步彰显了审计领域对大数据技术应用的高度重视与持续探索。

大数据已经深入渗透到各行各业，成为重要的生产力要素。尤其在水资源管理和污染监测领域，大数据技术的应用已经展现出巨大潜能。这些技术有助于实现多个关键目标，如实时监测水质、预测污染事件、溯源污染源和支持决策制定。通过充分利用大数据，我们可以更有效地保护水资源，维护生态平衡，实现可持续的水资源管理和环境保护治理。尤其在水资源管理方面，大数据技术为我们提供了更准确的工具来监控水体状况。传统的水质监测方法可能受时间滞后和监测站点的限制，但借助大数据，我们可以整合来自多个监测站点的实时水质数据，更全面、准确地了解水体状态。这些数据可能包括 pH值、溶解氧、氨氮、有机物含量等。通过大数据分析，我们能够实时追踪水体的变化，及时发现异常情况并采取必要的措施，以确保水体健康。

第一节　大数据环境资源审计概述

一、大数据审计的内涵与特征

随着互联网、大数据、云计算和深度学习等信息技术的迅猛发展，审计环境正面临着巨大的变革。各行各业的信息系统正在迅速扩张，导致所产生的数据呈现出爆炸性的增长趋势。这种海量的电子数据增加使数据传输容量呈现几何级的增加。学界普遍将这种规模庞大的数据称为"大数据"（Big Data）。麦肯锡咨询公司的报告对大数据做出了定义，指出大数据是那些超出常规数据库工具获取、存储、管理和分析能力的数据集，这些数据集具有庞大的规模、多种多样的数据类型、高速增长的趋势，并且难以通过传统的技术手段进行有效处理。

2015 年，原国家审计署审计长在全国审计工作会议上强调："大数据审计是实现审计全覆盖的必经之路。"大数据审计，作为一种前沿的、新兴的审计模式，不仅拓宽了审计的视野与深度，也极大地提升了审计工作的效率与准确性。它涵盖了计算机技术的深度应用、网络爬虫技术的数据采集、数据分析模型的精心构建、数据可视化的直观展现、多维分析方法的深入剖析，以及数据挖掘技术的精准探索。这一系列技术手段被整合运用，通过对审计对象相关的各类数据进行全面整合、精细处理、深度分析及深度挖掘，不仅能够生成详尽的分析报告，有效揭示潜藏于数据背后的问题与风险，还能据此形成科学严谨的审计结论，并针对性地提出改进策略与优化建议。这一模式的内涵包括以下方面：

（1）信息采集和整理。大数据审计必须积极收集并整理大量数据，将其转化为可被分析的格式。这包括结构化数据（例如，交易记录、账目等）以及非结构化数据（如社交媒体内容、电子邮件等）。

（2）自动化分析。大数据审计借助自动化技术，能够显著提升审计效率。自动化技术涵盖了自动数据收集、数据挖掘以及人工智能等方法，进而提升审计的效能。

（3）数据挖掘与分析。大数据审计可以借助数据挖掘和分析技术，以探索潜在问题和异常情况。这些分析手段包括可视化呈现、趋势分析、预测模型等方法。

（4）模型与分析工具。大数据审计需要运用多种分析工具和模型，如随机抽样和数据匹配，以便发现问题和异常情况。

（5）数据安全与隐私。在大数据审计过程中，必须高度关注数据的安全性和隐私保护。采用加密和授权访问等技术手段，确保数据得到充分保障。

而大数据的特征可以用以下"5 个 V"概括：

（1）大量（Volume）。大数据的数据量庞大，非结构化数据的增长速度甚至比结构化数据快 10~50 倍。

（2）多样性（Variety）。大数据呈现出多种形式，包括文本、图像、视频、

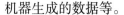

机器生成的数据等。

（3）快速（Velocity）。大数据的产生和传输速度都非常迅猛。

（4）真实性（Veracity）。大数据必须具备准确性和可靠性，并且能够追溯其来源。

（5）可视化（Visualization）。大数据的分析通常借助可视化工具，将复杂的数据变成易于理解和呈现的图表和图形，以便更好地进行探索和结果呈现。

随着信息技术的迅猛发展，大数据已经成为现代社会中不可忽视的重要资源。在这个信息技术环境的变革下，审计领域也经历了巨大变化。大数据的兴起引入了全新的数据处理技术，促使人们重新思考问题。这些变革在审计方面产生了多方面的影响，包括审计目标的重新要求、重大错误和遗漏风险的评估、审计取证模式的挑战、审计方法的调整以及审计报告要求的变化。根据当前学术界的研究成果，大数据审计的概念可以分为广义和狭义两种。广义的大数据审计涵盖信息系统审计和计算机数据审计，而狭义的数字化审计模式专指计算机数据审计。大数据的崛起为环境资源审计带来了新的挑战和机会。大数据环境资源审计是一种新兴的审计方法，它借助大数据技术开展环境资源审计。通过收集、处理和分析大规模的环境资源数据，这种方法可以全面了解组织或地区对环境资源的利用和管理情况，如图8-1所示。

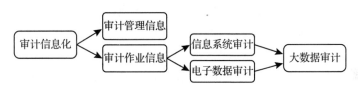

图8-1 大数据审计与审计信息化的关系

大数据审计的一般流程为：

（1）审前准备。在大数据审计中，审前准备阶段相对于传统审计模式更加细致。这包括对信息系统的调查，评估信息系统风险并在方案设计中体现。具体步骤包括开展审前调查和制订数据审计实施方案。

（2）环境配置。无论是现场审计还是非现场审计，都需要根据项目要求设置项目级审计局域网。根据被审计单位的数据规模和审计组的业务需求，配置相应的服务器和局域网，以便审计成员可以共同访问数据库服务器和应用服务器，从而实现协同完成项目任务。

（3）数据处理。收集被审计单位的相关数据，对数据进行清理、转换和验证。这个阶段生成数据采集及处理报告，需要详细说明数据采集的信息系统、方法、范围、内容和格式，以及清理和转换的操作过程等。数据采集包括数据库数据采集、文本采集、模板采集、ERP 系统查询等方式。

（4）建立审计中间表。建立审计中间表是为了提高审计分析效率和实现审计目标，根据审计需求将经过转换、清理、验证的电子数据进行投影、连接等操作，形成满足审计需要的共享数据集合。审计人员在这个基础上进一步进行数据建模和分析。

（5）数据建模与分析。审计人员为了更好地发现审计疑点，会设计数据分析公式，对审计事项进行计算和判断。也可以通过设置业务规则来验证审计事项的本质特征或数量关系，从而科学判断被审计单位经济活动的真实性、合法性和效益情况。

（6）核查和取证。基于审计分析模型的结果，审计人员会对审计线索进行研究，并在确定的疑点线索基础上进行核查和取证。不同小组会对发现的问题进行分组处理，调取详细资料，补充证据，进行现场延伸，精确定位，并完成问题底稿。在编制底稿时，审计人员还需保留关键过程数据和系统内容的截图，并记录对数据分析结果的判断。

（7）审计报告。将线索和取证资料汇总，由数据分析组进行专题分析和系统研究，最终确定总体金额和问题类别，形成最终的数据分析报告。这份报告为审计报告提供了数据和证据支持。

与传统审计相比，大数据审计表现出一系列独特特征：

（1）海量数据处理。环境资源数据规模巨大，大数据审计借助高效数据处理技术，能够快速应对大量数据，提升审计效率。

（2）多维度分析。大数据审计不仅多角度采集数据，更能从多个维度进行分析。结合多源数据，审计人员能深入探寻数据背后规律和趋势，揭示问题及优化机会。

（3）实时监测。大数据审计使环境资源数据的实时监测和追踪成为可能，协助组织及时发现问题并迅速采取行动。

（4）数据可视化。凭借数据可视化技术，大数据审计将复杂的环境资源数据以图表、仪表盘等形式展现，使审计成果更易于理解、传播和分享。

（5）模型预测。借助大数据技术中的机器学习和统计模型，大数据审计能预测环境资源的趋势和变化，为环境资源管理决策提供支持。

二、大数据环境资源审计的理论基础以及实施路径

大数据环境资源审计的实施依赖于多个学科和理论基础的融合，其中主要包括以下方面：

（1）环境资源管理理论。大数据环境资源审计基于环境资源管理理论，专

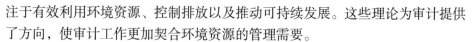

注于有效利用环境资源、控制排放以及推动可持续发展。这些理论为审计提供了方向，使审计工作更加契合环境资源的管理需要。

（2）数据科学。数据科学为大数据环境资源审计提供了关键技术方法，包括数据收集、处理、分析和可视化等。这些方法使审计人员能够从庞大的数据中提取有价值的信息，为审计决策提供支持。

（3）信息技术。信息技术在大数据环境资源审计中扮演着重要角色，支持数据的存储、处理和传输。云计算、分布式计算等技术的应用，使审计能够高效地处理海量数据，从而更准确地了解环境资源的状态。

（4）审计学理论。审计学理论为大数据环境资源审计提供了审计方法和程序的指导，确保审计工作的可靠性和准确性，帮助审计人员在审计过程中遵循规范，发现问题并提出改进意见。

实施大数据环境资源审计时，可遵循以下路径，从而确保有效性和准确性：

（1）明确审计目标与范围。首先明确定义审计的目标和范围。这包括明确审计的目的、审计对象，以及需要涵盖的环境资源数据范围。明确的目标和范围有助于确定数据收集和分析的重点。

（2）数据收集与整合。收集来自不同来源的环境资源数据。这可能涉及各种类型的数据，如空气质量监测数据、水质数据、能源消耗数据等。应确保数据的准确性和一致性，对数据进行预处理和清洗，以便后续的分析工作。

（3）数据分析与挖掘。运用数据科学技术，对收集到的数据进行分析和挖掘。这包括统计分析、机器学习、数据建模等方法，以揭示环境资源使用和管理中的模式、趋势以及潜在的异常情况。

（4）数据可视化与报告。将分析的结果以易于理解的可视化形式展示出来。通过图表、图形和仪表盘等方式，将复杂的数据呈现为直观的信息，使利益相关者能够更好地理解审计的结果。

（5）编制审计报告。根据分析结果和挖掘发现，编制详细的审计报告。报告应包括审计目标、范围、方法、数据分析过程、发现的问题和建议等内容，以便向决策者和相关方传达审计结果。

三、大数据环境资源审计的具体应用

（一）国外大数据审计应用现状

国外在大数据审计应用方面的实践呈现出多样化和积极性特点，各国审计机构采用不同的技术和工具来应对审计工作中的大数据挑战。

（1）英国。英国国家审计署利用开源工具 R 语言、Shiny 软件和可视化工具，运用统计、机器学习、文本挖掘等技术进行大数据审计，注重增加审计价值和降低成本。

大数据审计技术在环渤海资源环境审计中的应用研究

（2）印度。印度审计署设立了数据管理和分析中心，利用来自内部、被审计单位和第三方的各类数据，运用统计和可视化等技术进行大数据审计，以提升审计效率和质量。

（3）巴西。巴西联邦审计署注重审计数据的采集和应用，已采集了多个政府部门的数据库，通过 SQL、ACL 等工具进行数据分析，以支持审计工作。

（4）奥地利。奥地利审计法院对数据分析采用 Microsoft Excel 和 R 语言，同时利用词云技术进行文本分析，以应对不同类型的审计任务。

（5）厄瓜多尔。厄瓜多尔审计署通过收集多个部门的信息，采用数据挖掘技术和开发手机 App 进行大数据审计。

（6）爱沙尼亚。爱沙尼亚审计署尚未在审计中使用大数据分析，但国内的大学和科研机构正在开展相关研究。

（7）芬兰。芬兰国家审计署高度重视大数据审计，已将电子数据审计纳入常规审计工作中，计划未来应用机器人技术和可视化技术。

（8）印度尼西亚。印度尼西亚设计了 CRISP-DM 系统进行大数据审计，分为业务理解、数据理解、数据准备、建模、评价和部署等步骤。

（9）挪威。挪威审计署采用 IDEA、Microsoft Excel 等工具进行数据审计，计划在未来利用微软的数据仓库技术、可视化技术和 R 语言进行大数据审计。

这些国家的实践显示，大数据审计在全球范围内受到越来越多审计机构的关注和应用，技术手段的多样性体现出大数据审计的灵活性和适应性。

（二）国内大数据审计应用现状

与国外相比，国内大数据审计起步较晚。根据当前大数据技术的迅速发展，我国审计机构明确了积极跟踪国内外大数据分析技术的最新进展和动态的重要性，探索如何将大数据技术应用于审计实践，以为推进大数据时代的审计信息化建设做好充分准备。

我国在推动大数据发展方面已有明确行动。2015 年 8 月 31 日，国务院发布了《促进大数据发展行动纲要》，为大数据的发展提供了全面的指导。2015

年 12 月 8 日，中共中央办公厅、国务院办公厅发布了《关于实行审计全覆盖的实施意见》，其中提到要构建大数据审计工作模式，以提高审计的能力、质量和效率，以及扩大审计监督的广度和深度。2017 年 3 月 31 日，中共中央办公厅、国务院办公厅发布了《关于深化国有企业和国有资本审计监督的若干意见》，强调了创新审计理念，完善审计监督体制机制，以及改进审计方式和方法。

2018 年 5 月 23 日，中央审计委员会第一次会议上强调了坚持科技强审和加强审计信息化建设的重要性。2018 年 1 月全国审计工作会议上提出了积极推进大数据审计的要求。此外，中国注册会计师协会于 2017 年明确提出，要加速大数据、人工智能等尖端信息技术在注册会计师行业的深度融合与运用，以此作为驱动会计师事务所信息化转型升级的重要引擎。这一系列战略部署与导向性指示，深刻反映了我国审计界对于大数据技术潜在价值的洞察与积极拥抱态度，正以前所未有的力度推动该领域的技术革新与应用拓展。

（三）大数据技术在环境资源审计中的应用

通过大数据环境资源审计，审计人员可以更加全面了解环境资源活动，发现环境资源活动中的隐藏问题和优化机会，形成数据可视化以传达结果。在环境资源审计中，大数据技术的应用领域涵盖多个方面，主要包括以下方面：

（1）实时数据监测。借助物联网和传感器技术，大数据可以实现对环境资源的实时监测。传感器可以收集各种环境参数，如空气质量、水质等，这些数据可以实时传输并分析，帮助监测人员及时察觉异常情况，从而迅速采取必要的措施。

（2）数据挖掘与分析。大数据分析技术可以应用于环境资源数据，从中挖掘潜在的模式和规律。通过分析大量的环境数据，可以发现平时难以察觉的趋势和异常，有助于揭示环境问题的根本原因，并支持更有针对性的环境管理。

（3）预测分析。大数据技术可以利用历史数据，建立统计模型和预测算法，从而预测环境资源的趋势和未来变化。这种预测有助于制定长期的环境管理策略和政策，以及应对可能出现的问题。

（4）智能决策。大数据与人工智能相结合，可以实现智能化的环境资源管理决策。通过分析各种数据，智能系统可以提供更准确的决策建议，帮助决策者制定更有益的环境保护和资源管理措施。

四、大数据环境资源审计存在的不足和改进路径

将大数据应用到环境资源审计中，尽管带来了许多优势，但也存在一些不足之处：

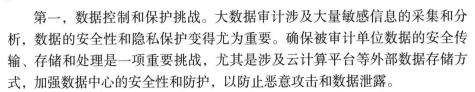

第一，数据控制和保护挑战。大数据审计涉及大量敏感信息的采集和分析，数据的安全性和隐私保护变得尤为重要。确保被审计单位数据的安全传输、存储和处理是一项重要挑战，尤其是涉及云计算平台等外部数据存储方式，加强数据中心的安全性和防护，以防止恶意攻击和数据泄露。

第二，数据质量和真实性问题。大数据环境下，数据的来源和多样性可能导致数据的质量和真实性问题。因此，在进行审计数据分析之前，需要进行数据清洗、去重和整合，以确保得到准确可靠的分析结果。

第三，算法不确定性和分析风险。大数据分析中使用的算法具有一定的不确定性，这可能影响到分析结果的准确性。审计人员需要评估和验证所采用的分析方法，以避免误导性的结论。

第四，数据全面性问题。在大数据环境下，审计单位需要获取来自不同数据源的信息，然后将其整合以获取全面的审计视角。然而，建立数据访问平台和共享机制可能存在难度，这会影响到审计的查全率。

第五，人才短缺和技能要求。大数据技术复杂且不断更新，需要专业的技术人员来实施和维护。然而，大数据领域的复合型人才相对稀缺，这使审计行业很难满足技术人才的需求，尤其是在快速变化的技术环境中。

综合而言，尽管大数据技术在环境资源审计中有许多潜在的优势，但要克服这些挑战和不足，需要审计机构制定严格的数据隐私和安全政策、投资于技术培训和人才培养、不断更新技术和方法，以确保大数据技术的有效应用和审计的准确性。为解决这些问题，可以采取以下路径：

1. 开发通用、易用的大数据审计软件

与传统审计数据分析方法相比，大数据审计分析的复杂性更高。大数据技术目前仍在发展之中，现有的工具和方法还无法完全克服所有与大数据相关的难题。要应对这些挑战，需要政府、企业以及学术界的共同努力，从硬件和软件两个层面进行深入研究。因此，开发高效且能够实时处理的审计大数据分析系统成为未来工作的关键点。这要求我们在审计技术和方法上持续进行创新。在执行大数据审计的过程中，我们应充分利用大数据技术的优势，同时警惕并规避潜在的风险，根据具体的业务需求和实际情况，选择最合适的审计策略。

在开发大数据审计软件时需要注意以下几点：

（1）为满足多样化的需求，必须构建适宜的系统架构。现有的传统信息系统架构可能无法充分满足大数据系统的特殊设计标准。一个高效的大数据系统需依托于先进的系统架构设计理念，以适应不同大数据应用场景的需求。例如，针对需要进行实时数据分析的系统，可以采用 NoSQL 技术；对于需要批量处理数据的系统，可以利用 Map/Reduce 技术实现。

（2）在审计实践中，应有效整合与利用多样化的大数据分析平台，鉴于各平台独特的优势与固有的局限，不存在一个普适性解决方案能一揽子解决所有审计难题。审计人员需根据具体的审计数据分析挑战，精准匹配并选用最为适宜的大数据分析平台，以优化审计证据的挖掘效率，进而有效减轻审计过程中的潜在风险。

（3）当前审计领域面临着多样化的任务需求，包括但不限于企业审计、海关审计、银行审计、税务稽查、社会保障审计及固定资产投资审计等，每项任务均对审计数据分析方法提出了特定的要求。为满足不同行业和不同数据类型的审计需求，构建审计大数据分析平台时，应确保其具备高度的灵活性与兼容性，能够支撑并适应多元化的审计大数据分析策略，以精准响应不同行业背景与数据类型下的审计需求。

2. 挖掘可视化技术在大数据审计中的应用

在大数据环境下，采集的审计数据在数量和复杂性方面带来巨大挑战。通过实施改进策略，大数据环境下的资源审计能更好地发挥优势，为环境资源管理提供更全面和准确的支持。尽管传统的电子数据审计方法如 SQL 数据查询、统计分析、重号分析等可以满足基本需求，但审计过程中枯燥的数字和晦涩难懂的结论影响了审计效率和审计人员的积极性。

信息技术的飞跃性进展为数据可视化技术的革新铺设了道路，为大数据背景下电子数据审计所遭遇的挑战开辟了解决的新途径。数据可视化技术以其直观呈现的优势，赋能审计人员深入剖析审计大数据的复杂脉络，促进了对海量信息的深度挖掘、分析及阐释能力。此技术不仅优化了信息传递与沟通的清晰度及效率，还显著加速了审计人员在海量数据中精准识别问题的进程。通过数据可视化的应用，审计效率得以提升，同时增强了审计大数据分析结果的洞察力与实用性。因此，在大数据浪潮的推动下，数据可视化技术已成为审计人员洞悉被审计单位大数据全貌的不可或缺的利器。

3. 加强大数据审计的教育与培训

为应对大数据时代的挑战，强化大数据审计的相关教育和培训显得尤为关键。高校在建设相关教材方面发挥着重要作用，应确保为审计专业的学生提供学习大数据审计的课程内容。此外，内部人才培养至关重要，通过为审计团队提供大数据技术的培训，确保他们具备应对大数据挑战的能力。紧跟技术发展步伐，及时了解新的大数据分析方法和工具，以保持团队的技术竞争力。理论教育和培训只是提升大数据审计能力的一部分，通过实际操作来锻炼审计人员的大数据审计技能，能够更好地提升他们的应用能力。

4. 制定综合的大数据审计准则、规范与指南

为推动大数据审计的规范化和标准化，指导审计人员实施大数据审计，我们迫切需要制定并出台相应的审计准则、规范与指南。这些将成为审计人员在大数据审计中遵循的行为准则，确保审计工作的一致性和可比性。同时，审计指南能够为审计人员提供针对性的操作指引，使他们能够更加有序地开展大数据审计工作。

国际上已经在信息系统审计领域制定了多项相关准则和指南。例如，全美反舞弊财务报告委员会（COSO）内部控制框架，以及国际信息系统审计与控制协会（ISACA）制定的信息及相关技术控制目标（COBIT）等，都为信息系统审计提供了指导。然而，在大数据审计方面，目前制定的准则、规范与指南尚不充分，限制了大数据审计的广泛应用。

因此，为了促进大数据审计的研究与应用，迫切需要尽快制定更多、更详细的大数据审计相关准则、规范与指南。这些指南将为审计人员提供明确的操作步骤和方法，有助于规范审计过程，提高审计工作的质量和效率。

第二节　环境资源审计数据分析

一、大数据处理一般流程

（一）数据收集

数据收集是环境资源审计的基础，需要从多个数据源中获取与环境资源有关的数据。这些数据源可以涵盖组织内部的数据库、物联网传感器、公共数据集以及第三方数据供应商等。在数据收集阶段，审计人员必须明确定义数据的采集频率、格式和范围，以确保数据的完整性和准确性。

数据源包括以下方面：

（1）上级审计部门数据中心提供的数据。这些数据可能是来自上级审计机构的整合数据，用于支持更高层次的审计工作。

（2）组织内部数据。审计部门可能定期采集和上传本部门内部产生的各类数据，这些数据可以包括财务数据、运营数据等。

（3）实施过程中采集的数据。在具体的审计项目中，根据需要可能会采集特定类型的数据，以支持项目的实施和分析。

（4）公开数据抓取。利用大数据工具，从互联网上抓取公开数据，这些数据可能涉及与环境资源有关的信息。

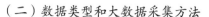

（二）数据类型和大数据采集方法

在大数据环境中，数据的类型可以分为结构化数据和非结构化数据。为了应用大数据分析工具对这些数据进行分析，审计人员需要将采集的数据导入适当的分析工具中。在这一阶段，除现有的数据采集方法，还需要针对大数据环境开发专门的数据采集方法。这些数据源的合理整合和采集，是后续环境资源审计中数据分析的基础。

结构化数据。这类数据通常以表格、数据库等形式存在，易于存储和处理。在大数据环境下，结构化数据可以通过传统的 ETL（提取、转换、加载）过程导入分析工具中进行后续处理。

非结构化数据。这种数据包括文本、图像、音频等形式，不易用传统的数据库方法进行存储和处理。在大数据环境下，采用文本挖掘、图像分析等技术对非结构化数据进行处理，通常需要使用专门的大数据采集和分析工具。

（三）目前常用数据采集的不足

当前，审计实践中大数据的采集环节尚存不足，尤其在大数据广泛应用的背景下，审计机构面临挑战，需积极拓展第三方数据源的获取渠道，并将这些外部数据与被审计主体的内部数据进行有机融合与深入分析，以充分挖掘并释放大数据分析技术的潜在效能与价值。

然而，当前数据访问与共享机制的构建尚不完善，这一现状构成了大数据审计效能释放的瓶颈，不仅削弱了审计取证过程的全面性，也无形中加剧了审计风险。特别是对地方审计机关及社会审计组织而言，在获取涵盖财政、税务、工商等领域的全面数据时，仍面临诸多挑战。

这种局限性可能导致审计结果不够全面和准确，从而降低了审计的效益。为了充分发挥大数据在审计中的作用，需要建立更加开放和便捷的数据共享机制，以便审计人员能够获得更多来源的数据，并进行更全面的分析，从而提高审计的全面性和精准性。同时，需要解决地方审计或社会审计等特殊领域的数据获取难题，以确保审计工作能够顺利进行并取得良好的结果。

（四）基于网络爬虫技术的大数据采集方法原理

网络爬虫（Web Scraper）是一种依据预设规则自动探索并提取互联网信息的自动化程序或脚本。在大数据审计的实践中，广泛收集各类相关数据是核心环节，故而，网络抓取器技术成为了高效获取这些关键数据的重要助力。借助该技术，审计人员能够拓宽信息收集的广度，确保审计过程中纳入的数据更加全面且深入，进而强化审计工作的效能与精确性。

大数据审计中，基于网络爬虫技术的策略侧重于整合并利用被审计实体外部的公共信息资源。通过将此类数据与源自被审计单位及关联方的数据进行交叉比对分析，该方法能够更为详尽地挖掘潜在的审计线索。相较于传统手段，此方法的显著优势在于其数据分析视野的拓宽，确保了审计线索探索的全面性与深度，进而提升了审计工作的整体效能。

该方法的具体实施步骤如下：

（1）界定目标。首先明确需采集数据的对象，即确定目标网站及其特定页面上的关键数据点。

（2）解析页面架构。为了精准提取数据，需深入剖析目标网页的布局结构，以定位所需数据的具体位置与格式。

（3）爬虫构建与数据捕获。基于上述分析，运用适宜的编程工具如 R 或 Python，定制开发网络爬虫程序，以实现自动化数据抓取功能。

（4）数据深度剖析。获取数据后，首先，审计人员将进行初步的数据预处理。其次，运用先进的大数据审计技术和专业工具，对处理后的数据进行深度挖掘与分析，旨在识别异常数据模式，进而挖掘出有价值的审计线索。最后，基于这些线索展开深入的延伸审计，并通过多方验证，最终确立审计证据。

（五）基于网络爬虫技术的外部数据采集示例

以 Python 为例，介绍网络爬虫技术在外部数据采集中的基本应用。具体以 Python 为基础，通过 Tushare 接口爬取目标公司五年期间的三大报表和财务比率表数据，并将爬取结果以 Excel 文件格式保存在本地文件夹中。通过这种方式，可以方便地采集外部数据并进行后续的分析和审计操作，但需要将下列代码中的 "token" 替换为自己的 Tushare token。

在 Pycharm 中运行该代码后，数据抓取结果示例如图 8-2 所示。

	A	B	C	D	E	F
1	报告期	20211231	20201231	20191231	20181231	20171231
2	毛利率	0.0963	0.1076	0.1215	0.1325	0.1347
3	营业利润率	0.0545	0.0492	0.0488	0.0605	0.0631
4	净利润率	0.0447	0.0404	0.0427	0.0545	0.0549
5	ROE	0.0919	0.0802	0.1058	0.1567	
6	存货周转率	10.898	10.4246	12.8126	14.1302	
7	总资产周转率	0.8276	0.8176	1.0128	1.1785	
8	应收账款周转率	16.6893	17.0242	20.2903	23.7341	
9	流动比率	1.1343	1.1082	1.1045	1.0943	0.9974
10	速动比率	0.9692	0.8959	0.9244	0.9069	0.7931
11	利息保障倍数	3.4218	3.2466	3.608	6.2132	9.4888
12	营业收入增长率	0.051	-0.1252	-0.0688	0.0346	
13	营业利润增长率	0.164	-0.1174	-0.2483	-0.0081	
14	净利润增长率	0.2008	-0.202	-0.289	0.0465	

图 8-2　基于网络爬虫程序采集到的数据示例

部分代码示例如图 8-3 所示。

```
import pandas as pd
import numpy as np
import tushare as ts
pro = ts.pro_api('8baccf719621c815bbbf6b91b349c4f36bbde6ee5d9416421 ed3875b')
def access_data(comps, codes, years):
    def rename_col(data):
        rename_sheet = pd.read_excel(' 重命名 .xlsx')
        eng = rename_sheet ［ ' 名称 ' ］ .tolist( )
        chi = rename_sheet ［ ' 描述 ' ］ .tolist( )
        re_dict = dict(zip(eng, chi))
        data = data.rename(columns=re_dict)
        return data
    for i in range(len(comps)):
        df_balance = pd.DataFrame( )
        df_income = pd.DataFrame( )
        df_cash = pd.DataFrame( )
        for year in years:
            df_balance0 = pro.balancesheet(ts_code=codes ［ i ］, period=str(year) + '1231') ［ –1: ］
            df_income0 = pro.income(ts_code=codes ［ i ］ , period=str(year) + '1231') ［ –1: ］
            df_cash0 = pro.cashflow(ts_code=codes ［ i ］ , period=str(year) + '1231') ［ –1: ］
            df_balance = df_balance.append(df_balance0)
            df_income = df_income.append(df_income0)
            df_cash = df_cash.append(df_cash0)
```

图 8-3　基于 Python 语言的网络爬虫程序部分实现代码示例

（六）数据预处理

在大数据审计中，首先面临的一大难题是数据预处理。由于从被审计单位采集的数据一般不符合审计要求，存在诸多数据质量问题，如数据字段的不确定性、数据缺失等，这些问题如果不加以处理，将直接影响后续审计数据分析的准确性和可靠性，进而可能导致审计结论的误判或不准确。

举例来说，数据字段的值不确定可能导致数据的不完整，即部分数据项的值无法获得。这会在后续分析中产生空缺或不完整的数据，从而影响结果的可信度。如果数据不完整，审计人员在分析过程中可能会得出错误的结论或无法充分评估被审计对象的情况。因此，在完成数据采集后，进行审计数据预处理是必要的。这包括清洗数据，去除噪声和错误；填充缺失值，使数据更完整；

处理不确定的数据字段，可通过数据融合等方式获得更准确的值。通过这些预处理步骤，可以提高数据的质量和可靠性，为后续的审计数据分析提供更准确的基础。

在大数据环境下，数据质量问题变得更加严重，因为大数据往往包含大量的噪声和缺失值。数据预处理在这种情况下尤为重要，它的目标是清洗和准备数据，使其适合后续的分析。

1. 在大数据中可能遇到的数据质量问题

（1）重复的数据，指在一个数据源中存在表示同一实体的重复信息，或者在多个数据源中存在同一实体的重复信息，这可能导致在分析中产生误导性的结果。

（2）不完整的数据，由于录入错误等原因，某些字段的值或记录未被正确地录入数据库，导致本应存在的字段或记录缺失，这会影响分析的准确性和完整性。

（3）不正确的数据，由于多种原因，数据源中的数据未能正确地获取，从而导致数据明显错误，与现实实体的实际值不符，这会产生误导性的结果。

2. 审计数据预处理的内容

在当前审计实践中，鉴于审计人员的技术与审计任务的具体要求，同时兼顾经济性与执行便利性，审计数据的预处理流程通常涵盖多个环节，如名称的统一规范化、数据类型的适配转换、编码体系的调整对应、数据的横向整合与纵向拼接，以及空值或缺失数据的有效处理等。为解决这些问题，数据预处理的步骤通常包括以下步骤：

（1）数据清洗。去除无效或不必要的数据，修复格式错误，解决数据中的不一致性。

（2）数据去重。检测和删除重复的数据记录，以避免在分析时引入重复的信息。

（3）缺失值填充。对于缺失的数据字段，使用合适的方法填充，如使用均值、中位数或插值等。

（4）异常值处理。检测和处理异常值，以避免这些值对分析结果产生不良影响。

此外，对数据进行归一化或标准化也是一项重要的预处理步骤。这将确保数据在同一尺度下进行比较和分析，避免因为不同数据范围导致的误差。

示例1：以Anaconda3中的Jupyter为基础，对三峡蓄水资源数据集进行大数据审计数据预处理展示示例：

导入数据库，读取数据集并展示数据集表头，如图8-4所示。

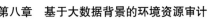

数据的生成和导入

```
import  pandas  as  pd
```

```
#加载csv数据
df_csv=pd.read_csv('/users/wangqin/desktop/threegorges-water-storage.csv')
df_csv.head()
```

	measurement_date	upstream_water_level	downstream_water_level	inflow_rate	outflow_rate
0	2011Apr17	159.94	64.82	6500.0	7490.0
1	2011Apr18	159.62	65.20	6100.0	8070.0
2	2011Apr19	159.30	64.85	5800.0	8100.0
3	2011Apr20	158.94	64.58	5800.0	8080.0
4	2011Apr21	158.70	65.14	6600.0	8140.0

图 8-4　导入三峡蓄水数据集

示例 2：改变数据集的列名，将英文转变为中文，方便查阅，如图 8-5 所示。

```
#列名 变量名
data.columns
```

```
Index(['measurement_date','upstream_water_level','downstream_water_level',
    'inflow_rate','outflow_rate','index'],
    dtype='object')
```

```
#全部更改 长度数量要和表格列名个数一致
data.columns=['测量日期','上游水位','下游水位','流入速率','流出速率']
data.head（）
```

	测量日期	上游水位	下游水位	流入速率	流出速率
0	2011 Apr 17	159.94	64.82	6500.0	7490.0
1	2011 Apr 18	159.62	65.20	6100.0	8070.0
2	2011 Apr 19	159.30	64.85	5800.0	8100.0
3	2011 Apr 20	158.94	64.58	5800.0	8080.0
4	2011 Apr 21	158.70	65.14	6600.0	8140.0

图 8-5　改变数据集列名

示例 3：缺失值处理。如图 8-6、图 8-7 所示。

缺失值的相关代码包括：data.isnull（）查看缺失值、data.notnull（）查看不是缺失值的数据、data.dropna（）删除缺失值、data.fillna（）填补缺失值。

```
#各变量中缺失值的数量
data.isnull（）.sum（axis=0）
```

measurement_date	0
upstream_water_level	127
downstream_water_level	144
inflow_rate	127
outflow_rate	127
index	0
dtype：int64	

图 8-6 各列数据缺失值情况

```
#定位缺失值所在的行
data.loc[data.isnull（）.any（axis=1）]
```

	measurement_date	upstream_water_level	downstream_water_level	inflow_rate	outflow_rate
101	2011 Jul 27	NaN	NaN	NaN	NaN
102	2011 Jul 28	NaN	NaN	NaN	NaN
103	2011 Jul 29	NaN	NaN	NaN	NaN
104	2011 Jul 30	NaN	NaN	NaN	NaN
105	2011 jul 31	NaN	NaN	NaN	NaN

```
#定义缺失值为0
data_null_0=data.fillna（0，inplace=False）
data_null_0
```

	measurement_date	upstream_water_level	downstream_water_level	inflow_rate	outflow_rate
0	2011 Apr 17	159.94	64.82	6500.0	7490.0
1	2011 Apr 18	159.62	65.20	6100.0	8070.0
2	2011 Apr 19	159.30	64.85	5800.0	8100.0
3	2011 Apr 20	158.94	64.58	5800.0	8080.0

图 8-7 缺失值数据处理

对于缺失值的处理，主要包括直接删除数据所在行、定义缺失数据为 0、填补缺失值为平均数、众数、中位数等方法。

3. 审计数据预处理在电子数据审计中的意义

（1）为后续审计数据分析做准备。被审计数据可能存在质量问题，不一定能直接用于审计数据分析。通过预处理，可以清洗、填充、修复数据，使其适合进行后续的分析，确保了分析过程的可行性和准确性。

（2）发现隐含的审计线索。数据预处理不仅是为了修复数据质量问题，还可以通过分析质量问题的来源和性质，发现可能隐藏在这些问题中的审计线索。某些异常或缺失数据可能暗示着业务操作中的潜在问题，而这些问题可能

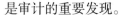

是审计的重要发现。

（3）降低审计风险。质量问题的存在会影响数据分析结果的准确性，从而增加审计的风险。通过对有质量问题的数据进行预处理，可以降低因数据质量问题引起的错误和误解，从而降低审计结论的风险。

（4）优化数据分析效率。数据预处理可以减少数据中的噪声和冗余，使后续的分析更加精确和高效。清洗和修复后的数据集更适合应用数据分析技术，从而提高审计的效率和结果的质量。

（5）确保数据一致性和可比性。在大数据环境中，数据可能来自不同的源头，格式和结构可能各不相同。通过预处理，可以对数据进行归一化或标准化，使不同数据间具有一致性，从而更容易进行比较和分析。

（七）数据分析

数据分析在大数据环境资源审计中是核心环节，通过多种分析技术，可以揭示资源利用情况、问题趋势和优化机会。在大数据审计中，数据分析技术分为三类：

（1）大数据可视化分析技术。这种技术通过将大数据转化为可视化的图形和图表，使审计人员能够更直观地理解数据，发现潜在的问题和趋势。可视化分析可以帮助审计人员从审计大数据中提取审计线索，从而更好地指导后续的审计工作。大数据可视化分析已经是大数据审计应用中比较成熟和广泛采用的方法。

（2）大数据多数据源综合分析技术。这种技术通过对多个数据源中的数据进行综合比对和关联分析，以发现更多隐藏的审计线索。这些数据源可以来自不同的领域和行业，通过整合分析，审计人员可以更全面地了解资源利用情况，识别潜在问题。

（3）大数据智能分析技术。这种技术利用高性能数据处理算法、人工智能和数据挖掘算法，对审计大数据进行分析。它能够从海量数据中挖掘出潜在的审计线索，辅助审计人员做出更准确的判断和决策。尽管大数据智能分析技术在审计领域的应用仍处于研究阶段，但随着人工智能和数据分析技术的发展，有望为大数据审计带来更多的创新和进步。

（八）大数据可视化呈现

在大数据环境下，数据可视化分析技术确实具有特殊的重要性。大数据的分析结果往往包含复杂的信息和关联信息，很难用简单的文字或数字来准确传达。这正是数据可视化分析技术的价值体现，该技术通过将分析成果转化为图表、图形界面乃至仪表盘等直观展现形式，实现了抽象数据向具象图形的精妙转换。这一过程极大地增强了复杂信息的可读性与可理解性，使数据背后的故事能够更为清晰、直观地传达给审计人员。

数据可视化可以帮助审计人员和利益相关者更好地理解环境资源审计的结果，并更好地做出决策。综合来看，数据可视化分析技术在大数据审计中具有突出的作用，它能够帮助审计人员更好地理解、分析和传达数据，从而为环境资源审计提供更强大的支持和价值（见图8-8）。

```
fig, ax=plt.subplots（1，1，figsize=（8，4））
data['流出速率'].value_counts（）.plot（kind='bar'，title='inflow rate'，ax=ax，figsize=（8，4））
plt.show（）
```

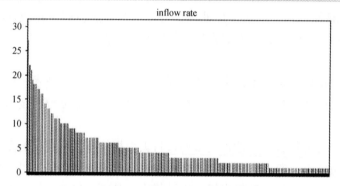

图8-8　三峡蓄水数据流出速率的可视化图例

二、大数据分析工具

在环境资源审计的数据分析过程中，有许多工具和编程语言可供选择，如Excel、R语言、Python和Power BI等软件。

（一）Excel

Excel是一款功能强大的电子表格软件，可以用于整理、分析和可视化数据。它适用于简单的数据处理和统计分析，能够制作基本的数据图表。Excel以其强大的功能和友好的用户界面，已成为审计人员的重要助手。在Excel中，丰富的财务、数学和统计公式为审计工作提供了便捷支持。审计人员常常在Excel工作簿中设计工作模板，通过连接查询、引用、对比分析和汇总计算等操作，对多张工作表进行处理，以核对、验证和复核数据的准确性。Excel的数据菜单功能有助于审计人员获取外部数据并进行数据分析。排序、筛选、抽样、分列、分类汇总和合并计算等功能常被用于核实、验证和分析，以及进行财务数据的盈余预测和可持续发展预测等。此外，Excel的数据分析加载项还提供了随机抽样或周期抽样工具，而Power View的数据可视化功能可为审计报告增添直观美感。

（二）R 语言

R 语言起源于 1980 年前后的 S 语言，是统计领域广泛应用的编程语言和软件，用于数据探索、统计分析和数据可视化。它是 S 语言的一个分支，将统计分析与图形显示融合在一起。R 语言拥有丰富的数据分析包和函数，适用于复杂的数据挖掘和统计建模，可运行于 UNIX、Windows 和 Macintosh 操作系统。R 是一款完全免费的开源软件，用户可以从官方网站及其镜像站点下载安装程序、源代码、文档等。

R 语言提供了标准的安装软件，内含许多模板和内置的统计函数，可以直接实现常用的统计功能。同时，R 还是一门可编程的语言，用户可以根据需要编写自己的函数来扩展语言的功能，因此更新速度较快，几乎所有最新的统计方法和技术都可以在 R 中得到应用。

对于审计人员而言，R 语言有助于进行审计数据分析、发现潜在问题或趋势，并以可视化方式呈现出来。R 语言的应用依赖于各种插件，不同的插件满足不同的需求，涵盖经济计量、财经分析、人文科学研究和人工智能等领域。实践证明，R 语言的各种功能在大数据审计模型中得到了广泛应用，有助于揭示审计中的风险。

（三）Python

Python 的创始人是荷兰人吉多·范罗苏姆（Guido van Rossum）。Python 是一种面向对象的、跨平台的动态类型计算机程序设计语言，如今广泛应用于各行各业以及审计数据分析领域。Python 具有以下优点：简单易学，代码具有清晰的定义，易于维护和阅读；免费、开源且具备高度可移植性，在不同平台上均可使用，开发者可以使用 Python 实现各种应用程序所需的功能。对于审计人员而言，Python 语言及其众多的扩展库，如 Pandas、Numpy 和 Matplotlib，可以方便地进行数据处理、绘制图表，甚至开发科学计算应用程序。Python 能够处理文本数据，进行数据分析、信息挖掘以及数据的可视化展示等。

由于 Python 语言具有易读性、简洁性和可扩展性，它已成为国内外最受欢迎的编程语言之一。许多开源软件包提供了 Python 的调用接口，还有快速数组处理、数值运算和绘图扩展库等功能。对审计人员而言，Python 语言以及其丰富的扩展库构建的开发环境非常适合数据处理、计算和分析工作。它能够处理文本数据，进行数据挖掘、审计信息分析，以及数据的可视化展示等操作。

（四）Power BI

Power BI（Power Business Intelligence）是微软推出的可视化探索和交互式报告工具，是一种商业智能工具，专用于数据可视化和报表制作。它能够连接多个数据源，并生成交互式的仪表盘和报表。Power BI 不同的工具适用于不同的环境资源审计任务。与微软 Office 相似的界面设计和操作方式使使用者能够轻松上手，降低了学习成本。Power BI 不要求用户具备深厚的技术背景，掌握类似 Excel 这样简单的工具即可快速上手商业大数据分析和可视化操作。

在数据整理和简单可视化方面，Excel 可能已经足够；但对于复杂的数据分析和模型构建，R 语言和 Python 可能更为适用。Power BI 软件能够帮助审计人员以美观且交互式的方式呈现他们的分析结果。

三、大数据分析未来发展方向

大数据技术在环境资源审计中的应用将不断演进和扩大。未来的发展方向可能包括以下方面：

（1）实时数据分析。随着物联网技术的快速发展，实时数据分析将变得尤为关键。大数据环境资源审计能够实时监测环境资源数据，及时检测异常情况并采取必要的措施。

（2）复杂模型与预测。未来的大数据分析更加专注于构建复杂模型和进行准确的预测分析。采用深度学习、神经网络等高级技术，可以更精准地预测环境资源的变化和趋势，从而有助于提前制定相应的应对策略。

（3）数据治理与合规性。随着数据隐私和安全问题的不断凸显，数据治理和合规性将成为大数据环境资源审计的关键方向。确保数据的安全、隐私和合规性将成为重要任务，同时会涉及数据采集、存储和处理过程中的各种规定和法规。

（4）交互式数据可视化。交互式数据可视化将在大数据审计中扮演更加重要的角色。通过交互式报表、仪表盘等工具，审计人员和相关利益相关者可以更方便地与数据进行互动，探索数据中的信息，从而更深入地理解数据背后的故事。

总之，大数据技术将在环境资源审计领域持续发挥重要的作用，未来的发展将着重于实时性、精准性、合规性和可视化交互等方面。

第三节　区域联动环境资源审计

在当前经济与社会发展的新格局构建中，我国正积极部署并实施一系列关键性的战略蓝图，诸如推动京津冀协同发展战略、深化长三角区域一体化进程、加速粤港澳大湾区融合发展以及构建成渝地区双城经济圈的协同发展模式等。这些战略部署不仅重塑了区域发展的格局，还促使区域间的协调与一体化

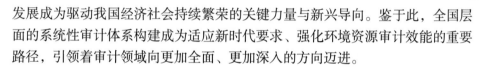

发展成为驱动我国经济社会持续繁荣的关键力量与新兴导向。鉴于此，全国层面的系统性审计体系构建成为适应新时代要求、强化环境资源审计效能的重要路径，引领着审计领域向更加全面、更加深入的方向迈进。

资源环境跨区域联审共治模式研究——以 H 河流域生态保护治理为例

环境资源保护展现出显著的外部效应与复杂性特质，其面临的问题往往跨越时空界限，既有时滞性又具地域性，且区域间相互作用显著。鉴于此，环境资源审计的推进需立足于国家层面的系统筹划，通过构建高效联动的审计机制，通过整合审计资源、优化审计力量的配置，实现对环境资源保护现状及其挑战的全面、深入洞察。

例如，作为国家治理的重要手段，审计机关应高度重视水环境审计，在水资源保护和治理中发挥审计的作用。以往的水资源环境审计主要关注特定行政区域内的问题，但没有足够关注不同区域间的关联性。然而，水环境治理的外部性以及流域内环境分配和生态利益的不均衡性使跨区域问题日益凸显。因此，审计机关不仅要审视特定区域的水环境状况，还需要揭示水环境保护法规制度的缺陷以及执行不严格等问题。同时，审计应关注跨区域协调治理机制的建设和有效性。

尽管我国许多地区水资源丰富，已投入大量资金用于水环境保护和治理，但由于现实因素，跨区域性大规模水环境审计尚未充分展开。即便开展，也面临一些问题，难以充分发挥水资源审计在监督预警方面的作用。因此，在新的发展格局下，加强跨区域水环境审计，解决问题，促进合作，将成为推动环境资源保护和治理的重要举措。

在构建面向新时代的环境资源审计框架过程中，创新性地融入先进信息技术与方法是一条核心路径。鉴于环境资源审计领域内数据来源的广泛性、标准的多样性及模式的差异性，审计机构应积极寻求与自然资源管理、生态环境保护、地理测绘等相关职能部门的深度合作，共同推动构建跨部门环境资源数据共享机制，高效整合并充分利用各参与方的信息资源，为审计工作的顺利开展提供坚实的数据支撑与决策依据。

一项重要的创新举措在于广泛采纳地理信息技术。借助地理信息系统（GIS）与卫星遥感成像等尖端技术，实现对多元数据的精准比对与叠加分析，为大数据在审计领域的深度融入与高效运用奠定基础。以长江经济带生态环境保护审计项目为例，审计人员巧妙融合了水利、生态环境等多个职能领域的数据资源，辅以实地勘察与验证核实，成功揭露了诸如小水电过度开发、违规建设项目频发、生态修复措施执行不力等一系列深层次问题。这些难题的曝光与解决，正是信息技术创新手段在审计实践中展现出的强大力量与独特价值的生动体现。

一、区域联动环境资源审计的内涵

区域联动环境资源审计是一种利用大数据技术的审计方法，重点在于深入探究不同区域间环境资源相互关联和联动效应，其核心目标是全面了解特定地区的环境资源利用情况，识别资源管理问题和机会，并提供跨区域合作的建议。

区域联动审计注重资源的优化配置策略，可推动区域经济实现稳健与可持续发展。该模式构建了跨越层级、专业、地域及组织界限的监督协作体系，汇聚专业审计智慧与前沿技术工具，通过多维度关联分析，包括但不限于经济主体联动、空间尺度融合、经济社会生态互动等层面，全面覆盖财政政策评估、基础设施建设监督、产业布局优化、城乡一体化发展、市场体系完善、公共服务效能提升及生态环境保护等审计领域，旨在充分发挥审计在区域经济发展中的促进与保障作用。

广义上，区域联动审计机制涵盖审计机关与各类监督主体、社会审计组织的跨界协作，突破行政地域界限，追求审计效能的最大化。狭义上，聚焦于审计机关在特定地理区域内的紧密配合，针对共同的审计对象与目标，通过整合不同行政层级、管辖范围内的审计资源，实施统一规划、协调调度、服务支撑及监督审查标准的制定与执行，以促进区域治理的精细化与差异化发展，最终实现审计成效的最优化与最大化。

在区域联动环境资源审计中，大数据技术将发挥重要作用。通过收集整合多个地区的环境资源数据，大数据技术能帮助审计人员深入了解不同地区的环境资源情况，揭示相互关系。此外，大数据分析有助于挖掘海量数据中的规律和趋势，为跨区域环境资源管理和决策提供更好的指导。

区域联动审计的组织模式主要有两种：一是上级审计机关统筹下的区域联动审计，二是同级审计机关合作的区域联动审计。这些模式借助区域经济圈的划分，打破传统行政辖区界限，更好地促进不同地区间的合作与共享，以实现审计效益的最大化。

（一）上级审计机关统筹下的区域联动审计

"上级审计机关统筹下的区域联动审计"，简称"上级统筹审"，是一种跨地域审计合作模式，其核心在于上级审计机关依据法定权责与管辖范围，集中调度并协调其下辖各级审计机关共同参与特定审计项目。在此模式中，上级审计机关扮演了主导与核心的角色，负责审计项目的整体策划与启动，制订计划和方案，明确审计目标与方法，并承担审计成果的最终责任，确保审计工作的有序开展与高效执行。区域联动的水资源环境审计构建如图 8-9 所示。

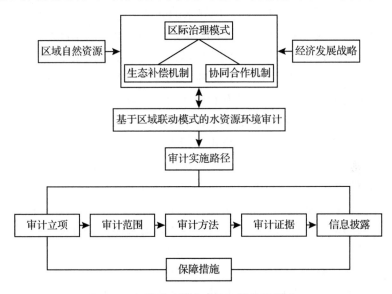

图 8-9　区域联动的水资源环境审计构建

这种模式的特点在于，上级审计机关扮演组织者的角色，协调各级审计机关参与跨区域审计项目。同时，纵向协同关系在上下级审计机关之间形成，上级机关指导下级机关，确保统一的审计目标和方法。在区域联动审计框架下，各下级审计机关需强化横向联动，联合参与项目，促进彼此间的紧密协作与信息交流。此模式尤为适用于那些跨越多个地域、备受社会各界瞩目的审计任务。

这种模式的优势表现在凝聚力、资源调配和宏观视野上。上级机关的组织与领导作用有助于引起各级政府和部门的关注，推动审计工作的顺利进行。同时，上级机关统筹审计资源，优化配置，提高了整体效能。此外，上级机关具有更宏观的视角，有利于项目的综合规划和推进。这种模式在促进跨区域审计合作、提高审计效率方面发挥了重要作用，有利于更好地利用审计资源，推动审计工作的深入开展。

（二）同级审计机关合作的区域联动审计

"同级审计机关合作的区域联动审计"，简称为"同级合作审"，是一种跨区域协同审计模式，由行政级别相同的两个或多个审计机关共同参与。在这种模式下，合作主体为同级审计机关，如省与省、本省市与市、跨省市与市的审计机关，他们之间没有上下级的指导关系。这种模式是平级审计机关为了共同实现同一审计目标，针对同一审计对象，自愿主动合作、协同开展的跨区域联合审计工作。

"同级合作审"是一种跨越地理界限的联动审计范式，但其核心在于行政层级相当的两个或多个审计机关之间的联合行动。该模式不涉及传统意义上的上下级指导关系，而是诸如省际间、市域内或跨省市的同级审计机关，基于共同审计目标与对象，自发组织、协同推进的跨区域审计合作。这种平级间的紧密协作，实现了资源共享、优势互补，实现审计效能的最大化。

"同级合作审"框架内，各参与审计机关协同作业，各自承担其属地范围内对象的审计责任，并共同对最终审计报告的质量与结论负责。此过程往往始于一方审计机关发出的合作倡议，经由协商、签署合作备忘录等正式程序，促成同级别机关的共同参与。审计执行阶段，各方秉持资源共享、目标同向的原则，确保工作进程的及时沟通与协调。至于审计成果，则整合各方发现的问题与建议，共同编制审计报告，以体现合作审计的集体智慧与协同力量。

以上模式的优势在于灵活性和协同效应。由于合作的审计机关是平等自愿的，只要在审计管辖范围内各方同意并目标一致，就可以通过协商达成合作，从而拓展了审计的范围和效能。此外，由于各审计机关在同级别内有类似的审计资源和能力，合作可以更有效地提高审计效率。总的来说，"同级合作审"模式适用于不同地区同级审计机关间合作的情况，它为区域协同审计提供了一种更加灵活和相互支持的方式。

二、水资源区域联动审计应用案例

以水资源区域联动审计为例，通过两个实际案例说明区域联动环境资源审计中"上级统筹审"和"同级合作审"两种模式在实践中的应用情况。

（一）"上级统筹审"项目——川南审计项目

2020年，四川省审计厅开展了一项关于川南经济区一体化发展协同推进的专项审计调查，这是四川省内首次采用"上级统筹审"模式进行的跨市区联动审计。该项目的审计对象是川南经济区，该区域包括内江、自贡、宜宾、泸州四个市级行政区域。

在川南审计项目中，四川省审计厅作为省级审计机关，发挥了统筹协调的作用。它们将川南四市的审计机关（即内江、自贡、宜宾、泸州的审计机关）组织起来，协同开展了跨区域的审计项目。项目在年度计划中列入，并进行了审前调查，制订了实施方案，将相关业务人员抽调到项目组开展审计工作。四川省审计厅最终整合了来自川南四市的审计结果，从中发现问题、分析原因，并提出了促进川南经济区区域经济一体化发展的审计建议，对审计结果承担责任。

对于四川省审计厅来说，川南审计项目是在地方区域联动审计方面的首次尝试，并取得了显著的成效。首先，这次审计充分发挥了审计机关在促进区域经济健康发展中的重要作用。通过从审计的视角对川南区域经济发展情况进行全面分析，川南经济区得到了一次经济"体检"，揭示了其中的问题和困难，并提出了有针对性的审计意见和建议，推动了川南区域经济的有序推进。这一过程还促进了川南经济区更深地融入了成渝地区双城经济圈的建设。

通过审计结果，四川省审计厅在川南经济区一体化发展协同推进专项审计调查中，从微观、中观、宏观三个层次提出了多层次的审计建议。这些建议不仅针对审计过程中发现的具体微观问题提出了相应的整改意见，还涵盖了更广泛的范围，包括了省直部门的改进、部门与行业的管理方面的建议，以及完善政策制度、加强顶层设计、强化省级统筹协调等方面的建议。这种全面性的审计建议体现了审计的综合性和深度分析。

在实践中，这次审计项目总结出了适合区域联动审计的一些方式和方法。首先，将研究型审计理念贯穿于整个审计项目，强调在审前调查阶段充分了解和掌握审计对象的情况。其次，在审计过程中，正确处理审计监督和审计服务的关系，将审计工作有机地融入区域经济社会发展的大局中考虑。最后，坚持"三个区分开来"的原则，审慎包容、客观公正评价，确保审计结果客观准确。开展区域经济审计时，与审计对象的沟通交流显得尤为重要，特别是考虑到审计对象可能跨越多个行政区域，需要在事前、事中、事后做好充分、顺畅的沟通交流工作，以确保审计的顺利进行。

这个案例还通过实践证明了"上级统筹审"模式在地方区域经济发展中的可行性。这种模式能够有效地协调不同地区、不同级别的审计机关，使协同工作更有序。这种经验可以为今后的审计工作提供有益的样本，为其他类似项目的开展提供借鉴。

（二）"同级合作审"项目——赤水河审计项目

2021年，为了践行长江经济带"共抓大保护、不搞大开发"的战略，推进赤水河流域生态环境保护共建共治共享，四川、云南和贵州三省审计机关决定采取区域联动审计的方式，对赤水河流域生态环境保护治理情况进行专项审计，这被称为"赤水河审计项目"。这个项目在全国范围内属于首次以"同级合作审"模式开展的大型跨省域联动审计。

在这次赤水河审计项目中，三省审计机关通过签订合作协议，建立了跨区域审计合作机制，实现同级审计机关之间的合作。由于赤水河流经了云南、贵州和四川三个省份，各省审计机关根据各自的审计管辖权限，共同决定对整个赤水河流域的生态环境保护治理情况进行审计。通过这种合作方式，三省审计机关可以覆盖整个赤水河流域，充分发挥协同效应。

三省审计机关之间明确了这次合作的审计目标，为协同审计提供了指导。基于共同的审计目标，三省审计机关制定了共同的审计工作方案，并同步实施审计项目，实时共享审计信息。审计结果为两个方面的报告：一方面，各省审计机关分别对自己审计管辖范围内的河段出具了独立的审计调查报告；另一方面，通过充分的沟通合作，三省审计机关形成了统一的审计调查报告模板和调查口径，为最终的综合审计报告打下了基础。最终，三省将审计情况汇总形成了赤水河流域的全流域审计报告，并提交审计署，展现了审计在协同合作中的作用。

在实际操作中，这个项目还归纳和总结出了一些成功的做法。

首先，项目在组织方面进行了创新，强调了审计全过程的联动协同。在审计前，项目强调了合作方式和共同目标，并建立了一套灵活的合作机制。这包括建立了联络员制度，由各省审计厅的资源环境审计处负责人担任，轮流负责合作审计事宜；定期发布工作动态，明确各省审计组的统一工作方向和重点；在具体事项上进行协同查证，共同研究问题和制订处置方案，共享核查方法和取证情况，以推动解决方案的快速形成。

其次，项目在审计内容上做了统筹规划，关注区域共性和个性问题。项目聚焦于"赤水河流域生态保护协作机制建立健全和运行情况"，并作为一个重点板块揭示了流域的共性问题。同时，考虑到各省流域内具体情况的差异，各省审计机关除必选的板块外，还各自添加了可选题，使每个省份能够关注和强调不同的审计事项及关注点。

最后，项目注重提升成果的质量和效果，形成多层次和多元化的审计成果。审计成果的提炼和应用是项目成功的关键。项目对于具体问题提出了审计建议，督促市县层面进行整改，推动赤水河流域各地履行共同保护职责。针对重要问题，提炼了专题报告，并向省政府领导做了专题汇报，推动省级层面的工作落实，促进从上至下建立赤水河流域的生态环境保护协作机制。此外，形成了三省的综合报告，提交给审计署，以确保国家层面的政策生效，最大限度地发挥审计结果的应用价值。

通过这些实践，该项目不仅成功地采用了"同级合作审"模式进行了区域

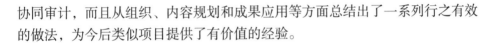

协同审计，而且从组织、内容规划和成果应用等方面总结出了一系列行之有效的做法，为今后类似项目提供了有价值的经验。

三、区域联动审计的发展方向

（一）加强政府统筹力度与顶层设计

加强政府统筹与顶层设计是区域联动审计未来发展的重要方向。在未来，区域联动审计有望跨足不同领域，涵盖诸如水资源、土地、空气等多种资源，以实现资源的综合管理和协同发展。然而，在当前制度设计下，由于涉及较多的利益相关者、审计成本与收益不对等、审计实施相对封闭等因素，导致联动审计的效果难以达到预期。因此，政府在其中的统筹与协调作用至关重要。

为解决上述问题，首先，政府应突破行政管理的障碍，以实现资源综合管理和协同发展为目标，推动不同领域的审计机关开展协同合作。其次，政府可充分发挥其管理优势，通过优化部门职责和岗位设置，建立灵活的协同机制，鼓励不同领域的合作和信息共享，从而提升协同审计的效率与成果。在构建新发展格局的进程中，完善区域联动审计机制与体制，加强政府的统筹与顶层设计，打破行政壁垒，以实现资源综合管理和协同发展为目标，是未来区域联动审计发展的关键。政府应制定相应的合作机制，促进不同领域间的协同合作，以推动区域协同审计体制机制的创新与完善。

同时，确立区域政府与审计机构间共享利益的基础。区域政府需携手并进，以推动经济社会的高质量发展、维护社会稳定及增进民众福祉为共同愿景。审计机构需在党的坚强领导下，积极投身于国家治理现代化进程，助力提升治理效能。因此，强化区域协同审计的监督与服务双重功能，既需涉及区域相关政府层面出台配套的合作框架与制度保障，也需要审计系统内部勇于探索，创新合作模式与举措，以汇聚力量，共筑发展目标之基石。

（二）优化区域协同审计的合作机制与数据平台建设

未来发展中，优化区域协同审计的合作机制将成为关键，同时建立区域联动数据平台也是不可忽视的一部分。相关建议如下：

（1）建立区域联动数据平台。在区域联动审计中，数据的共享和分析至关重要。建议建立统一的区域联动数据平台，以便不同审计机关能够跨区域共享数据，并进行协同分析。这将有助于提高审计的效率和效果，避免重复调查，同时能够更准确地评估资源的使用和环境的状况。

（2）构建有效的合作机制。为了实现区域协同审计的目标，需要建立有效的合作机制。审计机关应明确区域协同审计的战略依据，如区域性协调发展和资源环境保护等。牵头单位可以由上级审计机关或协同需求最强烈的审计机关担任，发起合作座谈会，找到可能合作的领域并达成共识。

这些举措有助于确保区域协同审计在实践中取得更好的成果，能充分利用数据共享和合作机制，提高审计效率和效果，为资源管理和环境保护提供更准确的支持和指导。同时，这也为区域联动审计在未来的发展提供稳固的基础。

 【思考题】

1. 大数据技术在环境资源审计中有哪些独特优势？请举例说明其对环境问题的影响。

2. 在大数据审计中，实时监测对环境资源保护有什么重要意义？请提供一个实际场景，说明实时监测如何帮助解决环境问题。

3. 数据挖掘与分析在环境资源审计中的应用能够揭示哪些有价值的信息？你能想到一个关于资源利用效率的案例，来说明数据挖掘在环境资源审计中的作用吗？

4. 未来，大数据分析在环境资源审计中的发展趋势是什么？从技术、方法和应用角度进行讨论，探讨大数据在未来如何进一步优化环境资源审计效果。

5. 探讨大数据分析在环境资源审计中的未来趋势，包括实时分析、复杂模型和数据治理等。

【案例分析】

1. 选择一个实际环境问题，设计一个基于大数据技术的审计方案，包括数据收集和分析方法。

2. 使用 Power BI 等工具，创建一个关于环境资源数据的可视化报表，以便传达审计结果。

3. 就区域联动环境资源审计，思考大数据技术在多地区合作中的潜在效果，尝试撰写一个提案。

4. 就大数据分析在环境资源审计中的未来发展，撰写一份报告，讨论其在实时分析、模型建设和数据治理方面的前景。

参考文献

［1］Zaragozí B，Giménez P，Navarro J T，et al. Development of free and opensource GIS software for cartographic generalisation and occupancy area calculations［J］. Ecological Informatics，2012，8（1）：48-54.

［2］Banzhaf H S，Boyd J . The architecture and measurement of an ecosystem services index［J］. Sustainability，2012（4）：7-14.

［3］Hogsett W E，Weber J E，Tingey D，et al. Environmental auditing：An approach for characterizing tropospheric ozone riskto forests［J］. Environmental Management，1997，21（1）：105.

［4］Hugh B，Noel B. A guide to local environmental auditing［M］. London：Routledge，2014.

［5］Karagiorgos T，Drogalas G，Pazarskis M，et al. Environmental auditing：Conceptua lframework and contribution to the business environment［C］. International Conference on Accounting and Finance，2011.

［6］Ljubisavljević Snežana，Bisavljević Luka，Jovanović Dejan. Environmental audit for environmental improvement and protection［J］. Economic Themes，2017，55（4）：521-538.

［7］Maltby，Josephine. Environmental audit：Theory and practices［J］. Managerial Auditing Journal，1995，10（8）：15-26.

［8］Mandal K，Singh S，Battu R S，et al. The environmental audit and assessment of the impact of agricultural activities on the state of the natural resources of agrosphere［J］. Economics of Nature and the Environment，2013，90（4）：127-132.

［9］Stanescu S G，Ionescu C A，Coman M D. Environmental audit contribution tothe evaluation and control of environmental information［J］. Book Chapters-LUMEN Proceedings，2020（10）：7-14.

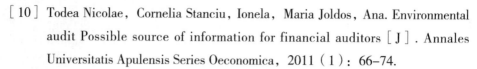

［10］Todea Nicolae, Cornelia Stanciu, Ionela, Maria Joldos, Ana. Environmental audit Possible source of information for financial auditors［J］. Annales Universitatis Apulensis Series Oeconomica, 2011（1）: 66-74.

［11］Wang L, Sun H. Research on the construction and application of auditing evaluation index of ecological environment performance in resource-based cities-A case study of xuzhou city［C］//2nd International conference on judicial, administrative and humanitarian problems of state structures and economic subjects（JAHP 2017）. Atlantis Press, 2017: 4.

［12］Xiong M. An empirical study on the moderating effect of environmental audit on the impact of economic development and ecological environment［J］. Frontiers in Psychology, 2022（13）: 10-17.

［13］Yu Y, Bao Y, Zhang Q, et al. Evaluation of marine resources environmental responsibility audit based on PSR framework［J］. Ocean and Coastal Management, 2023（245）: 7-12.

［14］Zhang Z, Ling D, Tian W, et al. Public participation and outgoing audit of natural resources: Evidence from tripartite evolutionary game in China［J］. Environmental Research, 2023（236）: 116-134.

［15］蔡春等.环境审计论［M］.北京：中国时代经济出版社，2006.

［16］陈波.论产权保护导向的自然资源资产离任审计［J］.审计与经济研究，2015（5）: 9.

［17］陈婷，张洪伟.新时代资源环境审计回顾与展望［J］.审计研究，2022（6）: 26-30.

［18］陈伟.大数据审计［M］.北京：中国人民大学出版社，2021.

［19］陈希晖，邢祥娟.资源环境审计在生态文明建设中发挥作用的机理和路径［J］.生态经济，2014（1）: 3-4.

［20］董延安，赵红.自然资源资产离任审计的背景与基本思路［J］.会计之友，2016（24）: 108-110.

［21］高方露，吴俊峰.关于环境审计本质内容的研究［J］.贵州财经学院学报，2000（2）: 53-56.

［22］郭鹏飞.审评统一视角下自然资源资产离任审计评价指标体系的构建［J］.中国人口·资源与环境，2023，33（6）: 80-91.

［23］黄道国，邵云帆.多元环境审计工作格局构建研究［J］.审计研究，

2011（3）：31-35+41.

［24］黄溶冰.基于PSR模型的自然资源资产离任审计研究［J］.会计研究，2016（7）：89-95.

［25］黄溶冰.环境审计：理论、方法与应用［M］.北京：经济科学出版社，2023.

［26］李博英，尹海涛.领导干部自然资源资产离任审计的理论基础与方法［J］.审计研究，2016（5）：32-37.

［27］李静江.企业环境会计和环境报告书［M］.北京：清华大学出版社，2003.

［28］李雪，杨智慧.对环境审计定义的再认识［J］.审计研究，2004（2）：26-30.

［29］李雪.环境审计研究［M］.上海：立信会计出版社，2016.

［30］李永臣.环境审计理论与实务研究［M］.北京：化学工业出版社，2007.

［31］李运亮.资源环境审计对象研究［J］.广西财经学院学报，2012，25（6）：112-120.

［32］李兆东等.资源与环境审计［M］.北京：中国财政经济出版社，2023.

［33］刘力云.浅论环境审计［J］.中国内部审计，1997（2）：4-13.

［34］刘长翠.企业环境审计研究［M］.北京：中国人民大学出版社，2005.

［35］毛洪涛，张正勇.我国政府环境审计准则制定初探［J］.会计之友，2009（12）：31-33.

［36］审计署环境审计协调领导小组办公室.环境审计案例［M］.北京：中国时代经济出版社，2008.

［37］童佳瑛.基层开展领导干部自然资源资产离任审计的问题与对策研究——以宁波市鄞州区为例［J］.审计研究，2021（6）：16-21.

［38］王爱国等.环境审计服务生态文明建设的理论探讨［J］.审计研究，2019（2）：43-47.

［39］王淡浓.加强资源环境审计促进转变经济发展方式［J］.审计研究，2011（5）：18-23.

［40］王立彦，蒋洪强.环境会计［M］.北京：中国环境出版社，2014.

［41］谢志华，陶玉侠，杜海霞.关于审计机关资源环境审计定位的思考［J］.审计研究，2016（1）：11-16.

［42］谢志华，陶玉侠，杜海霞.关于审计机关资源环境审计定位的思考［J］.

审计研究，2016（1）：11–16.

［43］许家林等.环境会计［M］.上海：上海财经大学出版社，2004.

［44］余雅乖.环境审计：理论框架和评价体系［M］.北京：社会科学文献出版社，2016.

［45］袁广达.中国上市公司环境审计理论与应用［M］.北京：经济科学出版社，2013.

［46］张斌才等.自然资源审计方法及实务［M］.北京：测绘出版社，2019.

［47］周守华.环境资源会计研究［M］.大连：大连出版社，2020.

［48］周曦.基于经济责任的环境审计路径选择——浅析经济责任审计中的环境保护责任审计［J］.审计研究，2011（5）：5.